문법 탐구 수업과 학교문법

문법 탐구 수업과 학교문법

This Edition was published by Jipmoondang in 2023, Seoul, Korea.

문법 탐구 수업과 학교문법

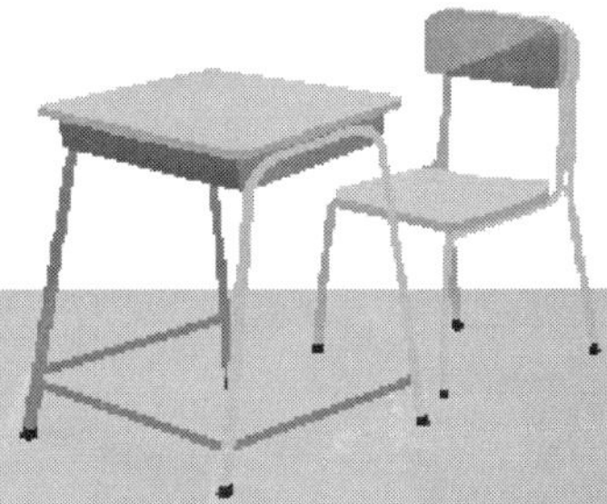

신승용 · 안윤주 지음

집문당

저자 **신승용**

영남대학교 사범대학 국어교육과 교수

주요 저서 학교문법산책(2010), 국어음운론(2013), 국어학개론(2013, 공저), 문법하고 싶은 문법(2020, 공저), 더 문법하고 싶은 문법(2021, 공저), 맞춤법하고 싶은 맞춤법(2022, 공저), 쉽게 풀어 쓴 국어사 개론(2022) 외 논저 다수

저자 **안윤주**

경북기계공업고등학교 국어 교사, (사)미래교실네트워크 이사

주요 저서 문법하고 싶은 문법(2020, 공저), 더 문법하고 싶은 문법(2021, 공저), 맞춤법하고 싶은 맞춤법(2022, 공저)

문법 탐구 수업과 학교문법

2023년 12월 10일 1판 1쇄

저자 | 신승용 · 안윤주
발행인 | 임동규
발행처 | **(주)집문당**
등록 | 1971. 3. 23. 제2012-000069호
주소 | 03134 서울시 종로구 돈화문로 82, 5층
전화 | +82-1811-7567
이메일 | sale@jipmoon.com
홈페이지 | www.jipmoon.com

ISBN 978-89-303-1957-7 93700

가격 30,000원

머리말

사범대 국어교육과에서 학생들을 가르치면서 자연스럽게 중등교육 현장에서 문법을 어떻게 가르치는 것이 좋은지, 가르치는 내용은 어떻게 구성하는 것이 좋은지에 대해 고민하는 시간이 이어졌다. 이 책은 그러한 고민 속에서 이루어진 연구 결과물들과, 박사 지도학생이었던 안윤주 선생의 박사학위 논문을 재구성하여 합친 것이다.

문법 교수-학습 방법에 대한 고민이 있었지만, 이를 직접 실험하고 평가할 수 있는 상황이 아니었는데, 안윤주 선생이 박사과정에 입학하면서 서로 뜻이 맞아 협업할 수 있는 계기가 마련되었다. 안윤주 선생의 오랫동안의 현장 경험을 토대로 이론적인 차원에서 머물던 탐구활동 수업에 관한 생각을 실제 문법 수업에 적용하면서 수정·보완하는 과정을 거치고, 그러면서 현장에 기반한 탐구활동 수업의 모습을 그려낼 수 있었다. 안윤주 선생은 지도학생이면서 또한 이론과 실제를 결합할 수 있는 좋은 동료 연구자기도 한 셈이다. 제1부는 안윤주 선생의 박사학위논문을 재구성하면서 수정·보완한 것이고, 제2부는 그동안 필자가 문법 교육의 내용 요소와 관련하여 발표한 논문들을 모아서 역시 일부 수정·보완한 것이다.

언어학의 궁극적 목표는 언어에 대한 이해이면서 동시에 이를 통한 인간의 이해이기도 하다. 언어의 하위 분야로서 국어학의 궁극적 목표도 평행하게 국어에 대한 이해이면서 동시에 국어를 사용하는 화자에 대한 이해이다. 그래서 기본적으로 국어학은 언어에 대한 관찰과 탐구이고, 이를 통해 국어의 문법, 즉 국어의 규칙의 체계(system of rule)를 규명하는 것이다. 문법 교육의 목표 중에서 가장 핵심적인 것이 국어에 대한 이해인데, 이는 국어의 음운, 형태, 통사, 의미적인 현상을 관찰하고 탐구해서 이에 내재된 규칙의 체계를 발견하는 과정을 통해서 이루어진다.

그런데 최근 문법교육 분야에서 규칙의 체계로서 문법이 아니라, 이미 답이 정해져 있고 그래서 맞고 틀리고를 판정해 주는 〈한글맞춤법〉, 〈표준발음법〉을 문법 교육 내용의 전면으로 들여오려는 논의들이 있어서 답답한 마음이기는 하다. 그러다 보니 학생들에게 문법이 더 암기 과목처럼 인식되는 경향이 있다. 언어 자료를 탐구하고 분석하면서 자연스럽게 분석적이고 논리적인 사고를 함양할 수 있다. 하지만 이미 정답이 있고 그래서 맞고 틀리고를 판정해 주는 어문 규정을 통해서는 이러한 사고를 키우기 어렵다. 더군다나 어문 규정은 국어가 아니라, 국어의 일부분일 뿐이다. 국어가 아니라 인공어인 한정된 표준어만을 염두에 둔 것이다. 〈한글맞춤법〉은 표준어를 문자로 쓸 때 어떻게 써야 하는지를 규정해 놓은 것이고, 〈표준발음법〉은 국어의 수많은 단어 중에서 표준어만을 대상으로 이 어휘의 표준이 되는 발음을 일일이 정해 놓은 것이다. 그렇기에 〈한글맞춤법〉과 〈표준발음법〉을 통해서 국어를 이해한다는 것은 성립하지 않는다.

이 책 전체의 내용에 이러한 관점이 투영되어 있다. 문법 교육에서 어문 규정을 가르쳐야 한다는 것에 대해 의견을 달리하는 것은 아니다. 다만 어문 규정 중심으로 문법을 가르치고, 발음을 가르치는 것은 문제라는 것이다. 탐구활동 역시 학생들이 실제 사용하는 언어를 중심으로 이루어져야 진정한 의미의 탐구활동일 수 있다. 인공어인 표준어를 대상으로, 인공적으로 정해 놓은 표준 발음을 대상으로, 인위적으로 정해 놓은 맞춤법 규정을 대상으로는 진정한 의미의 탐구활동이 일어날 수 없다.

이 책이 나오기까지 함께 고민하고 협업해 온 공동 저자인 안윤주 선생에게 고맙다는 말을 전한다. 그리고 이 책이 문법 교육 분야에서 무슨 내용을 가르칠지, 그리고 그 내용들을 어떻게 가르칠지에 대한 고민을 다양화하고 활성화하는 데 작게나마 자극 또는 보탬이 되었으면 하는 바람을 하면서 글을 마무리한다.

공동 저자를 대표하여, 신승용 씀.

이 책에 실린 논문들의 출처는 다음과 같다.

안윤주(2023), 「문법 탐구활동 수업 연구」, 박사학위논문(영남대 국어교육과).

신승용(2011), 「문법 교육에서 구(句)와 어(語)의 문제」, 『국어교육연구』, 국어교육학회, 153-178.

신승용(2016), 「음운 교육 내용으로 〈표준 발음법〉이 타당한가」, 『어문학』 132, 한국어문학회, 29-49.

신승용(2017), 「학교 문법에서 /ㅎ/ 기술의 문제점과 /ㅎ/의 음운론적 성격」, 『어문학』 136, 한국어문학회, 63-81.

신승용(2023), 「비음화 설명의 문제점과, 비음화와 '/ㄹ/ →/ㄴ/ 교체'의 탐구 순서 - 2015 교육과정 『국어』 교과서를 대상으로」, 『국어국문학』 202, 국어국문학회, 63-84.

신승용(2023), 「학교문법에서 품사 분류 기준 '가변어/불변어'의 문제점」, 『동서인문학』 65, 계명대학교 인문과학연구소, 95-121.

차 례

머리말 ······ v

제1부 문법 탐구활동과 문법 탐구 수업의 실제 / 1

Ⅰ. 문법 탐구와 문법 탐구활동 ······ 3
1.1. 탐구와 탐구학습 모형 ······ 4
1.1.1. 탐구의 정의 ······ 4
1.1.2. 탐구학습 모형 ······ 13
1.2. 탐구활동 ······ 25
1.2.1. 학생 중심 활동과 탐구활동 ······ 25
1.2.2. 탐구활동의 정의 ······ 33
1.3. 탐구활동에서 교사의 역할 ······ 35

Ⅱ. 문법 탐구활동 수업 활성화를 위한 방안 ······ 41
2.1. 교사 차원 ······ 41
2.1.1. 문법 탐구활동 수업에 대한 교사의 인식 ······ 42
2.1.2. 문법 영역 교사 연수의 필요성 ······ 66
2.2. 교과서 차원 ······ 79
2.3. 교실 환경 차원 ······ 83

Ⅲ. 문법 탐구 수업의 실제 ······ 87
3.1. 음운의 변동 탐구 수업 ······ 87
3.1.1. 학습활동 분석과 탐구활동의 요건 ······ 88
3.1.2. 음운의 변동 탐구활동 수업의 실제 ······ 97
3.1.3. 수업에 대한 평가 및 의의 ······ 102
3.2. 동사/형용사 구분 탐구 수업 ······ 106

3.2.1. 탐구활동의 관점에서 교과서 학습활동의 적절성 ········ 106
3.2.2. 탐구활동을 통한 교수-학습 ········ 112

제2부 학교문법 내용 구성에 대한 비판적 고찰 / 117

Ⅰ. 비음화 설명의 문제점과, 비음화와 '/ㄹ/ →/ㄴ/ 교체'의 탐구 순서 ········ 119
1. 서론 ········ 119
2. 비음화와 '/ㄹ/ → /ㄴ/ 교체' ········ 120
3. 『국어』 교과서에서 '비음화' 설명의 실태와 문제점 ········ 128
4. 비음화와 '/ㄹ/ →/ㄴ/ 교체'의 탐구 순서 ········ 131
5. 결론 ········ 136

Ⅱ. 음운 교육 내용으로서 〈표준발음법〉이 적합한가 ········ 137
1. 서론 ········ 137
2. 음운 교육과 〈표준 발음법〉, 표준 발음 ········ 138
3. 음운 교육 내용으로서 〈표준 발음법〉의 문제점 ········ 145
4. 결론 ········ 154

Ⅲ. 학교 문법에서 /ㅎ/ 기술의 문제점과 /ㅎ/의 음운론적 성격 ········ 157
1. 서론 ········ 157
2. /ㅎ/에 대한 학교 문법 기술의 문제점 ········ 158
3. 유기음 /ㅎ/의 정립과 내용 기술의 정합성 ········ 166
4. 결론 ········ 172

Ⅳ. 학교문법에서 품사 분류 기준 '가변어/불변어'의 문제점 ········ 175
1. 서론 ········ 175
2. 교육과정별 '가변어/불변어'에 의한 단어 분류 양상 ········ 177
3. 국어 품사 분류에서 '가변어/불변어' 기준의 타당성 여부 ········ 181
4. '가변어/불변어'로 인한 학교문법 내용 체계의 비정합성 ········ 188
5. 결론 ········ 195

V. 문법 교육에서 구(句)와 어(語)의 문제 ······ 197
1. 서론 ······ 197
2. 합성어와 대비되는 개념으로서의 구(句)와 구절구조규칙 XP의 구 ······ 199
3. 학교 문법에서 구와 어의 기술의 문제, 그리고 둘의 구분 ······ 208
4. 결론 ······ 217

참고 문헌 ······ 219

제1부

문법 탐구활동과 문법 탐구 수업의 실제

Ⅰ. 문법 탐구와 문법 탐구활동

문법 교육에서 탐구학습은 김광해(1997:119-120) 이후 당연한 것으로 상정되고 있는 듯하다. 그것은 문법 교육에서 탐구학습을 대체하는 새로운 방법론이나 이론이 나오지 못한 것도 하나의 이유일 것이다. 김광해(1997)에서 제안한 탐구 및 탐구의 절차는 과학과 및 사회과에서의 탐구를 문법에 가져와서 그대로 적용해 본 정도의 개념 및 절차이다. 문법을 탐구한다고 할 때 '무엇을' 탐구할 수 있는지, 그리고 그 '무엇을' 어떻게 탐구할 수 있는지에 대한 고민으로부터 탐구의 절차가 확립된 것이 아니라는 의미이다. 하지만 문법 교수-학습에 탐구를 도입함으로써 국어 교육에서 문법 영역이 가지고 있는 특성을 부각시켰다는 의의가 있고, 또한 문법 교수-학습의 방법론에 대한 고민을 본격적으로 시작하게 했다는 점에서 문법 교육에 끼친 영향이 크다고 하겠다.

지금까지 문법 탐구학습과 관련한 논의는 크게 두 가지 흐름으로 전개되었다고 할 수 있다. 하나는 문법 탐구 및 문법 탐구학습의 정의에 대한 연구이고, 다른 하나는 문법 탐구학습 모형에 대한 연구이다. 그래서 문법 탐구 및 문법 탐구학습의 정의에 대한 연구와 문법 탐구학습 모형에 대한 연구, 이렇게 크게 두 부분으로 나누어 기왕의 연구를 비판적으로 정리하고자 한다.

교육 현장에서 탐구학습이라고 할 때는 학생의 탐구활동을 전제한다. 학생의 탐구활동이 없는 탐구학습을 가정할 수는 없기 때문이다. 그래서 교수-학습 상황에서 문법 탐구학습을 정의하거나 문법 탐구학습 모형을 설계하려면, 논리적으로 먼저 문법 탐구활동부터 정의하는 것이 타당하다. 학생이 주도적으로 어떤 활동을 한다고 해서 그것은 곧 탐구활동이라고 할 수는 없다. 그러니까 학생 중심 활동과 탐구활동을 같은 것으로 해석할 수는 없다. 그래서 문법 탐구활동이라고 하기 위해서는 어떤 요건들이 충족되어야 하는지에 대해 고찰할 것이다.

또한 교수-학습 상황에서 문법 탐구활동이 제대로 이루어지기 위해서 교사가 어떤 역할을 해야 하는지에 대해 고찰할 것이다. 문법 탐구활동이 제대로 되기 위해서는 필요한 시점이나 지점에서 교사의 적절한 개입이 필요하다. 온전히 학생들이 중심이 되어 언어 현상에 내재된 규칙을 찾는 데까지 나아가기는 현실적으로 쉽지 않기 때문이다. 문법적 직관을 활성화하여 적격성 여부를 판단한다거나, 같은 현상인지 다른 현상인지를 문법적 직관으로 판단하는 정도, 즉 직관적 판단이 필요한 부분에서는 교사의 개입 없이도 가능할 수 있다. 하지만 이러한 직관적 판단을 넘어 언어 현상에 내재된 규칙을 형식화하는 데까지 나아가기는 쉽지 않을 수 있다. 그래서 탐구활동에서 일정 정도 교사의 개입이 필요하고, 교사의 개입이 필요한 지점에서 교사의 역할이 중요하다.

1.1. 탐구와 탐구학습 모형

1.1.1. 탐구의 정의

탐구활동을 정의하려면 논리적으로 먼저 탐구의 정의부터 확립해야 한다. 탐구가 없는 탐구활동을 상정할 수는 없기 때문이다. 그래서 본격적으로 탐구활동의 요건을 고찰하기에 앞서 기존 탐구의 정의를 간략하게 살펴보기로 하자.[1)]

(1) ㄱ. Dewey 철학에서 탐구는 '모르는 상태에서 아는 상태로 나아가는 것'이다(박철홍/윤영순 2007:87).

ㄴ. 어느 정도는 탐구와 의문(questioning)은 같은 말이다. 우리는 의문을

1) 탐구에 대해 길게든 짧게든 언급한 논문들은 많지만 여기서 일일이 모두 소개하지는 못한다. 연구자들의 양해를 구한다.

제기할 때 탐구를 한다. 우리는 의문에 대한 답을 제공하는 것을 찾으려고 할 때 탐구를 한다. 그러므로 탐구를 유발시키는 것은 상황의 본질인 불확정성에서 기원한다(Dewey, 1938:105).

(2) 문제 사태가 발생하게 되는 원인을 밝히기 위해 관련된 자료를 수집하고 분석하여 과학적으로 입증하는 과정(Suchman 1964:231).

(1)은 Dewey(1910, 1938)의 탐구에 대한 정의 및 탐구의 특성에 대한 설명이다. (2)는 과학 분야에서의 탐구의 정의 중 하나를 가져온 것이다. 이 자리에서 Dewey의 탐구, 과학 분야에서의 탐구의 정의 자체에 대해 논의하고자 하는 것은 아니다. 그럴 수 있는 자리가 아니기도 하다. 여기서 (1), (2)를 가져온 것은 타 영역에서의 탐구의 정의를 참고함으로써 문법 교육에서의 탐구의 개념 및 특성을 명료하게 할 수 있다고 생각해서이다.

(3)이 문법 교육 분야에서의 탐구를 정의한 것이다. (3ㄱ~ㄷ)은 탐구에 대해 명제 형식으로 정의한 논의들 중에서 차이가 나는 것 3개를 가져온 것일 뿐, 특별한 의미는 없다. 명제 형식으로 된 정의를 인용하면서 논문의 저자가 의도한 탐구의 개념을 정확하게 전달하기는 어렵다. 그렇지만 그 핵심은 어느 정도 파악할 수 있다고 보아서 몇 논의에서의 정의를 가지고 왔다.

(3) ㄱ. 어떤 현상에 대하여 스스로 따져보는 사고 과정(이관규 2001:35).

ㄴ. 사실과 가치의 문제를 인식하고 그것을 그 기초가 되는 가정에 비추어 평가하고 모종의 기준에 입각하여 그것을 입증하는 과정(황미향 2013:284-285)[2].

ㄷ. 특정 언어 형태에 '주목'하여 그것이 어떠한 방식으로 의미화에 기여하

2) 정확히는 이러한 사고 과정이 문법 탐구와 부합한다고 하였다.

는지를 언어적 직관이나 경험에 의거하여 분석하는 활동이 핵심을 이루는 것(박진희 외 2018:45).

(3ㄱ)의 정의는 다른 영역에서의 탐구와 다른, 문법 영역의 특성을 고려한 탐구의 정의라고 보기는 어렵다. (3ㄱ)의 정의는 모든 영역에 적용될 수 있을 만큼의 일반적이고 포괄적인 개념으로 두루뭉술하고 포괄적인 정의이다. 그렇기에 문법에서의 탐구가 가진 성격 및 특징을 포착하지 못하는 정의이다. 어떤 현상에 대해 따져보는 것은 문법 현상에만 적용되는 것이 아니라 일상에서 접하는 모든 현상에도 적용될 수 있기 때문이다. 일상에서 일어나는 모든 현상들과 문법 현상이 같은 것은 아니므로, 탐구를 한다고 할 때 문법 현상에 대한 탐구와 일상의 현상들에 탐구가 같은 절차와 방식으로 이루어진다고 가정할 수 없다. 교집합은 있겠지만 같지는 않다.

(3ㄴ)의 정의는 (3ㄱ)에 비해 구체적이기는 하지만 여전히 문법의 성격 및 특징을 포착한 탐구의 정의라고 하기에는 부족한 면이 있다. '평가하고 입증하는' 것이 문법 탐구의 과정이라고 하는 부분도 온전히 이해가 가지는 않는다. 문법 현상을 탐구한다고 할 때는, 먼저 관찰을 해야 하고, 그리고 관찰을 통해 분석하는 사고 과정이 반드시 포함된다. 더 나아가 분석을 통해 관찰된 언어 현상에 내재된 문법 규칙을 찾아내는 것까지 나아갈 수도 있고, 나아가지 못할 수도 있다. 하지만 분명한 것은 '관찰과 분석'이 포함되어야 한다는 것이다. 그런 점에서 언어 현상을 평가한다는 것이 문법 탐구에 적합한지 의문이다. 또한 '가치'의 의미가 모호하다. '사실'의 문제를 인식한다는 것은 언어 현상을 관찰하는 것에 해당하므로 자연스럽지만, 가치의 문제를 인식한다고 할 때 그 '가치'가 무엇인지 모호하다. 문법 현상이 가치와 관련된 면이 있는 것인지부터 의문이다. 기본적으로 문법을 탐구한다는 것은 언어 현상에 내재된 사실을 관찰하고 분석하는 것이다. 그렇기에 문법 현상을 가치와 연결하는 것은 자연스럽지 않다. 문화적 관점에서 언어의 가치를 말할 수는 있지만, 문법 탐구에서 이는 부차적인 부분이다. 그리고 문

화적 자산으로서의 가치를 인식하는 것은 문법 현상에 대한 탐구와는 그 성격이 다르다.

일반론으로서의 탐구가 아니라 문법에서의 탐구에 개념에 가장 근접한 것은 (3ㄷ)이라고 할 수 있다. (3ㄷ)에서 다른 영역과 차별화되는, '문법'에서의 탐구라고 특징 지을 수 있는 부분은 '언어 형태를 대상으로 언어적 직관에 의거하여 분석'하는 것이다. 여기서 언어적 직관은 곧 문법적 직관과 같은 개념이다.

박진희 외(2018)는 과학 탐구와의 차이를 통해 문법 탐구의 특성을 밝히고 있는데, 이를 정리하면 (4)와 같다.

(4)

문법 탐구	과학 탐구
• 언어적 직관에 기반 • 분석 중심	• 가설 설정에 기반 • 예상-추리 중심

박진희 외(2018:44)는 문법 탐구 과정에서는 언어적 직관(=문법적 직관)이나 경험이 '적극적'으로 개입하며, 이것이 추론과 같은 논리적인 과정을 전제하지 않는 단순한 의문 형식의 추측으로 이어지더라도 문법 탐구에서는 이러한 문법적 직관이 탐구를 가능하게 하는 매우 중요한 요인이자 의미 있는 탐구의 한 과정으로 본다고 하였다. 문법 탐구가 다른 영역에서의 탐구와 구별되는 핵심 지점을 '문법적 직관'으로 본 것은 타당하다. 다만 문법 탐구는 분석 중심인데 과학 탐구는 '예상 - 추리' 중심이라는 부분은 동의하기 어렵다. 과학 탐구의 '예상 - 추리' 역시 실험 데이터나 자료에 대한 분석을 기반으로 이루어진다는 점에서 과학 탐구에 '예상 - 추리' 과정이 포함되는 것은 맞지만, 그것이 중심이라고 말할 수 있는지 의문이다.

과학 탐구에서는 항상 그런 것은 아니겠지만, 일반적으로 의문이나 문제의식에서 출발하여 가설을 세우고, 실험을 통해 처음 설정한 가설이 타당한지 아닌지를 검증하는 과정으로 이루어진다. 이 과정에서 초기 가설이 수정되고, 다시 검증하는 과정이 반복되기도 한다.

그런데 문법 탐구의 경우에는 가설 설정 단계가 항상 요구되는 것이 아니라는 점에서 과학 탐구와 명확히 구분된다. 문법 탐구에서는 문법적 직관을 통해 바로 언어 자료를 판단할 수 있고, 또 분석할 수도 있기 때문이다. 문법 탐구에서도 가설을 설정하고서 출발해야 하는 경우도 있다. 예컨대 (5)에서 /ㄹ/이 /ㄴ/으로 교체하는 현상이 무엇 때문에 일어난 것인지를 탐구하려면 가설을 설정하고서 그 가설을 검증하는 과정이 필요하다.

(5) 담력[담녁], 공로[공노]

(5)의 '/ㄹ/ → /ㄴ/ 교체'의 원인을 밝히려면 (5)가 (6)과 같은 현상인지, (7)과 같은 현상인지부터 확인해야 한다.

(6) 입력[입녁], 국력[궁녁]

(7) 집념[짐념], 작명[장명]

그래서 (5)가 (6)과 같다는 가설에서 출발하거나, (7)과 같다는 가설에서 출발하거나 둘 중의 하나의 가설에서 일단 탐구가 시작될 수 있다. 이때는 문법적 직관만으로 탐구하기는 어렵고, 가설을 설정하고 해당 가설을 검증하는 분석 과정이 필요하다.

무엇보다 문법 탐구의 대상은 일상생활에서 자신이 늘 사용하는 언어이거나 또는 일상생활에서 늘 듣는 언어이다. 그래서 문법 탐구의 대상이 학습자가 모르는 것일 가능성은 희박하다. 대상은 이미 알고 있기 때문에 문법 탐구의 출발점은 '왜(why)'에 대한 의문이다. 다시 말해 의문이나 호기심이 생기면서 문법 탐구가 시작된다. 그리고 이러한 탐구의 시작에서 바로 문법적 직관이 작동한다. 이 직관은 인식하지는 못하지만 이미 완벽히 알고 있는 문법 지식이다.

문법 탐구는 문법적 직관으로부터 생긴 의문에서 시작되어 이어서 '분석'과 '발견'이라는 과정이 따른다. 그래서 문법적 직관은 다른 분야의 탐구와 구별되는, 문법 탐구의 핵심적인 특징이다. 이밖에 '분석'과 '발견'은 다른 분야의 탐구와 공유되는 공통적인 특징이라고 할 수 있다.3)

문법 탐구를 정의한 논의들 중에서는 Dewey(1910)의 반성적 사고를 문법에서의 탐구와 연결시킨 논의들도 있다(남가영 외 2009:360, 황미향 2013:285 등). Dewey(1910) 철학에서 말하는 탐구는 기본적으로 반성적 사고를 전제하고 있다. 하지만 문법 탐구 즉, 언어 현상을 탐구하는 사고는 Dewey(1910)가 말하는 반성적 사고와는 거리가 있다. 언어 현상을 탐구하는 출발점은 문법적 직관을 활성화하는 것이고, 이어서 분석적 사고가 요구된다. 이를 Dewey(1910)의 반성적 사고와 연결하는 것은 딱히 접점이 없다고 하겠다.

문법 탐구의 정의와 관련하여 남가영(2008:22-23)은 "탐구의 개념 자체는 교육학에서 논의되고 있는 '탐구', 혹은 '발견' 등의 의미, 사회과 및 과학과 등에서 유용한 교수 학습 방법으로 소통되던 의미를 대부분 승계한 것"이라고 기술하고 있는데, 어떤 점에서 그런지에 대한 설명이 없다. 단지 추상적인 진술만 있을 뿐이다. 다시 말해 문법 탐구가 어떤 점에서 교육학에서의 '탐구', '발견', 사회과 및 과학과의 '의미'를 승계하였는지에 대한 설명이 없다. 문법 탐구의 개념에 어떤 점이 교육학에서의 탐구, 발견을 승계하였고, 어떤 점이 사회과 및 과학과의 '의미'를 승계하였는지를 설명하지 못하는 상태에서 이러한 진술은 추상적이고 모호할 수밖에 없다. 이런 식의 추상적인 정의는 오히려 문법 탐구의 정체성을 모호하게 만든다.

문법 탐구에서 탐구의 대상은 언어 현상이고, 더 구체적으로 말하면 언어 현상

3) 김은성(2013:84)은 탐구를 "언어의 내적 짜임이 어떤 규칙 아래 이루어져 있는 것인지를 발견"하는 것이라고 하였는데, 이때 발견의 시작은 문법적 직관이 활성화됨으로써 이루어진다.

에 내재된 문법 규칙이다. 문법 탐구의 대상인 문법 규칙은 당연히 교육학, 사회과, 과학과에서의 탐구 대상과 본질적으로 같지 않다. 같지 않더라도 공통의 성격이 있을 수 있다. 하지만 교육학이나 사회과, 과학과에서의 탐구 대상은 기본적으로 탐구 주체가 알고 있는 것이 아니다. 하지만 문법 탐구의 대상으로서 언어 현상에 내재된 규칙은 화자가 모르는 것이 아니라 알지만 끄집어내서 설명할 수 없는 것이다. 이는 교육학이나 사회과, 과학과에서의 탐구 대상의 성격과는 전혀 다르다고 하겠다.

또한 문법에서의 탐구의 정의를 교육 철학에서 끌어오는 것은 언어의 본질적 특성을 고려할 때 맞지 않는다. Dewey가 말한 탐구는 모르는 상태에서 아는 상태로 나아가는 것이고, 이러한 사고 과정이 곧 반성적 사고이다. 그런데 문법 탐구는 모르는 상태에서 아는 상태로 나아가는 것과는 그 성격이 다르다. 상식적인 얘기이지만 정상적인 발달 과정을 겪은 중학생 정도의 화자라면 누구나 모국어 문법을 완전히 습득한다. 즉 모국어 문법을 거의 완벽하게 알고 있다. 언어습득에 대한 지금까지의 언어학 및 언어습득론에서의 연구를 뒤집지 않는 한, 문법을 탐구하는 것은 모르는 것을 탐구하는 것일 수 없다. 문법 지식은 화자가 모르는 것이 아니라 습득해서 잘 알고 있는, 그래서 문법에 맞게 이미 잘 사용하고 있는 지식이다. 그렇지만 단지 화자 스스로가 인식해서 설명하지는 못하는 지식이다. 다시 말해 화자가 모르는 것이 아니라, 이미 내재화되어 있지만 인식하지 못하는 것일 뿐이다. 문법을 탐구한다는 것은 화자가 이미 습득해서 알고 있는—그렇지만 화자 스스로 인식하고 있지는 않은—문법 규칙으로 생성한 언어 자료를 대상으로 역으로 화자가 이러한 자신의 문법 지식을 확인하는 과정이다.

Dewey의 반성적 사고의 출발점은 '어려움 느끼기'인데,[4] 문법 탐구의 출발점

---

4) Dewey(1910:72-78)의 반성적 탐구의 절차는 아래와 같다(홍남기(2013:159)에서 재인용).
 1 어려움 느끼기
 2 이러한 어려움이 무엇이며 어디에서 비롯된 것인지 정의 내리기
 3 가능한 해결책을 제안하기
 4 그 제안과 관계된 것들을 추론하면서 그 제안을 발달시키기

은 문법에서 어려움을 느껴서가 아니다.[5)] 문법 탐구의 출발점은 자신이 제대로 발화하거나 사용한 언어 자료에 대해 '왜?' 또는 '어떻게?'라는 의문에서 시작한다. 학습자는 탐구를 할 수 있는 지식, 즉 문법적 직관이 이미 머릿속에 내재화되어 있고, 이 내재화된 직관을 활성화하여 언어 자료를 관찰하고 분석할 수 있다. 그렇기 때문에 문법 탐구를 Dewey의 탐구와 연결하는 것은 적절하지 않다.

정리하면 그 대상이나 내용이 무엇이든 철학이나 사회과, 과학과에서 탐구하고자 하는 것은 학습자가 모르는 어떤 것이다. 반면 문법에서 탐구하고자 하는 대상은 학습자가 모르는 어떤 것이 아니라, 이미 내재화되어 알고 있지만 인식하지 못하는 것이다. 가지고 있지만 인식하지 못하기 때문에 설명하지는 못하는 지식이다. 하지만 학습자는 자신이 산출한 자료가 문법적으로 맞는지 맞지 않는지, 적절한지 적절하지 않은지를 바로 알 수 있다. 단지 왜 그런지, 어떻게 그렇게 된 것인지 설명하지 못할 뿐이다. 그래서 문법적 직관은 Polanyi(1958)가 말한 묵시적 앎(tacit knowing)에 비유될 수 있다.[6)] 묵시적 앎도 알고는 있지만, 그 앎의 내용이나 절차, 과정을 설명하지 못하는 앎인데, 이런 성격은 문법적 직관과 통하는 면이 있다.

박진희 외(2018:43)는 '화자가 특정 언어 형식에 주목하는 과정에서 모어 화자는 자신이 현재 주목하고 있는 언어 형식이 어떤 규칙에 의해 작동하는지, 어떠

---

[5] 관찰이나 실험을 통해 그 제안을 수용하거나 거부하기 즉, 그 제안을 경험적으로 확증하기

5) 어문 규범에 대해서는 어려움을 느낀다는 것이 성립할 수 있다. 왜냐하면 어문 규범은 실재하는 언어 자료가 아니라, 인위적으로 정해 놓은, 그래서 정오를 일일이 정해 놓은 인공적인 규정이기 때문이다. 문법 탐구의 대상은 화자가 생성한 언어 자료 또는 청자로서 들은 실제로 존재하는 자연 언어로서의 언어 자료이지, 인위적으로 정해 놓은 규범이어서는 곤란하다. 어문 규범도 탐구의 대상일 수는 있지만, 그것은 문법을 탐구하는 것과는 본질적으로 다르다. 문법에 대한 직관적 판단은 국어 문법에 적격한지 아닌지를 판단하는 것인데 반해, 규범은 정오를 판단하는 것이고 그 정오는 몇 명의 국어학자들이 모여 인위적으로 정한 것이어서 화자의 문법적 직관과 직접적으로 관련이 없기 때문이다.

6) 내재화된 문법 지식을 구체적으로 설명해 놓은 것이 언어학자들이 기술해 놓은 문법이다. 이렇게 기술해 놓은 문법을 배워서 설명할 수 있게 된 지식은 Polanyi(1958)의 명시적 앎(ostensive knowing)에 비유될 수 있다. 이는 명시적 앎과 평행한 성격을 지닌 지식이라는 뜻이지, Polanyi(1958)의 명시적 앎이라고 말하는 것은 아니다.

한 의미 기능을 하는지를 문법적 직관이나 경험을 바탕으로 추측(推測, conjecture)할 수 있게 된다.'고 했는데, 이때 문법적 직관은 학습한 지식이 아니다. 다만 박진희(2018)에서 말한 추측의 경우, 기존의 경험이나 이미 학습한 문법 지식을 통해서도 가능한데, 이런 경우에는 사회과나 과학과의 탐구와 연결되는 지점이 있다고 할 수 있다. 그러나 문법 탐구는 경험하거나 학습한 적이 없는 지식, 즉 문법적 직관을 통해서 추측할 수 있다는 점에서 다른 분야의 탐구와 차이가 있다.

탐구는 기본적으로 자신이 발화한 언어 자료이든 들은 언어 자료이든 언어 자료를 분석하는 사고 활동이다. 그런데 전혀 다른 관점에서 탐구를 교육 내용으로 다루어야 한다는 논의도 있다. 남가영(2008)은 문법 탐구 경험을 방법적 차원에서만이 아니라 문법 교육의 중핵적 내용으로 가져와야 한다고 말했다. 남가영(2008)은 탐구학습의 한계점을 지적하면서 탐구학습이 방법적 차원에 국한되는 것이 아니라 교육 내용 그 자체로 다루어져야 한다고 강조하고 있다. 그러면서 탐구 경험이란 문법 교육 내에서 학습자들이 반드시 해 보고 접해 보아야 할 경험의 요소라고 하였다. 이러한 문법 탐구 경험은 '문법적으로 사고하는 고유한 경험'으로 언어를 자율적 구조체로 다루어 보는 경험, 언어를 실천적 작용소로 다루어 보는 경험, 언어를 관념적 반영체로 다루어 보는 경험이 있다고 제시하였다.

그런데 탐구 경험이라는 것은 개별적이고 개인적인 체험이다. 물론 그러한 개별적 경험의 공통분모가 있을 수 있다. 하지만 문법적으로 사고하는 고유한 경험으로 언어를 자율적 구조체로 다루어 보는 경험, 언어를 실천적 작용소로 다루어 보는 경험, 언어를 관념적 반영체로 다루어 보는 경험들이 교육 내용으로 들어온다고 할 때, 그것이 현재의 문법 내용과 어떠한 차이가 있는지, 현재의 문법 내용과 어떻게 양립할 수 있는지에 대해 구체적인 언급이 없다. 단지 탐구 경험이 내용 요소로 들어와야 한다는 선언적 진술만 있을 뿐이다. 탐구 경험은 말 그대로 경험이다. 경험이 내용이 될 수 있다는 것 자체도 의문스럽지만, 그러한 개별적 경험을 내용으로 포함한다고 할 때, 실제 교육과정의 내용 요소로 어떻게 들어올 수 있는지, 그것이 교육과정 내용 요소로 들어왔을 때 기존의 문법 내용 요소는 어떻게 다루어져야 하는지에 대한 구체적인 각론이 있을 때 타당성에 대한 판단이 가능할 것이다. 현재로서는 단지 단언과 선언적 진술만 있는 상태이다. 이러한 상태에서 탐구학습을 교육 내용으로 다루어야 한다는 것은 그럴듯해 보이기는 하지만, 실체가 없는 추상적 주장일 수밖에 없다.

또한 언어 행위에 사용되는 언어는 그 자체에 자율적 구조체로의 언어, 실천적 작용소로서의 언어, 관념적 반영체로서의 언어가 내포되어 있다. 그리고 이 세 가지는 분리되어 있는 것이 아니다. 언어학자가 분석적 관점에서 분리할 수는 있겠지만, 이 세 가지를 분리해서 화자가 인식할 수는 없다. 인식할 수 없는 것을 다룬다는 것 자체도 성립할 수 없고, 당연히 이 세 가지를 다루는 경험을 각각 구분할 수도 없다. 당연히 이러한 경험을 내용 요소로 포함한다는 것은 이론적으로 성립할 수는 있겠지만, 추상적이고 공허하다. 남가영(2008)이 타당성을 가지려면 무엇보다 먼저 '언어를 자율적 구조체로 다루어 보는 경험'이 어떤 것인지, '언어를 실천적 작용소로 다루어 보는 경험'은 어떤 것인지, '언어를 관념적 반영체로 다루어 보는 경험'은 어떤 것인지, 그리고 이 세 가지 경험이 어떻게 다른지 구체적으로 제시할 필요가 있다. 이를 구체적으로 구분하여 제시하지 못한다면, 추상적이고 공허한 주장이라는 비판에서 자유로울 수 없다.

1.1.2. 탐구학습 모형

문법 탐구가 문법 교육에 들어오면서 자연스럽게 탐구학습 모형에 대한 논의들이 제안되었다. 여기서는 탐구학습 모형에 대한 그동안의 연구들에 대해 살펴보고자 한다.

먼저 이관규(2001)는 김광해(1997)의 탐구학습 모형이 한계가 있다고 비판하면서 절충식 탐구학습 모형을 제안하였다. (8가)는 김광해(1997), (8나)는 이관규(2001)의 문법 탐구 과정을 비교한 것이다.

(8)

가. 김광해(1997)	나. 이관규(2001)
문제의 정의	문제 제기 및 가설 설정
가설의 설정	
가설의 검증	자료 수집 및 분석
결론 도출	가설 검증 및 결론 도출
결론의 적용 및 일반화	

이관규(2001)의 모형이 특별히 김광해(1997)과 다르다고 할 만한 부분을 특정하기는 어렵다. 왜냐하면 형식적으로는 김광해(1997)의 5단계에서 3단계로 줄어들었지만, 단지 단계만 줄어들었을 뿐 그 내용은 큰 차이가 없기 때문이다. 그럼에도 이관규(2001)에서 김광해(1997)과 차이가 있다고 하면서 절충식 탐구학습 모형이라고 한 것은 (8나)의 모형에는 구체적으로 나타나지 않지만, 탐구학습 과정에서 교사의 개입을 포함하고 있기 때문으로 보인다. 이관규(2001)에서 상정한 탐구학습에는 교사와 학생의 적절한 역할 분배와 문법에 대한 교사의 설명을 포함하고 있기는 하다. 그런데 교수-학습 상황에서의 탐구학습에는 교사가 학생들의 탐구학습 과정에 직접적으로든 간접적으로든 개입할 수밖에 없고, 또 개입해야 한다. 교사가 관찰자로서의 역할만 하고 학습 과정 전체에 교사가 전혀 개입하지 않는 상황을 상정하는 것이 오히려 자연스럽지 못하다. 그래서 교사의 개입 여부를 명시적으로 상정하였느냐 아니냐 정도의 차이를 가지고 김광해(1997)과 다르다고 할 수 있는지는 의문스럽다.

김광해(1997), 이관규(2001)의 탐구 절차는 가설을 설정하는 것에서부터 시작한다는 점에서는 같은데, 김홍범(2008) 역시 탐구 절차에서 가설 설정이 가정 먼저 상정된다. 그런데 김홍범(2008)의 경우 앞선 두 논의와 차이가 나는 부분은 가설을 평가하는 단계를 설정하였다는 점이다. 이때 가설을 평가하는 것은 가설을 검증하는 것과 다르다. 가설을 평가하는 것은 말 그대로 학생들이 세운 가설 자체의 적절성을 가설을 검증하기에 앞서 교사가 평가하는 것이다. 탐구학습은 사고력을 신장하는 데 도움이 된다는 점에서 그 자체로 의미가 있다. 그래서 학생들이 잘못된 가설을 세우는 경우도 문제가 되지 않을 수는 있지만, 바람직한 합리적 가설과 그렇지 않은 가설을 선별하는 과정이 필요하다는 것이다(김홍범 2008:15). 선별 과정을 학생이 할 수는 없을 것이므로, 선별은 교사가 할 수밖에 없다. 그런데 이처럼 가설을 선별한다는 발상은 결국 가설을 질적으로 평가하는 것과 다르지 않다. 탐구학습이 제대로 이루어지기도 전에 평가가 개입하는 셈이다. 물론 김홍범(2008)처럼 가설을 평가하는 단계가 있으면, 엉뚱한 분석을 하는 것을 사전에 차단할 수 있는 여지는 있다. 그러나 탐구적 사고가 수행되기도 전에 평가 활동이 개입할 때 그 탐구활동이 제대로 이루어질 수 있을지는 의문스럽다.

김은성 외(2013)은 문법 탐구 과정을 과학 탐구 과정과 다르지 않다고 본다는 점에서 앞서 살펴본 논의들과 또 다르다. 앞서 살펴본 논의들은 그래도 과학과나 사회과의 탐구 과정을 참고하거나 준용하면서 문법 탐구학습 모형을 제안하였는데 비해, 김은성 외(2013)은 아예 문법 탐구 과정이 과학 탐구 과정과 같다는 전제에서 탐구 절차를 제안하였다. 김은성 외(2013)은 문법 탐구의 형식과 내용을 아우르는 개념으로 '문법 탐구 과제'를 제시하고 ILO[7] 문항을 예로 들어 문법 탐구 과제는 과학적 문제 해결 과정으로서 언어 탐구가 가져다주는 이로움을 잘 구현하고 있어, 과학적 사고 행위로서의 문법 탐구의 가능성을 보여준다고 하였다. (9)는 김은성 외(2013)에서 정리한 탐구 과정이다.

(9)

1	자료의 관찰
2	규칙의 발견
3	의문 생성
4	가설의 생성
5	가설의 일반화

7) 국제 언어학 올림피아드(International Linguistics Olympiad: ILO). ILO는 12개의 국제 과학 올림피아드 중 하나로 언어를 재료로 과학적 사고력을 견주는 국제적인 경쟁 대회이다.

김은성 외(2013)은 ILO 탐구 과제의 풀이 과정에 나타난 문법적 사고의 흐름은 과학적 사고의 흐름과 매우 비슷하며, 학습자들은 (9)의 과정인 '관찰 → 규칙의 발견 → 의문 생성 → 가설의 생성 → 가설 검증 및 일반화' 과정을 거치면서 '현상으로서의 언어'를 통해 '체계로서의 언어'를 구성해 나가는데, 이 과정에서 '귀납적 사고 → 귀추적 사고 → 연역적 사고'의 흐름을 거치게 된다고 하였다.

그런데 김은성 외(2013:52)에서도 밝히고 있듯이 ILO의 대상 범위는 교과의 테두리 안에 있는 문법 과목의 대상 범위와 상당한 차이를 보인다. 이러한 차이는 일견 ILO를 문법 교육과 연결하는 데 부담을 더하는 부분으로 간주될 수 있다. 또한 규칙의 발견은 학생들이 스스로 발견할 수 없는 것은 아니라 하더라도 학생들 스스로 자료를 관찰하여 규칙까지 발견하는 것은 현실적으로 쉽지는 않다. 그래서 자료를 관찰하여 규칙을 발견하는 과정에 교사가 적절하게 길을 안내하며 탐구활동에 또 하나의 참여자로서의 역할을 하는 것이 필요한데, 이러한 부분에 대한 고려가 부족하다. 그리고 규칙을 발견하고 난 다음 단계가 의문 생성 단계인데, 규칙을 발견하고 나서 그 다음 단계가 의문 생성이라고 하는 것은 문법 탐구의 사고 과정과 맞지 않는다. 주어진 자료에서 규칙을 발견했다면, 그 다음 단계는 규칙이 적용된 또 다른 예를 찾거나 아니면 발견한 규칙에 맞지 않은 예를 찾는 과정이어야 한다.

일반적으로 문법 탐구의 핵심은 언어 자료에 내재된 규칙을 찾는 것이고, 그것이 탐구의 최종 귀착지이다. '왜?'에 대한 호기심이나 의문은 당연히 언어 자료를 접했을 때 생긴다. 그런데 김은성 외(2013)의 탐구 절차에서는 규칙을 발견하고 나서 '의문 생성' 단계를 설정하고 있다. 이미 규칙을 발견했는데, 그 이후에 의문을 가진다는 것은 사고의 선후가 맞지 않는다.

지금까지 살펴본 탐구학습 모형은 모두 가설을 설정하는 단계를 상정하고 있다. 그런데 과학과나 사회과에서의 탐구학습이 가설 설정에서 출발한다고 해서 문법 탐구학습 역시 당연히 가설 설정에서부터 시작해야 하는 것은 아닐 수 있다. 문법 탐구학습 역시 가설 설정에서부터 시작해야 한다고 하려면, 문법 탐구가 과학과나 사회과의 탐구와 다르지 않다고 할 때나 타당할 수 있다. 그런데 1.1.1.에서 언급했듯이 문법 탐구는 과학과나 사회과와는 그 성격이 다르다. 그런 점에서 문법 탐구학습 모형 또는 절차가 '가설 설정'에서부터 시작하는 것으로 상정하는 것은 단순히 과학과나 사회과의 탐구 모형 또는 절차를 비판 없이 그대로 수용했다고 할 수밖에 없다.

문법 탐구의 경우 이미 문법적 직관을 가지고 있기 때문에 자료를 관찰하고 그로부터 관찰된 사실을 찾아내는 데는 큰 문제가 없다. 박진희 외(2018:60)에서 지적했듯이 문법 탐구에서는 문법적 직관이나 경험에 의거하여 언어를 탐구하는 것이 주된 탐구 과정이기에 가설 설정 단계가 명시적인 차원으로 요구되지는 않는다. 물론 가설을 설정하는 것이 전혀 필요하지 않다는 말은 아니다.

언어 현상을 관찰하고, 분석한 후에 언어 현상에 내재된 규칙을 찾는 데까지는 직관을 활성화함으로써 가능하다. 여기까지의 탐구를 1차적 탐구하고 하자. 이러한 1차적 탐구에서 더 나아가, 1차적 탐구를 통해 찾은 규칙이 타당한지 여부를 또 다른 예들을 통해 검증하는 단계로까지 갈 수 있다. 이를 2차적 탐구라고 하자. 2차적 탐구의 시작에서는 가설 설정과 같은 단계가 필요하다. 1차적 탐구를 통해 찾은 규칙이 2차적 탐구에서는 탐구의 출발점이자 곧 가설에 해당하기 때문이다.

하지만 1차적 탐구의 시작이 가설 설정일 필요는 없다. 1차적 탐구에서는 가설을 설정하는 사고가 굳이 필요하지 않기 때문이다. 가설 설정 이전에 언어 현상을 관찰하고 분석하는 것이 먼저이다. 설령 가설을 설정하는 단계가 필요하다 하더라도 그것은 언어 현상을 관찰하고, 분석하는 활동 이후이어야 한다. 자료에 대한 관찰 및 분석이 있어야, 그러한 분석으로부터 비로소 가설도 세울 수 있을 것이기 때문이다.

문법 탐구가 과학적 탐구와 유사하다는 김은성 외(2013)와 달리 최선희(2016)는 문법 탐구학습 모형이 과학과, 사회과의 탐구 모형과 다르다는 점을 강조하였다. (10)은 과학과, 사회과, 문법에서의 탐구 대상과 가설 설정을 비교 정리한 것이다.

(10)

영역	탐구 대상	가설 설정
과학과	자연 현상	과학적 지식의 증명과 결론의 일관성이 중요하므로 가설 설정이 필수
사회과	사회 현상	원인과 결과가 뚜렷한 경우에 가설 설정이 필수
문법	언어 현상	가설은 가정, 예측 등의 사고 과정으로 포괄할 수 있으므로 가설 설정의 조정이 필요

최선희(2016)는 문법은 과학과나 사회과와 달리 언어 현상을 그 탐구 대상으로 하고 있어 가설 설정을 표면화하기 어렵다고 말한다. 또한 타 교과와 달리 문법은 언어생활에의 적용 및 활용이 부각되어야 함을 강조하면서 귀납적 탐구 모형을 도입한 문법 탐구학습 모형을 제안하였다. (11)은 최선희(2016:442)에서 제안한 문법 탐구 연쇄 모형이다.

(11)

모형	구분	단계	활동
문법 탐구 연쇄 모형	1 규칙·원리 발견 중심	문제 확인하기	동기 유발하기 학습 문제 및 학습의 필요성 확인하기
		↓ 자료 탐색하기	기본 자료 또는 사례 탐구하기 추가 자료 또는 사례 탐구하기
		↓ 규칙·원리 발견하기	자료 또는 사례 비교하기 규칙, 원리의 발견 및 정리하기
		↓ 적용·활용하기	규칙, 원리를 다양한 언어 현상에 적용 및 활용하기
	2 적용·활용 중심	문제 확인하기	언어 현상 관찰하기 문제 파악하기
		↓ 분석하기	현상의 원인 예측하기 자료 수집하고 분석하기 검증하기
		↓ 판단하기	종합하기 언어 현상 설명, 해석하기
		적용하기	또 다른 언어 현상에 적용하기 언어생활 성찰하기

이 모형에서는 귀납적 탐구와 연역적 탐구가 모두 강조되기 때문에 각각이 따로 기능할 수도 있고, 귀납적 탐구로부터 연역적 탐구로 그 흐름이 이어져 연속적인 탐구가 이루어질 수도 있다고 하였다.

지금까지 살펴본 문법 탐구학습 모형이나 탐구 절차는 정도의 차이는 있지만, 기본적으로 과학과나 사회과의 탐구학습 및 절차를 어느 정도 참고하거나 준용하여 변용한 것이라고 할 수 있다. 이런 점에서 보면 하연실(2010)은 약간의 차이가 있다. 하연실(2010)은 처음부터 문법 자체의 특성에 초점을 맞춘 탐구 과정을 제안하였다. 하연실(2010)은 절차가 간소화되었다고 해서 학습자가 학습해야 할 학습 가치를 잃는 것은 아니며, 오히려 간소화된 탐구의 과정을 거침으로써 학습자는 보다 친근하고 쉽게 언어 현상을 접하고 탐구하는 즐거움을 맛볼 수 있다고 보았다. 기존 연구자들이 제시한 문법 탐구학습모형이 학습자보다는 문법 교육 학자들의 연구 과정을 보여주는 것이라고 지적하면서, 7차 고등학교 문법 교과서의 능동과 피동, 높임 표현의 교과서 활동을 분석하고 실제 언어생활 중심의 탐구학습 예를 제시하였다. (12)는 하연실(2010)에서 설정한 탐구 과정이다.

(12)

1	언어 현상 발견
2	질문하기
3	대답하기

하연실(2010)은 실생활 속에서 문제를 제기하고 여러 가지 핵심 질문을 통하여 그것의 본질에 다가가는 모습이 중요하다고 언급하면서, '언어 현상 발견 → 질문하기 → 대답하기'의 과정을 통해 실제 생활에서의 언어를 친근하게 탐구할 수 있다고 하였다. 특히 교수-학습의 측면에서 정형화된 모형의 절차를 꼭 밟아야 하는 탐구학습 과정만이 탐구학습이 아니라 실생활에서의 언어에 의문을 갖고 그 의문을 풀고자 스스로 사고하는 과정이 탐구학습이라는 인식을 가져야 한다고 주장하였다(하연실 2010:42).

탐구학습이 꼭 정형화된 어떤 모형이나 절차를 따라야 하는 것은 아니라는 하연실(2010)의 주장에 대해서 본고 역시 전적으로 동의한다. 탐구는 관찰과 분석을 기반으로 하는데, 이러한 관찰과 분석이 어떤 정형화된 절차를 따라야만 수행될 수 있는 것은 아니기 때문이다. 그 절차가 어떻게 이루어지고, 순서가 어떠하든 학습자가 언어 자료를 능동적으로 관찰하여 언어 자료에 내재된 규칙이나 원리를 직관을 활성화하여 찾아내는 것이 핵심이다. 물론 그렇다고 해서 어떤 정형화된 과정이나 절차를 설계한 모형이 불필요하다는 얘기는 결코 아니다. 교수-학습 현장에 기반한 적절한 탐구학습 모형은 탐구학습으로 수업을 진행하고자 할 때 좋은 길잡이 역할을 할 수 있다. 다만 여기서 말하고자 하는 것은 실제 교수-학습 현장에 대한 관찰과 분석을 통해 모형을 개발하는 것이 아니라, 모형 자체를 통해 모형을 개발하는 것에 대한 비판이다.

물론 과학적 탐구나 문법 탐구나 둘 다 기본적으로 그 대상 자료의 성격이 다를 뿐 자료를 관찰하고 분석하는 부분은 같으므로 유사성이 있는 것은 사실이다. 그러나 위에서도 언급했듯이 1차적 탐구에서는 가설을 설정하는 단계가 불필요하다. 문법 수업에서 탐구활동의 경우 앞에서 언급했듯이 대체로 1차적 탐구에서 머무르는 경우가 많다. 1차적 탐구에서 찾은 결과의 타당성을 검증할 때, 즉 2차적 탐구에서 과학 탐구에서의 가설 설정과 같은 단계가 설정된다. 1차적 탐구를 통해 도출한 결과가 곧 2차적 탐구의 가설 설정에 해당하기 때문이다.

하지만 일반적인 과학 탐구는 '가설 설정'에서 시작한다. 과학 탐구에서 탐구를 수행하는 주체에게 탐구의 대상은 낯설거나 모르는 것이다. 반면 문법 탐구에서 탐구를 수행하는 주체에게 탐구의 대상인 언어 자료는 낯설거나 모르는 것이 아니다. 탐구의 대상인 언어 자료는 탐구 주체가 말했거나 들었던 적이 있는 대상이고, 그 대상에 대해 탐구 주체는 스스로 인식해서 설명하지 못하지만 이미 내재적으로 잘 알고 있다. 그런 점에서 과학 탐구 절차를 문법 탐구에 그대로 적용하는 것은 물론이고, 기본적인 틀을 유지한 채 변용해서 적용하는 것 역시 탐구 대상의 성격, 그리고 탐구 대상에 대한 탐구 주체의 지식의 차이를 고려하지 않은 것이라고 하겠다.

과학과나 사회과의 탐구와 별개의 문법 탐구학습 모형이나 절차를 제안한 논의들도 있다. 강명희 외(2006)는 커뮤니티 기반 탐구학습 모형을 제안하였는데, (13)은 강명희 외(2006)에서 설정한 탐구학습 모형의 절차이다.

(13)

1	탐구 문제 제기, 확인
2	탐구 방법과 일정 수립
3	탐구, 조사 활동
4	탐구 결과 도출 적용
5	탐구 과정 성찰 평가

강명희 외(2006)는 (13)을 적용하여 '낱말의 형성법, 국어의 관용어' 부분을 두 집단으로 나누어 3주 동안 수업을 실시하였다. 하나는 실험 집단이고 다른 하나는 기존의 강의식 수업으로 진행된 통제 집단인데, 수업 후 학생들의 수업 만족도와 학업 성취도를 비교 분석하였다. 커뮤니티 기반 탐구학습 모형을 적용하여 수업을 진행하였을 때 만족도와 성취도는 기존의 강의식 수업 집단보다 더 높은 결과를 나타내었다(강명희 외 2006:37). 그런데 학생들의 만족도와 성취도가 더 높게 나왔다는 결과보다는 어떤 과정을 통해 탐구학습이 진행되었는지 그 과정을 보여주는 것이 커뮤니티 기반의 탐구학습 모형의 실체인데, 정작 중요한 실체가 없다. 또한 강명희 외(2006)에서는 구체적으로 '낱말의 형성법, 국어의 관용어'를 (4)의 모형에 따라 어떻게 수업을 했는지, 수업 과정에 대한 어떠한 정보도 제시되어 있지 않다. 단지 수업을 하고 나서 설문 조사 후 그 결과를 계량적으로 분석한 자료만 제시하고 있다. 그래서 실제 수업이 탐구학습으로 이루어졌는지 아닌지를 판단할 수 없는 문제가 있다.

정지현 외(2017)은 탐구학습 모형을 제시하는 것이 목표가 아닌 탐구학습의 현장화를 강조한 논의이다. 정지현 외(2017)은 Andrew(2006)의 LEA식 탐구 모형을 적용하여 문법 탐구학습의 현장화를 위해 탐구 주제의 다양화, 탐구학습 모델 설계, 자료 준비 문제를 해결하고자 하였다. Andrew(2006)의 LEA식 탐구 모형은 (14)와 같다.

(14) Andrew(2006)의 탐구활동의 공통 단계

1	실세계의 언어 현상 관찰
2	언어 의미, 기능 인식
3	제시한 질문에 대한 결론 도출

정지현 외(2017)은 (14)를 적용하여 '사랑'의 의미 기능을 토대로 기존에 구축된 코퍼스의 언어 자료를 통해 대안적 탐구활동의 예를 제안하였다. 특히 탐구학습에 활용하는 자료는 '실제 언어생활에서의 자료'이어야 한다는 대원칙에 공감하면서, 다의어에 대한 탐구활동의 한 사례를 제시하는 것으로 대안적 탐구활동의 방향을 제안하였다. 다만 이 사례는 시안에 가까운 형태로 실질적으로 교수-학습 상황에 적용해 보지 못한 한계가 있다.

문법 탐구를 교육 철학 차원, 학습자의 경험 차원, 교수-학습 방법 차원으로 다루어 온 것과 차별되는 연구도 있다. 조진수 외(2017)는 "문법 탐구 능력을 갖춘 학습자는 무엇을 할 수 있는가?"라는 물음에 대한 답을 얻기 위해 문법 탐구의 구인 설정을 위한 탐색적 요인 분석을 시도하였다. '구인'이라는 개념은 문법 탐구를 수행하는 학습자가 가진 모종의 능력을 요인화할 수 있다는 점에서 교육적으로 제공해야 할 경험을 중심으로 한 접근과 구분되는데, 구인의 설정은 능력이라는 비가시적인 대상을 몇 가지 요인으로 설명해 낼 수 있다는 점에서 문법 탐구 개념에 대한 새로운 방식의 진술을 가능하게 한다고 말한다(조진수 외 2017:38).

조진수 외(2017)은 피동, 사동, 인용에 관한 문항을 구조 차원과 의미 기능 차원으로 구분하여 탐구 과제를 설계하였고, 이 분석을 통해 (15)와 같은 탐구 과정을 제시하였다.

(15)

1	문제 발견하기
2	분석하기
3	탐구 과정에 대한 초인지적 점검

이 연구는 탐구의 단계가 구인 차원에서 어떻게 조정되어야 하는지 혹은 문법 탐구의 구인 설정을 위해 탐구의 단계가 아닌 다른 차원에서 접근해야 할 필요는 없는지를 확인하려는 목적을 가진 점이 다른 연구와 차별된다고 볼 수 있겠다.

박형우(2009)는 탐구학습으로 진행할 수 있는 문법 교육의 내용에는 일정한 제한이 있으며, 개별 내용에 대한 탐구학습의 구체적인 교육 효과의 문제가 검증된 바도 거의 없기 때문에, 탐구 자체에 중점을 두고 다양한 방법과 매체를 사용하여 문법 수업이 진행되어야 한다고 주장하였다. 박형우(2009)의 말처럼 탐구학습의 구체적인 교육 효과가 검증된 바가 거의 없는 것이 현실이다. 지금까지 필자가 선행 연구들을 검토해 본 결과 탐구학습의 효과를 검증하기 위해 시도한 논문을 찾기가 어려웠다. 시도한 바가 없으니 검증된 바도 없는 것이다. 그렇다면 제대로 검증도 해 보지 않고 그 효과에 대해 언급하는 것이 바람직한 것인지 의문이다.

문법 탐구에 대한 지금까지의 논의들 중에는 교육 현장에 기반한지 않은 채 형식적인 차원에서 이루어진 경우가 많다. 김은성(2013:46)은 문법 탐구학습의 현장 적용도가 낮은 이유를 '문법을 탐구한다는 것'의 의미를 충분히 구체화하지 못한 상태에서 교수법의 차원에서 형식적으로 적용한 데에서 찾을 수 있다고 했다. 최선희(2016:420-421) 역시 방법으로서의 탐구에 대한 연구가 문법 탐구학습 모형에 대한 엄밀한 검토 없이 천착되었다고 비판했다. 최은정(2018:2)에서도 학교 현장과 접목되지 못한 채 실체 없는 신화적 위력만이 더해지고, '탐구'는 교육과정 수준의 추상적 차원에서 논의되는 개념어로만 부유하고 있다고 비판한 바 있다.

문법 교육에서 탐구학습은 여전히 매우 중요한 자리를 차지하고 있다. 사실 탐구학습 외에 딱히 다른 대안적 방법론이나 모형이 자리를 잡지 못하고 있는 것도 사실이다. 그러나 문제는 지금까지의 탐구학습에 대한 많은 연구들이 교육 현장과 연계되지 않은 채, 이론적 차원에서 또는 형식적 차원에서 주로 다루어져 왔다는 점이다. 본고는 이러한 문제점에서 출발하였다. 최선희(2016:421)의 지적처럼 교수-학습 모형은 그 자체로 독자적 가치를 갖는 게 아니라 수업에서 적극적으로 활용될 때 진가를 발휘한다. 그러기 위해서는 이론적 차원에서 학습모형을 개발하는 것에 앞서, 교육 현장에 기반한 연구들이 먼저 이루어져야 할 필요가 있다.[8] 그리고 탐구학습을 어떻게 정의하고, 탐구학습 모형을 어떻게 설계하든 간에 그 속에는 반드시 탐구활동이 포함되어야 한다. 그렇다면 탐구학습 절차나 탐구학습 모형을 말하기에 앞서, 어떤 활동을 탐구활동이라고 할 수 있는지, 즉 탐구활동의 내포와 외연에 대한 정립이 우선적으로 요구된다고 하겠다.

1.2. 탐구활동

1.2.1. 학생 중심 활동과 탐구활동

탐구활동을 통한 문법 수업의 필요성에 대한 인식과, 실제 탐구활동으로 수업이 이루어지는 것 간에는 상당한 괴리가 있다. 문법 수업이 탐구활동으로 이루어지는 것이 바람직하다는 것에 대해서는 특별히 이견이 없는 듯하지만 학교 현장에서의 수업은 여전히 탐구활동으로 이루어지는 경우는 많지 않다.[9]

(11)의 최선희 탐구학습 모형에서 보면 출발점이 '문제 확인하기'이다. 그런데 '문제 확인하기'는 실제 학교 현장에서 탐구활동을 실시할 때, 혼란을 줄 수 있다. 물론 최선희(2016)가 말하는 '문제(problem)'가 호기심 또는 의문을 포함하는 의미로서의 '문제'일 수 있다. 그런데 문법 탐구의 출발점이 되는 문제가 이런 광의의 의미의 문제라고 한다면 학교 현장에서 교사들은 어떤 문제를 확인해야 하는지 고민할 수밖에 없고, 이러한 고민은 탐구활동을 주저하게 만들 수밖에 없다.

---

8) 탐구학습의 관점에서 교과서를 분석하고 탐구학습 모형을 제시한 사례도 있다. 이서경(2004), 공윤정(2006), 황시연(2014), 차예은(2020)의 석사 논문에서 찾아볼 수 있지만, 이들 모두 실제로 수업에 적용하여 그 효과를 검증해 본 것은 아니라는 점에서 한계가 있다.

9) 이는 이관규(2007), 박형우(2009)에서의 설문 조사에서도 잘 드러나 있다.

본 연구의 목표 중의 하나는 탐구활동의 정의, 즉 어떤 활동을 탐구활동이라고 할 수 있는지, 다음으로 학교 현장에서 탐구활동을 어떻게 적용할 수 있는지에 대해 교육 현장의 관점에서 조명하는 것이다. 후자의 경우 문법 탐구의 대상을, 다시 말하면 '문제 확인하기'에서 탐구 대상으로서 문제의 외연에 어떤 것들이 있는지 구체적으로 말하는 것이 중요하다.

문법 탐구의 출발점은 '문제 확인하기'라기 보다는 '왜?(why)에 대한 호기심 또는 궁금함'이라고 하는 것이 더 적절할 것이다. (16)은 문법 탐구활동의 출발점이라고 할 수 있는 사고의 몇 가지 예이다.

(16) ㄱ. '꽃이'를 왜 [꼬치]라고 하지 않고 [꼬시]라고 하지?

ㄴ. '안개'를 왜 사람들이 자꾸 [앙개]라고 발음하지?

ㄷ. '옷이'는 [오시]인데 왜 '옷안'은 [오단]이지?

ㄹ. '잘생기다'는 '*잘생기고 있다'가 안 되는데 왜 동사지?

ㅁ. '기차가 빨리 달린다.'와 '기차가 빠르게 달린다.'는 의미가 같은데, 왜 '기차가 빨리 달린다.'는 홑문장이고, '기차가 빠르게 달린다.'는 겹문장이지?

ㅂ. '할머니'는 여자이고 '아빠'는 남자인데 왜 반의어가 아니지?

(16)에서 보듯이 대부분 '왜?'에 대한 호기심이나 의문이 바로 문법 탐구의 출발점이다. 이를 '문제(problem)'라는 용어 안에 뭉뚱그려 버리면, 문법 탐구 대상의 외연이 선명하게 드러나지 않는다. 그러니까 이를 '문제'라고 하는 것은 적절하지 않다. 그렇다면 교수-학습 상황에서 이런 '왜?'에 대한 호기심으로 시작하는 탐구활동은 어떤 것일까?

실제 학교 현장에서 문법 수업이 탐구활동으로 이루어지지 않는 이유는 여러 가지가 있겠지만, 1차적으로는 교사의 의지 문제이다. (17)은 중학교 국어 교사 45명, 고등학교 국어 교사 41명, 총 86명을 대상으로 '탐구활동에서 가장 중요한

것 2가지를 고르라는 설문 조사 결과이다.[10)]

(17)

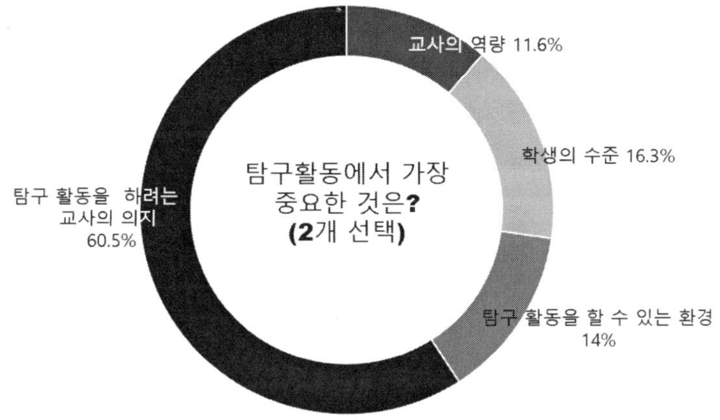

(17)에 의하면 탐구활동에서 가장 중요한 것으로 '교사의 의지'가 60.5%로 가장 높게 나왔다. 그러니까 1차적으로 교사에게 의지가 있다면 탐구활동에 의한 문법 수업이 이루어질 수는 있을 것이다. 그런데 어떤 활동이 탐구활동인지, 구체적으로 탐구활동에 대한 개념이 불분명하다면, 탐구활동 수업을 한다 하더라도 그것이 실제 탐구활동 수업이 아닐 수 있는 문제가 있다.

그러면 어떤 활동이 탐구활동인가?[11)] 탐구나 탐구학습을 어떻게 정의하든 간에 탐구활동은 탐구라는 인지 과정이 외현적으로 구현된 것을 이른다. 원론적으로는 외현적으로 구현되지 않은, 인지 과정 자체도 탐구활동이다. 그러나 교수-학습 상황에서는 머릿속에 이루어진 인지 과정이 설령 탐구활동이라고 하더라도

10) 이 설문조사는 2021년 8월에 현직 국어 교사 86명을 대상으로 한 것이다.

11) 탐구활동이 없는 탐구학습은 성립하지 않는다. 그래서 어떤 교수-학습이 탐구학습이 되기 위해서 가장 중요한 것은 '모형을 따랐느냐'도, '절차를 따랐느냐'도 아니고, '탐구활동이 일어났느냐'이다. 하연실(2010:42)은 교수-학습의 측면에서 정형화된 탐구학습 모형을 따르는 것만이 탐구학습이 아니라고 하였고, 황미향(2013:286-287) 역시 탐구에서 강조되어야 할 요인은 친절하게 설계된 탐구의 절차가 아니라고 하였다.

교사가 탐구활동이 수행되었는지 아닌지를 판단할 수 없다. 그래서 교수-학습 상황에서 탐구활동이냐 아니냐를 말하려면, 일단은 외현적으로 관찰 가능한 상태의 활동을 대상으로 논의할 수밖에 없다.

그러면 교수-학습 상황에서 어떤 활동을 탐구활동이라고 할 수 있을까? 일단 학생 중심 활동, 즉 학생이 능동적 주체가 된 활동이어야 한다는 것에는 이견이 없을 것이다. 그런데 탐구활동은 학생 중심 활동이지만, 학생 중심 활동이라고 해서 탐구활동이라고 할 수는 없다.

현장에서 문법을 가르치고 있는 국어 교사들의 경우 학생 중심 활동과 탐구활동이 그렇게 선명하게 구분되지는 않는 듯하다. 그러다 보니 학생 중심 활동을 그냥 탐구활동이라고 생각하는 경향이 있다. (18)은 (17)의 설문에 응한 86명을 대상으로 어떤 활동을 탐구활동이라고 생각하는지를 설문 조사한 결과이다.

(18)

다음 중 어느 것이 탐구활동이라고 생각하나요? (복수 선택 가능)		
㉠	학교 주변 간판에서 맞춤법이 틀린 것을 찾아 바르게 고쳐 보게 하는 활동	50명(58.1%)
㉡	동사와 형용사의 예를 주고 '동작을 나타내는 말/상태를 나타내는 말'로 구분하게 하는 활동	36명(41.9%)
㉢	'새가 높이 난다.'에서 '높이' 대신 들어갈 수 있는 단어를 찾고 공통점을 말해 보게 하는 활동	67명(77.9%)
㉣	솜이불[솜니불]'과 동일한 음운 변동이 적용된 예를 찾아보게 하는 활동	56명(65.1%)

(18㉠~㉣)은 모두 학생 중심 활동이다. 그러나 (18㉠)은 정오를 확인하는 단순한 사고를 요구하는 활동이다. 학습자에게 내재되어 있는 문법 지식을 활성화하느냐 아니냐의 유무로 본다면, (18㉠)은 내재된 문법 지식과 관계가 없고 단순히 맞춤법 규정을 확인하는 사고이다. (18㉡)은 주어진 자료를 분류하는 작업이기 때문에 내재된 문법 지식을 활성화하는 게 주된 활동은 아니지만, 동작이나 상태

에 대한 내재된 문법 지식, 즉 문법적 직관을 활성화해야 한다는 점에서 약하지만 탐구가 있다고 할 수도 있다.

설문 조사를 할 때 탐구활동으로 전제한 것은 (18㉢)과 (18㉣)이다. 이들은 모두 스스로의 문법적 직관을 활성화하여 예를 찾아서, 적절한지를 판단해야 한다는 점에서 탐구활동의 전형적인 특성에 해당한다. 그런데 탐구활동이라고 전제한 (18㉢,㉣)을 탐구활동으로 보지 않은 교사들이 꽤 많다. 반면 50명이나 되는 교사가 단순 지식의 적용 활동인 (18㉠)을 탐구활동이라고 응답하였다. (18)의 결과는 많은 교사들이 학생 중심 활동이면 탐구활동이라고 생각하는 경향이 있다는 것을 말해 준다.

(18)은 교사들이 탐구활동에 대한 개념을 명확하게 갖고 있지 못하다는 것을 말해 준다. 이는 교육 현장에서 문법이 지식 중심의 교과로 인식되고, 그래서 수업도 강의 중심으로 이루어지는 현실과 무관하지 않은 듯하다. 학교 현장에서 문법이 강의 중심으로 이루어지고 있다는 것은 (19), (20)의 설문 조사 결과를 통해서 어느 정도 확인할 수 있다. 표본이 크지는 않지만 (19), (20)은 고등학교를 졸업한 대학생 44명을 대상으로 한 설문 조사 결과이다.[12)]

(19) 고등학교 때까지 문법 과목이 암기 과목이라고 생각했는가?

매우 그렇다	그렇다	보통이다	그렇지 않다	매우 그렇지 않다	계
21명	15명	3명	3명	2명	44명
48%	34%	7%	7%	4%	100%

12) (19), (20)은 신승용 · 정정순(2019:367)에서 인용한 것이다. 2019년에 ○○대학교 국어교육과 2학년, 3학년 학생들을 대상으로 한 설문 조사 결과이다.

(20) 고등학교에서 배웠던 음운 변동 수업 방식은 어떤 것이었는가?

내용		
고등학교에서 배웠던 음운 변동 수업 방식은 어떤 것이었는가?	선생님이 비음동화의 특성을 설명하고 예도 선생님이 제시	70%(31명)
	선생님이 비음동화의 특성을 설명하고 예는 학생들이 찾기	19%(8명)
	선생님이 비음동화의 예를 제시하고 학생들이 비음동화의 특성을 정리	7%(3명)
	학생들이 비음동화의 예를 찾고 선생님이 학생들과 같이 비음동화의 특성을 정리	4%(2명)
		100%(44명)

(19)에서 문법 과목이 암기 과목이라고 생각하는지에 대한 물음에 '매우 그렇다'와 '그렇다'로 대답한 학생이 82%에 달한다. 그리고 (20㉠)에서 보듯이 교사의 일방적인 주입식 설명(선생님이 비음동화의 특성을 설명하고 선생님이 예도 제시)으로만 이루어지는 경우가 70%에 달한다. 이처럼 강의식 수업이 주로 이루어지는 상황이기 때문에, 교사의 입장에서 강의식 수업이 아닌, 학생 중심 활동 수업만 되더라도 이를 곧 탐구활동이라고 생각한 것으로 판단된다.

(21)은 국어 교사들이 탐구활동과 학생 활동을 구분하는 기준이 무엇이라고 생각하는지를 알아보기 위해 국어 교사 55명을 대상으로 실시한 설문 조사 결과이다.

(21)[13]

내용		
탐구활동과 학생 활동을 구분하는 기준은? (2개 선택)	학생이 스스로 관찰하고 분석해서 하는 질문의 수준	56.3(31명)
	사용된 예가 학생으로부터 나왔는지, 교사가 제시했는지	27.2(15명)
	학생이 활동에 참여하는 자기 주도성의 정도	25.4(14명)
	내재된 문법적 직관을 활성화하는 정도	18.1(10명)

(21)에서 보듯이 56.3%(31/55명)의 교사들이 '학생이 스스로 관찰하고 분석해서 하는 질문의 수준'이 탐구활동과 학생 활동을 구분하는 기준으로 가장 중요하다고 대답했다. 이것은 학생이 얼마나 주도적으로 탐구활동에 참여했는지, 그리고 분석의 결과로 어떤 질문을 했는지가 가장 중요하다고 생각했기 때문인 것으로 보인다. 그리고 '사용된 예가 학생으로부터 나왔는지, 교사가 제시했는지'가 두 번째로 많은 응답(27.2%, 15/55명)을 보였다. 이 결과는 교사들이 학습자 스스로 적절한 예를 찾는 활동을 할 때 비로소 실제 주체적인 탐구 경험이 될 수 있다고 생각했기 때문으로 여겨진다.

(21)에서 보면, '내재된 직관을 활성화하는 정도'를 탐구활동과 학생 활동을 구분하는 기준으로 가장 낮게 응답했지만, 오히려 필자는 탐구활동에 있어서 '문법적 직관'이 가장 핵심이라고 생각한다. 왜냐하면 결국 문법적 직관이 활성화되지 않은 상태에서는 배운 지식을 단순히 적용해서 자료를 분석하려는 경향을 보이는데, 이는 탐구활동이라기보다는 적용 학습에 가깝기 때문이다. 그리고 학생이 주도적으로 활동을 했다고 하더라도 단순히 지식을 적용한 경우는 실질적인 문법 탐구활동이라고 하기 어렵다.

국어 화자라면 누구나 자신에게 내재된 문법적 직관을 활성화하여 국어 자료를 관찰하고 분석할 수 있다. 그래서 탐구활동이냐 아니냐를 판단하는 핵심적인 기준은 문법적 직관을 활성화하여 자료를 분석한 활동이냐 아니냐이다. 그러니까 문법적 직관의 활성화는 탐구활동이 이루어지는 시작점이다.

교육 현장에서 수업은 일차적으로 교과서를 기반으로 이루어진다. 그래서 교과서의 학습활동이 탐구활동으로 구성되어 있다면 자연스럽게 수업도 탐구활동으로 이루어질 가능성이 높다. 반대로 교과서의 학습활동이 단순히 지식을 적용하는 활동으로 구성되어 있다면 수업도 탐구활동으로 이루어질 가능성이 낮다.

---

13) (21)은 2021년 경기도 국어과 1정 연수, 2022년 부산 국어과 1정 연수에 참여한 교사 중에서 문법 탐구활동 연수 후 설문에 답변한 55명의 응답 결과이다.

이영욱(2022:116)에서 언급한 것처럼 교과서는 교수·학습의 중요한 도구이면서 국가 수준의 교육과정이 교사와 학생의 교수·학습으로 구현되는 매개체가 된다는 점에서 그 중요도는 매우 높다.

교사가 교재 연구를 통해 수업 자료를 직접 만들더라도 예외적인 경우가 아니라면 (22)에서 보듯이 교과서가 기본적인 수업 자료이다. (22)는 문법 수업을 할 때 교사의 교과서 활용 정도에 대한 설문 결과인데, 약 77% 이상의 교사들이 교과서의 학습활동을 바탕으로 수업을 한다고 응답했다. 교과서의 내용을 약간 수정하여 수업한다는 것은 기본적으로 교과서를 중심으로 한 수업에 해당한다. 그러니까 학교 현장에서는 기본적으로 교과서의 예와 학습활동 중심으로 문법 수업이 이루어진다. 그렇기 때문에 교과서의 학습활동이 어떻게 구성되어 있느냐는 수업의 방식이나 수업의 내용에 어떤 식으로든 많은 영향을 끼친다.

(22)[14]

내용		
문법 수업을 할 때 교과서 활용 정도는?	교과서를 활용하면서 약간 수정하여 수업한다.	45.1(14명)
	교과서의 예와 학습활동을 활용하면서 수업한다.	32.2(10명)
	교과서는 참고만 할 뿐 거의 재구성하여 수업한다.	12.9(4명)
	교과서 활용은 최소화하고 반 이상 재구성하여 수업한다.	10(3명)
		100%(31명)

교과서의 학습활동이 탐구활동을 할 수 있게 구성되어 있으면, 실제 수업이 탐구활동으로 이루어질 가능성이 높다. 그렇기에 교과서의 학습활동이 탐구활동으로 적절한지 유무는 수업이 탐구활동으로 이루어지냐 아니냐와 관련된 중요한

14) (22)는 2021년 경기도 국어과 1정 연수, 2022년 부산 국어과 1정 연수에 참여한 교사 중에서 문법 탐구활동 연수 전 설문에 답변한 31명의 응답 결과이다.

한 요인이라고 할 수 있다. 그런 점에서 교과서의 학습활동이 탐구활동을 하기에 적절한지 유무를 분석하는 것은 유의미하다고 하겠다.

1.2.2. 탐구활동의 정의

1.2.1.에서 학생 활동과 탐구활동의 차이를 살펴보았다. 그렇다면 교수-학습 상황에서 어떤 활동을 탐구활동이라고 할 수 있는가? 예를 나열한 후에 나열된 예 중에서 선택하게 하는 활동, 예와 설명을 서로 짝짓는 활동은 이미 정해진 경로를 따라 정답을 찾아가는 사고에 해당한다. 이렇게 구성된 활동을 탐구활동이라고 할 수 없다. 탐구활동이라고 하기 위해서는 (23)의 요건이 충족되어야 한다.

(23) 문법 탐구활동의 요건

a. 문법적 직관(내재화된 문법 지식)을 활성화할 수 있는 활동이어야 한다.

b. 학습자가 스스로 예를 찾는 활동이 있어야 한다.

c. 왜 그 예를 찾게 되었는지에 대해 즉, 활성화한 문법적 직관을 표현할 수 있는 활동을 포함해야 한다.

비록 화자 스스로 인식하고 있지는 못하지만, 이미 내재화되어 있는 지식인 문법적 직관을 활용하여 실제 학습자 스스로 적절한 예를 찾는 활동을 할 때 비로소 주체적인 탐구 경험이 될 수 있다. 그래서 탐구활동이라고 하기 위해서는 반드시 (23a)가 필요하다. 일단 (23a)가 충족되었다면 탐구활동이라고 할 수는 있다.

여기에 더하여 (23b)의 요건이 추가되면 더 나은 탐구활동이 될 수 있다. 탐구를 하는 사고 과정의 활성화라는 차원에서 볼 때, 학습자가 스스로 예를 찾는 것과, 이미 주어진 자료를 눈으로 보는 것에는 큰 차이가 있다. 학습자가 스스로 예를 찾을 경우에는 예를 찾는 동안 문법적 직관을 활성화해야 하고, 찾은 예를 검증하는 과정에서 또 다시 문법적 직관을 작동시켜야 하기 때문이다.

(23b)의 경우 학습자가 한 번에 적절한 예를 찾을 수도 있겠지만, 많은 경우 몇 번의 오류를 거치면서 적절한 예를 찾는 데까지 나아갈 가능성이 크다. 그래서 (23c)의 요건 즉, 자신이 찾은 예가 적절한지를 스스로 검증하는 과정과 활성화한 직관을 표현할 수 있는 활동까지 포함된다면 탐구활동의 정의에 가장 부합하는 결과가 될 수 있다.

본고에서 전제하고 있는 탐구활동은 (23a,b,c)가 모두 충족된 것이다. 그 이유는 가장 느슨한 정의보다는 가장 구체적인 정의에서 출발하여 탐구활동을 할 때, 실제 교수-학습 상황에서 탐구활동 수업이 될 가능성이 크기 때문이다. 또한 그럴 경우 실제 수업에서 조금 미흡한 면이 생기더라도 여전히 탐구활동일 수 있을 가능성이 크다고 생각하기 때문이다. 그래서 본고에서 이후 탐구활동이라고 할 때의 탐구활동은 (24)와 같다.

(24) 탐구활동의 정의

> 문법적 직관을 통해 예를 찾거나 자료를 분석하여, 자료에 내재된 규칙을 찾는 활동

자료는 주어진 자료나 교사가 제시하는 자료보다는 학습자 스스로 생성한 자료를 활용할 때 탐구활동의 의의가 더 커진다.

지금까지 교수-학습 상황에서 어떤 활동을 탐구활동이라고 할 수 있는지에 대해 살펴보았다. 단순히 활동의 소재가 문법 현상이고, 학생 중심의 활동이라고 해서 탐구활동이라고 할 수 없음을 확인하였다.

탐구활동이 이루어지기 위한 출발점은 학습자의 내재화된 문법적 직관이 작동하는 것에서부터이다. 언어학에서 모국어 화자는 예외적인 경우가 아니라면, 모국어의 문법 규칙에 대한 지식을 내재화하고 있다고 가정한다. 이러한 내재화된

문법 규칙은 설명할 수 있는 지식은 아니지만 거의 100% 완벽한 지식이고, 화자는 이렇게 내재화된 문법 규칙을 적용해서 말을 한다. 자전거 타는 기술을 구체적으로 설명하지는 못하지만 자전거를 잘 탈 수 있는 것처럼, 모국어 문법 규칙을 설명하지는 못하지만, 국어 화자라면 누구나 국어의 문법 규칙에 맞게 말을 한다. 또한 평행하게 어떤 말이 국어 문법 규칙에 왜 어긋나는지를 설명하지는 못하지만, 그것이 국어 문법 규칙에 맞는지 아닌지는 판단할 수 있다. 다시 말해 우리는 모국어 화자로서 왜 그런지 설명할 수는 없지만 누구나 가지고 있는 문법적 직관을 통해 언어 자료를 관찰하고 분석할 수 있다.

1.3. 탐구활동에서 교사의 역할

교수-학습 상황에서 탐구활동이 가능하게 하기 위해서는 교사의 역할이 중요하다. 학생들이 스스로 예를 찾고, 찾은 예들을 분석하여, 스스로 내재된 규칙을 발견하기가 쉽지는 않기 때문이다. 그래서 (25)와 같은 교사의 역할이 필요하다.

(25) 문법 탐구활동을 위한 교사의 역할

㉠ 협력 학습이 가능한 상황을 만들어야 한다.

㉡ 직관을 활용한 탐구가 가능하게 교사가 탐구의 지점을 탐구활동 과정에서 수시로 짚어 주어야 한다.

㉢ 학생의 직관적 탐구 결과를 문답의 형식으로 학생과 함께 문법적 설명으로 정교화할 수 있어야 한다.

언어 자료를 던져 놓고 학생들에게 탐구하라고 한다고 해서 학생들이 교사가 원하는 방향으로 탐구를 할 수 있는 것은 아니다. 학생들이 탐구활동을 할 때, 혼자 머릿속으로 탐구적 사고를 할 수 있다. 그러나 교실 상황 속에서 그것이 겉으로 드러나지 않으면 교사는 관찰할 수 없다. 학생들이 서로 협력하여 표현하는 과정에서 사고가 어떻게 구현되는지 관찰할 수 있을 뿐만 아니라 서로의 생각을 교환할 때 배움의 효과가 더욱 커진다. 함께 배워야 같이 성장할 수 있다. 그래서 (25㉠)이 필요하다.

또한 학생의 내재된 문법 지식이 적절하게 활성화될 수 있도록 교사가 필요한 자극을 그때그때 제공해 줄 필요가 있다. 여기서 말하는 자극은 탐구의 지점을 좁혀 주어서 학생 스스로 무엇을 탐구해야 하는지를 알게 해 주는 것이다. 이렇게 탐구의 지점을 좁혀 주어야 학생들이 탐구활동을 지속적으로 할 수 있다. 그래서 (25㉡)이 필요하다.

학생들이 스스로 정교한 문장으로 탐구의 결과를 말하는 것은 쉽지 않다. 그래서 (25㉢)이 필요하다. 물론 이 과정에서 주도적인 역할은 학생이 해야 하고, 교사는 학생이 내재된 문법 지식을 가시적으로 끄집어낼 수 있도록 도와주는 역할에 머물러야 한다.

그러면 지금부터 탐구활동에서 교사가 구체적으로 어떤 역할을 해야 하는지 살펴보기로 하자. 탐구활동의 대상은 문법 내용들 중에서 음운의 변동과 품사 2가지이다. 문법의 모든 내용을 탐구활동으로 수업할 수 있겠지만, 음운의 변동과 품사가 탐구활동 수업을 하기에 비교적 용이하다고 판단해서 두 영역을 탐구 대상으로 정하였다.

1) 음운의 변동 탐구활동과 교사의 역할

(25㉠)처럼 협력 학습이 가능한 상황이 되기 위해서는 먼저 모둠 활동의 형태가 되어야 한다. 학생들이 생성한 단어의 발음형과 표기형을 관찰하고 분석할 때, 모둠 활동을 통해 협력 학습이 가능한 상황을 만들 수 있다.

(25㉡)이 가능하게 하기 위해서 학생들이 발음형과 표기형이 다른 단어를 생성할 때, 단계별로 상황을 제시할 수 있다. 학생들이 단어를 생성할 때 처음부터 완

전히 열어 놓고서 음운 변동이 일어난 예를 찾으라고 하면 학생들은 해당하는 예를 찾는 데 어려움을 겪는다. 그럴 때 적당한 예를 찾을 수 있도록 상황을 좁혀 주면 학생들이 포기하지 않고 끝까지 단어를 생성할 수 있다. (26)은 학생들이 발음형과 표기형이 다른 단어를 생성할 때의 구체적인 상황을 단계별로 제시한 것을 정리한 것이다.

(26)

단계	구체적인 상황
교실 안	교실 안에 있는 사물 중 보이는 대로
	⬇
친구 이름	친구나 지인의 이름 중에서
	⬇
자기가 한 일	아침에 일어나서부터 자기 전까지 한 일 중에서
	⬇
약 이름	약 이름 중에서

(26)에서 보는 것처럼 첫 단계로 지금 당장 주위를 둘러보면서 발음형과 표기형이 다른 단어를 찾게 하면 활동의 진입 장벽을 낮출 수 있다. 이것은 학생들로 하여금 이 정도는 나도 할 수 있겠다는 인식을 심어 주게 되어 다음 단계로 나아가는 발판이 된다. 이처럼 학생들이 예를 찾아내는 데 어려움을 겪을 때마다 어떤 상황을 제시하여 학생들이 포기하지 않고 자신들의 직관을 활성화할 수 있게 해 주는 것이 중요하다. 교사가 탐구 지점을 좁혀 주었을 때, 학생들은 예를 찾아내는 것에 어려움을 느낄 때도 포기하지 않고 끝까지 찾아내려는 모습을 보여주었다.

마지막으로 (25ⓒ)이 가능하게 하기 위해서 학생들이 탐구한 내용을 자신의 언어로 표현할 수 있게 내면화하는 활동의 한 방법으로 문법 교과서 만들기와 같은 활동을 실시하였다. 학생들은 자신들의 직관적 탐구 결과를 표현하려고 하는 과정에서 스스로 의미 있는 질문을 하게 된다. 교사는 학생들의 질문에 피드백하면서 여러 번의 문답 활동을 제공한다. 이러한 과정을 반복적으로 거치면서 학생들은 자신의 탐구 결과를 정교화할 수 있었다.

2) 품사 탐구활동과 교사의 역할

품사 단원 탐구활동에서는 학생들이 찾은 용언을 다양하게 활용하게 하는 것이 중요하다. 그래서 (25㉠)을 위해 모둠 활동을 구성하고, 학생들에게 모둠의 미션을 제공한다. 혼자 활동을 하는 것보다 함께 할 때, 서로가 서로에게 배우면서 활동을 끝까지 완수할 수 있다. 즉 학생들은 모둠 활동을 통해 찾은 단어의 활용, 분석, 분류를 서로 협업하여 수행하고, 용언의 기능도 함께 자신들의 언어로 표현, 정리할 수 있다.

(25㉡)이 가능하게 하기 위해서 학생들이 찾은 용언을 활용할 때 단계별로 맥락을 제시할 필요가 있다. 학생들이 동사나 형용사를 활용할 때, 처음 해 보는 활동이라 낯설어 하기도 하고, 또 잘 이해하지 못하는 경우가 많아 수행을 어려워하는 학생들도 있다. 이때 활동이 원활하게 수행될 수 있도록 교사가 간접적으로 개입하는 것이 필요하다. (27)은 학생들이 찾은 '먹다'와 '착하다'를 대상으로 학생들이 다양한 활용형을 말할 수 있게 교사가 여러 가지 맥락을 제공한 사례이다. (27)처럼 동사와 형용사를 판단하는 기준이 모두 활용형으로 나타날 수 있게 맥락을 제공하는 것이 좋다.

(27)

맥락 제시	먹다	착하다
그러고 있을 때	**먹고 있다**	***착하고 있다**
그러고 있는 게 현재이면	**먹는다**	***착한다**
그러고 있는 게 과거이면	먹었다	착했다
그러고 있는 게 미래이면	먹겠다	착하겠다
조건의 의미일 때	먹으면	착하면
이유의 의미일 때	먹어서	착해서
그러려고 할 때	**먹으려 한다**	***착하려 한다**
그렇게 하러 가자고 하면	**먹으러 가자**	***착하러 가자**
그렇게 하라고 명령하면	**먹어라**	***착해라**
그렇게 하자고 하면	**먹자**	***착하자**
⋮	⋮	⋮

학생들이 찾은 단어의 기능을 분석하고 그 결과물을 공유할 때, 학생들이 정확한 문법적 용어나 개념을 사용하여 표현하지 못할 수 있다. 그렇다 하더라도 우선은 학생들의 언어 그대로 표현하게 두는 것이 필요하다. 서로의 직관을 비교하고 활용하면서 나름대로 모둠의 결과를 표현하고 난 후, 공유 과정에서 교사가 적절하게 개입함으로써 학생들이 만들어낸 표현을 스스로 정교화할 수 있도록 도와줄 수 있다. 학생들은 이미 직관을 통해 그 개념을 알고는 있지만 표현함에 있어서 서툴 뿐이다. 그렇다고 해서 개념을 모른다고 말할 수는 없다. 이때 교사의 적절한 발문과 개입이 학생들의 내재된 지식을 밖으로 끄집어내고, 또한 그렇게 함으로써 학생들이 배운 것을 정교화하게 도와줄 수 있다. 이런 과정을 통해 학생들은 문법적 개념을 문자로 받아들이지 않고 스스로의 활동에 의해 확실하게 이해할 수 있게 된다. 이 과정을 통해 (25㉢)이 가능하게 된다.

Ⅱ. 문법 탐구활동 수업 활성화를 위한 방안

Ⅰ에서 살펴보았듯이 탐구활동 수업이 교육 현장에서 거의 이루어지지 못하고 있는 것이 현실이다. 그래서 여기서는 문법 탐구활동 수업 활성화를 위한 방안을 3가지 차원에서 제안하고자 한다. 첫째는 교사 차원, 둘째는 교과서 차원, 그리고 마지막으로 학습자 차원에서 문법 탐구활동이 학교 현장에서 잘 실천될 수 있도록 하는 방안을 제안하고자 한다.

2.1. 교사 차원

실제 수업에서 탐구활동으로 수업이 이루어지기 어려운 이유로 여러 논의들에서 제시한 것들을 정리하면 크게 네 가지 정도로 요약될 수 있을 듯하다.

첫째, 탐구학습은 수업의 결과 학생들이 정해진 지식을 도출해 낼 것이라는 보장이 없다.
둘째, 수업 진행 과정이 어렵고 수업에 많은 시간이 필요하다.
셋째, 수업 진도 등에 대한 부담이 크다.
넷째, 교사가 많은 시간과 노력을 투자해야 한다.

그래서 박형우(2009)는 교사들이 탐구활동 수업을 선호하지 않는다고 보았다. 그런데 본고에서 탐구활동이 교육 현장에서 잘 적용되지 못하는 이유를 알아보기 위해 실시한 설문 조사에 의하면 교사들이 탐구활동을 선호하지 않는다는 것은 사실이 아니다. 무려 83.7%(46명/55명)의 교사들이 문법 탐구활동 연수 후 탐구활동으로 수업해 보고 싶다고 설문에 응답했다. 이 결과는 교육 현장에 있는 교사들에 대한 실질적인 연구가 부족했다는 것을 반증한다.

교사들이 탐구활동 수업을 하기 위해서 많은 시간과 노력을 투입해야 하는 부담을 가지는 것은 사실이다. 하지만 그렇다고 해서 탐구활동 수업을 선호하지 않는다고 단정할 수는 없다. 현장의 교사들이 왜 탐구활동 수업에 대해 부담을 가질 수밖에 없는지, 그리고 탐구활동 수업을 하려는 교사들에게 어떤 실질적인 도움이 필요한지에 대한 연구가 제대로 이루어지지 않았다. 지금까지 탐구학습 관련 연구들 중에는 실제 탐구활동 수업을 적용해 보지 않은 채 탐구학습 모형을 단순히 제시하는 수준이었거나, 이론적 차원에서만 논의하여 현장에서 바로 적용할 수 없는 것들도 많았다.

본고에서는 국어과 1급 자격 연수를 받는 교사들을 대상으로 문법 탐구활동에 관한 연수를 실시하면서, 연수 실시 전, 그리고 연수 실시 후 이렇게 두 차례에 걸쳐 설문 조사를 하였다. 이를 토대로 문법 탐구활동에 대한 교사 인식, 그리고 교육 현장에서의 탐구활동 수업의 실상을 분석하였다.

그리고 현재 교육청에서 이루어지고 있는 국어 교사 연수에서 교과 내용으로서 문법과 관련된 연수 현황이 어떠한지 분석하고, 문법 탐구활동 수업이 실제 교육 현장에서 활성화되기 위한 현실적인 방안으로서 문법 탐구활동 수업에 대한 연수가 필요함을 제기할 것이다.

2.1.1. 문법 탐구활동 수업에 대한 교사의 인식

1) 문법 탐구활동 수업 연수 전 교사 인식

학교 현장에서는 여전히 탐구활동 수업이 잘 이루어지지 못하고 있는 것이 사실이다. 그래서 교사들을 대상으로 탐구활동 수업에 대한 설문 조사를 실시하여,

교육 현장에서의 탐구활동 수업에 대한 실태를 분석해 보았다.

2021년 8월 경기도 1급 자격 연수와 2022년 1월 부산 1급 자격 연수에서 국어 교사들을 대상으로 '문법 탐구활동'이라는 주제로 연수를 진행하였는데, 그 현황은 다음과 같다.

(1)

연수명	경기 국어과 1정 연수	부산 국어과 1정 연수	계
일자	2021.8.3.	2022.1.14.	
인원	44명	32명	76명
사전 설문 참여 인원	22명	9명	31명
사후 설문 참여 인원	43명	12명	55명

연수 전에 실시한 설문 조사 항목은 총 다섯 가지이다.

가. 어느 것이 탐구활동이라고 생각하나요?(복수 선택)
나. 탐구활동의 어려운 점? (복수 선택)
다. 음운의 변동과 같은 수업에서 필요한 예를 제시하는 방법?
라. 문법 수업을 할 때, 교과서 활용 정도는?
마. 음운의 변동과 같은 단원을 가르칠 때 주로 하는 수업 방식은?

다음은 위의 각 항목에 대해 설문 조사를 한 결과이다.

(2)

가.	어느 것이 탐구활동이라고 생각하나요?(복수 선택)	설문 결과
①	학교 주변 간판에서 맞춤법이 틀린 것을 찾아 바르게 고쳐 보게 하는 활동	77.4%(24명/31명)
②	'새가 높이 난다.'에서 '높이' 대신 들어갈 수 있는 단어를 찾고 공통점을 말해 보게 하는 활동	74.2%(23명/31명)

③	‘솜이불[솜니불]’과 동일한 음운 변동이 적용된 예를 찾아보게 하는 활동	70.%9(22명/31명)
④	동사와 형용사의 예를 주고 ‘동작을 나타내는 말/상태를 나타내는 말’로 구분하게 하는 활동	42%(13명/31명)

나.	탐구활동의 어려운 점? (복수 선택)	설문 결과
①	수업 진도를 맞출 수 있는 시간 부족	64.5%(20명/31명)
②	탐구활동을 할 수 있을 만큼의 학생들의 지식 수준 부족	51.6%(16명/31명)
③	학생들이 원하지 않음	32.2%(10명/31명)
④	수업을 준비할 수 있는 물리적 시간 부족	22.5%(7명/31명)
⑤	활동을 구성할 수 있는 교사의 문법 지식의 부족	3%(1명/31명)
⑥	교사 자신이 탐구활동이 필요하지 않다고 생각	3%(1명/31명)
⑦	학생의 돌발 질문에 대한 교사의 대처 능력 부족	3%(1명/31명)

다.	음운의 변동과 같은 수업에서 필요한 예를 제시하는 방법?	설문 결과
①	교과서에 제시된 예	58.1%(18명/31명)
②	교사가 직접 찾아서 정제한 예	38.7%(12명/31명)
③	학생들로 하여금 직접 생성하게 한 예	3%(1명/31명)

라.	문법 수업을 할 때 교과서 활용 정도는?	설문 결과
①	교과서를 활용하면서 약간 수정하여 수업한다.	45.1%(14명/31명)
②	교과서의 예와 학습활동을 활용하면서 수업한다.	32.2%(10명/31명)
③	교과서는 참고만 할 뿐 거의 재구성하여 수업한다.	12.9%(4명/31명)
④	교과서 활용은 최소화하고 반 이상 재구성하여 수업한다.	10%(3명/31명)

마.	음운의 변동과 같은 단원을 가르칠 때 주로 하는 수업 방식은?	설문 결과
①	음운 규칙을 먼저 설명하고, 각 규칙에 해당하는 예를 제시한다(연역식).	41.9%(13명/31명)
②	음운 변동의 예를 먼저 제시하고, 예를 통해서 규칙을 정리한다(귀납식).	35.4%(11명/31명)
③	음운 규칙을 먼저 설명하고, 문제 풀이식 방식으로 한다(문제 풀이식).	19.3%(6명/31명)
④	음운 규칙을 정확하게 전달하는 방식으로 수업을 한다(설명식).	3%(1명/31명)

아래는 이러한 설문 조사 결과에 대한 분석 내용이다. 설문 조사 분석은 다음의 3가지 차원에서 실시하였다.

[1] 탐구활동과 학생 활동이 구분되지 않는 문제

[2] 강의식 수업이 더 효율적이라는 교사의 인식 문제

[3] 탐구활동으로 수업하기 위한 시간의 문제

지금부터 '[1]~[3]' 각각에 대해 구체적으로 살펴보기로 하겠다.

[1] 탐구활동과 학생 활동이 구분되지 않는 문제

탐구활동이 제대로 실현되기 위해서는 교사의 의지와 교사 개개인의 역량이 매우 중요하다. 그러나 이 두 가지만으로 탐구활동이 잘 실현될 수 있는 것도 아니다. 1차적으로 교사에게 의지가 있다 하더라도 탐구활동에 대한 개념이 불분명하다면 그것이 실제 탐구활동 수업이 아닐 수 있기 때문이다.

(3)은 교사들이 학생 활동과 탐구활동을 어떻게 정의하는지를 확인하기 위한 설문 조사이다. (3가)는 전국의 국어 교사 3,000명이 가입된 카카오톡 단톡방에

서 86명의 교사가 응답한 것이고, (3나)는 2021년 경기, 2022년 부산에서 국어 1급 자격 연수에 참여한 국어 교사 31명이 응답한 것을 비교해 놓은 것이다.

(3)

설문 문항		조사대상	
		(가)	(나)
다음 중 어느 것이 탐구활동이라고 생각하나요? (복수 선택 가능)		국어 단톡방 (86명)	1급 자격 연수 (31명)
㉠	학교 주변 간판에서 맞춤법이 틀린 것을 찾아 바르게 고쳐 보게 하는 활동	50명 (58.1%)	24명 (77.4%)
㉡	동사와 형용사의 예를 주고 '동작을 나타내는 말/상태를 나타내는 말'로 구분하게 하는 활동	36명 (41.9%)	23명 (74.2%)
㉢	'새가 높이 난다.'에서 '높이' 대신 들어갈 수 있는 단어를 찾고 공통점을 말해 보게 하는 활동	67명 (77.9%)	22명 (70.9%)
㉣	'솜이불[솜니불]'과 동일한 음운 변동이 적용된 예를 찾아보게 하는 활동	56명 (65.1%)	13명 (42%)

논의의 편의상 Ⅰ장 (23)에서 제시한 문법 탐구활동의 요건을 다시 가져온다.

(4) 문법 탐구활동의 요건

㉠ 직관(내재화된 문법 지식)을 활성화할 수 있는 활동이어야 한다.

㉡ 학습자가 스스로 예를 찾는 활동이 있어야 한다.

㉢ 왜 그 예를 찾게 되었는지에 대해 즉, 활성화한 직관을 표현할 수 있는 활동을 포함해야 한다.

위 요건에 따라 2장에서 언급한 '어느 것이 탐구활동이라고 생각하는가?'에 대한 설문 결과에 대해서 다시 요약한 뒤 계속해서 두 집단, (3가) 집단과 (3나) 집단을 비교해 보자. (3㉠~㉣)은 모두 학생 중심 활동이라는 점에서는 공통적이다.

그런데 본고에서 탐구활동으로 전제한 것은 (3㉢)과 (3㉣)이다. 왜냐하면 (3㉢)과 (3㉣)은 (4)의 요건 중 (4㉠) 및 (4㉡)의 요건을 충족하고 있는 활동이기 때문이다.

반면 (3㉠)은 직관을 활성화하는 것이 아니라 단순히 맞춤법 규정을 확인하는 것에 불과하므로 탐구활동으로 적절하지 않다. 그리고 (3㉡)은 동사와 형용사를 단순하게 분류하는 작업으로, 내재화된 문법 지식을 활용하지 않고서 암기된 지식을 적용해서도 할 수 있는 활동이기 때문에 전형적인 탐구활동은 아니다. 다만 (3㉠)에 비해서는 탐구활동의 성격이 더 있다고 할 수 있다.

그런데 위의 설문 결과를 보면 (3㉠)을 탐구활동이라고 대답한 교사의 수가 (3가)에서는 50명/86명(단톡방), (3나)에서는 24명/31명(1정 연수)으로 상당히 많다. 또한 탐구활동이라고 전제한 (3㉢,㉣)을 탐구활동으로 보지 않은 교사들도 꽤 많다. 특히 (3㉣)을 탐구활동이 아니라고 응답한 교사가 30명/86명(단톡방), 18명/31명(1정 연수)으로 상당히 높은 비율을 보인다.

(3㉠)에 대한 (3가)와 (3나)를 비교해 보면 약간의 차이가 있는데, 1정 연수에 참여한 교사들이 상대적으로 탐구활동과 학생 활동을 더 구분하지 못한다는 것을 알 수 있다. 왜 이런 결과가 나왔을까? 구체적인 증거를 통해 설명할 수는 없지만, 두 집단의 성격에서 그 원인을 찾을 수는 있을 듯하다. 국어 단톡방에 있는 교사들은 자발적으로 자신의 필요에 의해 단톡방에 가입한 사람들이다. 이 공간에서 여러 가지 국어 수업과 관련된 질의 응답, 전공 지식에 대한 질의 응답이 이루어진다.[1] 전공 지식에 관한 질문 중에서는 특히 문법에 대한 것이 가장 많다. 그래서 자연스럽게 단톡방 공간은 일정 정도 집단 지성이 실현되는 곳이기도 하다. 여기서 부족한 전공 지식이 채워지기도 하고, 교수-학습 방법들이 공유되기도 한다. 그래서 교사들에게 필요한 궁금증이 해결되기도 하고, 필요한 지식들이 공유되기도 한다. 이 집단의 교사들은 확신하지 못하는 문법 지식에 관해 묻는

1) 행정 업무, 담임 업무 등 국어과 교사들이 일반적으로 많이 담당하는 업무에 대한 질의도 이루어진다.

것을 부끄러워하거나 주저하지 않고 질문을 주고받는다. 또한 자신의 노하우나 지식을 서로 공유한다. 반면 1정 연수에 참여하는 교사들은 임용이 된 후 대략 4년이 지난 사람들이고, 1정 연수 자체도 자발적 참여가 아니라 의무적으로 참여해야 하는 연수이다. 이러한 두 집단의 성격 차이가, 아마도 학생 활동과 탐구활동을 구분하는 인식의 차이를 가져온 것이 아닌가 한다.

이는 (5)를 통해서도 확인할 수 있다. (5)는 필자가 (3나) 집단을 대상으로 문법 탐구활동 연수를 실시한 후에 받은 서술형 답변이고, (6)은 (5)의 주관식 답변을 다시 표로 정리한 것이다.

(5)[2] T1: 탐구활동이 학생들이 직접 모둠 활동하고 문법 현상에 대해 토론하는 것이라고 생각했는데 답이 정해진 문제에 대한 토론은 탐구가 아니라는 것을 알았습니다.

T2: 문법 수업 탐구활동을 종종 했었는데요. 주로 교과서에 나와 있는 학습활동을 중심으로 했었습니다. 이론 개념 설명을 먼저 하는 경우가 좀 더 많았던 것 같네요. 탐구수업이라고 계획했던 것이 너무 어설펐네요. 활동수업과 구분하지 않고 했어요. 문법은 늘 개념을 익히고 그 이후 카드 게임이나 여타 활동을 통해 재미를 주는 것에 지나지 않는 수업을 해 왔는데요.

T3: 나 또한 탐구활동과 형성 평가를 혼용하여 사용했던 것 같다. 간단한 퀴즈, 그리고 그것이 왜 답인가를 발표하게 하고 노래 가사의 품사 구분 및 음운 변동을 구분하는 것 위주로 수업을 하다보니 학생들에게 뻔한 수업이 되지 않았을까 생각이 든다.

T4: 자유학기 수업으로 문법 수업을 하곤 했습니다. 동요 듣기 평가를 통한 음운의 변동 수업을 아이들이 가장 좋아했습니다. 그런데 선생님 수업을 듣고 나니 저는 탐구 수업은 시킨 적이 없더군요. '이순신'은

---

2) T1, T2, T3 … 는 교사를 구분하기 위한 임의적 기호이다. 아래에서의 T1, T2, T3 … 도 임의적인 구별 기호일 뿐, 동일 인물을 의미하지 않는다. 띄어쓰기는 맞춤법에 맞게 수정하지 않고, 설문의 답변을 그대로 옮겼다.

고유명사인가?와 같은 질문을 통한 탐구 수업도 짜보았지만 진정한 탐구활동은 아니었던 것 같아요.

T5: 처음에 설문조사에서 제가 생각하는 탐구활동을 고르라는 질문에 '학교 주변 간판에서 맞춤법이 틀린 것을 찾아 바르게 고쳐보게 하는 활동'을 골랐습니다. 지금까지 저는 '탐구활동'의 의미를 학생이 직접 문법 사례를 찾아 거기에 사용된 문법 현상을 찾아내거나 틀린 사례를 바르게 고치는 것이라고 생각했던 것이죠.

T6: 수업이 탐구활동이라고 생각했었는데 연수를 듣고 나니 학생 자발적이고 능동적인 탐구 과정이 필요하다는 것을 배웠습니다.

(6)

탐구활동이라고 생각한 활동	구체적 활동
㉠ 지식 적용 활동	카드 게임 같은 재미를 주는 활동, 노래 가사를 활용한 활동
㉡ 형성 평가	간단한 퀴즈, 동요 듣기 평가
㉢ 틀린 사례를 바르게 고치는 활동	잘못된 문법 사례 찾기
㉣ 답이 정해진 문제에 대한 토론	모둠 활동, 이순신은 고유명사인가?
㉤ 학생 활동 수업	학생 활동이 포함되는 모든 활동

(5)~(6)에서 보듯이 교사들은 개념을 먼저 익힌 후 카드 게임을 통해 지식을 확인하는 활동과 동요 듣기 평가를 통한 음운 변동의 내용을 확인하는 지식 적용 활동이 탐구활동이라고 생각한다고 응답했다. 그러나 이 활동들은 직관을 활성화해서 하는 것이 아니다. 암기된 선지식이 없는 상태에서는 할 수 없거나, 또는 수업한 내용에 대한 단순 적용 활동이므로 탐구활동이라 보기 어렵다.

T3에 의하면 형성평가와 탐구활동을 혼용하여 사용했다고 응답하고 있다. 간단한 퀴즈를 맞히는 활동은 배운 지식에 대하여 단순하게 정오를 확인하는 활동이므로 (4)에 따르면 탐구활동이 아니다. 특히 틀린 문법 사례를 바르게 고치는 것이 탐구활동이라고 응답했는데, 이미 여러 번 언급했지만 단순히 맞춤법 규정을 확인하는 것은 암기 유무를 확인하는 활동에 지나지 않는다.

T4처럼 '이순신은 고유명사인가?'와 같은, 답이 정해진 문제에 대한 토론을 탐구활동이라고 생각한 경우도 있다. 답이 정해진 문제는 정해진 답에 도달하기 위해 주어진 경로를 충실하게 따르면 되는 활동이므로 탐구활동과는 거리가 있다. 또 T1처럼 수업 형태가 모둠 활동의 형태를 띠면 탐구활동 수업을 했다고 생각한 교사도 있었고, T6처럼 학생 활동 수업이 곧 탐구활동이라고 생각했다는 응답도 있었다. 그러나 탐구활동은 학생 활동 수업이지만 그 역은 성립하지 않는다. 학생의 활동이 포함되기만 하면 탐구활동이라고 볼 수는 없기 때문이다.

(5)~(6)의 결과를 바탕으로 교사들이 탐구활동과 학생 활동을 명확하게 구분하지 못하고 있음을 확인할 수 있다. 이는 교육 현장에서 문법이 지식 중심의 교과로 인식되고 있어서 수업 역시 강의 중심으로 이루어지는 현실과 무관하지 않은 듯하다. 이러한 까닭에 일단 학생 중심 활동이면 탐구활동이라고 생각하는 경향이 큰 것으로 판단된다. 결국 학교 현장에서 탐구활동이 제대로 실현되려면 탐구활동이 무엇인지에 대한 공유가 필요하고, 현장에서 바로 적용할 수 있는 탐구활동의 구체적인 방법 및 과정에 대한 연구도 더 활발하게 이루어져야 할 것이다.

[2] 강의식 수업이 더 효율적이라는 교사의 인식 문제

위에서 살펴보았듯이 교사들이 탐구활동과 학생 활동을 혼동하는 경우가 많다. 그리고 교사들이 탐구활동과 학생 활동을 혼동하게 되는 이유에는 문법 수업이 많은 경우 강의식으로 이루어지고 있는 현실과 관련이 있다. 문법 수업이 강의식으로 이루어지기 때문에 강의식 수업이 아니면 탐구활동 수업이라고 생각하게 되는 경향이 있다는 뜻이다. 그러다 보니 (5)~(6)에서 보듯이 학생 활동이 포함되면, 즉 강의식 수업만 아니면 탐구활동 수업이라는 인식이 생긴 것으로 보인다.

그렇다면 여전히 교육 현장에서 문법 수업이 강의식으로 이루어지는 원인은 무엇인가? 그것은 문법 수업에 대한 교사의 인식과 일정 정도 관련이 있다. 이는

(7)에서 확인할 수 있다. (7)은 '교사들이 문법 수업을 강의식으로 하는 이유'에 대한 주관식 답변을 정리한 것이고, (8)은 이를 분석하여 다시 표로 정리한 것이다.

(7) T1: 문법수업은 강의식 수업이 가장 효율적이라고 생각했고 학생들이 잘 외워서 적용시켜야 한다고 생각해왔다.

T2: 문법 수업할 때 탐구활동으로 수업을 진행해야겠다는 생각보다는 항상 개념이나 용어 정리를 먼저 해주고 그에 맞는 예시를 교과서에서 찾아보게 하는 식으로 수업을 했던 것 같아요.

T3: 국어 하면 문학과 관련된 부분이 대부분의 영역을 차지하는데 문법에 대해 제 스스로 다시 한 번 수업 방법을 돌아보게 되는 시간이었어요~ 더불어 어떻게 수업을 준비하고 학생들과 진정으로 문법을 즐길 수 있는지 느끼는 시간이었습니다. 사실 결국 암기라고 생각했었거든요

T4: 학생들은 교사에 비해 교과 지식이 떨어지기 때문에, 교사주도의 수업이 가장 중요하다고 생각을 했습니다.

T5: 전에도 탐구활동을 시도해본 적이 있었지만, 아이들이 어렵게 느껴 흐지부지되었습니다. 또 탐구활동을 한 후 내용 정리를 해주며 결국 문법 수업의 마지막은 강의식으로 흘러가지 않나라는 고민도 했었구요.

T6: 문법 수업은 특히나 주입식 수업으로 하게 되어 자괴감이 컸는데 학생들이 직접 탐구해보도록 해야겠다는 생각이 들었어요.

T7: 최상위권 학생들과 수업할 때는 강의식으로 수업해도 별 무리가 없었는데 평범한(?)아이들과는 어떻게 수업을 해야할 지 고민이 있었습니다. 모둠별 토의(탐구까지는 아니고..)활동도 시켜보았는데 강의식 수업보다 효율이 떨어진다고 생각해서 거의 강의식으로 수업했는데, 오늘 연수를 통해서 학생들이 스스로 탐구하게 만들어보는 수업을 해보고 싶어졌습니다

(8)

교사들이 문법 수업을 강의식으로 하는 이유	문법 수업은 강의식이 가장 효율적이다.
	문법 수업은 개념이나 용어 정리를 먼저 해 주어야 한다.
	문법은 결국 암기이다.
	문법 수업은 학생들의 교과 지식이 부족하므로 교사 주도의 수업이어야 한다.
	문법 수업의 마무리는 강의식으로 해야 한다.
	문법 수업은 주입식으로 해야 한다.

(8)에서 보듯이 교사들이 문법 수업을 강의식으로 하는 이유 중 하나는, 강의식으로 문법을 수업하는 것이 가장 효율적이라고 생각하기 때문이다. 일부는 강의식을 넘어 주입식으로 해야 한다고 생각하기도 하였다. 이렇게 강의식으로 수업했을 때 학생들이 문법 지식을 잘 암기할 수 있고, 또 잘 적용할 수 있다고 생각하는 것이다. 이는 학생 활동 수업이 강의식 수업보다 효율이 떨어진다고 생각한 것과 직접적으로 관련되어 있다. 학생들의 교과 지식이 약하기 때문에 교사가 수업 시간에 개념이나 용어 정리를 먼저 해 주어야 한다고 생각하는 경향이 있고, 여기에 더하여 문법은 암기 과목이라는 인식이 있다. 그렇다 보니 강의식으로 교사가 직접 설명하면서 정리해 주는 방식이 효율적이라고 생각하는 것으로 보인다. 문법 수업에 대한 이러한 인식이 문법 수업을 강의 위주로 흘러가게 한 것이라고 할 수 있다.

이러한 인식은 설문 문항 (2다)와 (2마)에서도 볼 수 있다. 58.1%(18명/31명)의 교사들이 교과서에 제시된 예로만 수업을 한다고 응답했고, 학생들이 직접 예를 생성하게 한다고 답한 교사는 딱 1명이었다. 또한 문법 수업을 할 때 규칙을 먼저 설명하고 예를 제시하거나 문제를 풀이한다고 응답한 교사는 64.2%(20명/31명)에 달했고, 예를 통해서 규칙을 정리한다고 응답한 교사는 35.4%(11명/31명)이었다.

이러한 사실은 실제 학생들을 대상으로 한 설문 조사에서 그대로 반영되어 나타난다. 학교 현장에서 실제로 문법이 강의 중심으로 이루어지고 있다는 것을 보여주기 위해 I 장의 (19)~(20)에서 언급했던 설문 결과를 다시 가져온다.3) 표본이 크지는 않지만 (9)는 고등학교를 졸업한 대학생 44명을 대상으로 한 설문 조사 결과이다.

(9) ㉠ 고등학교 때까지 문법 과목이 암기 과목이라고 생각했는가?

㉡ 고등학교에서 배웠던 음운 변동 수업방식은?

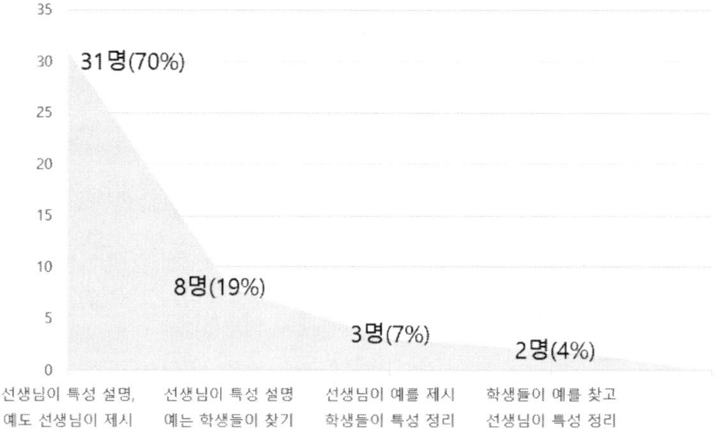

---

3) (9)가 (7)보다 시간적으로 먼저 이루어진 설문 조사이긴 하지만, 전체적인 양상을 파악하는 데 문제가 없다고 판단된다.

(9㉠)에서 고등학교 때까지 문법 과목이 암기 과목이라고 생각했는가에 대해 '매우 그렇다'와 '그렇다'로 대답한 학생이 82%에 달한다. 그리고 (9㉡)에서 보듯이 교사의 일방적인 강의식 설명으로만 수업이 이루어지는 경우도 무려 70%에 달한다. 학생들의 설문 결과가 이렇게 나타나는 것은 교사들의 인식과 관련되어 있음을 짐작할 수 있다.

문법이 지식 중심의 교과이고 그래서 강의 위주로 수업하는 것이 효과적이라고 교사들이 생각한다면 문법 수업이 그렇게 진행될 확률이 높다. 이러한 인식 하에서는 탐구활동으로 이루어진 문법 수업을 기대하기 어렵다. 그래서 우선적으로 교사의 인식 전환이 필요하다. 그리고 인식 전환을 위해서는 계기가 있어야 한다. 교사 스스로 알아서 인식을 전환하기는 어렵다. 인식 전환을 위해서는 외적인 계기나 자극이 필요한데, 현재 교육 시스템에서 현실적으로 할 수 있는 효율적인 방법은 교사 연수 프로그램을 활용하는 것이다. 이를 통해서 문법 탐구활동 수업을 할 수 있는 방법에 대한 교육과, 문법 탐구활동에 대한 인식을 공유함으로써 탐구활동 수업의 기반을 마련할 수 있을 것이다.

[3] 탐구활동으로 수업하기 위한 시간의 문제

지금까지 탐구활동과 학생 활동을 혼동하는 교사, 문법은 강의식 수업이 더 효율적이라고 생각하는 교사로 인해 탐구활동이 잘 이루어지지 않고 있음을 확인하였다. 이 두 가지 외에 탐구활동으로 수업이 이루어지지 않는 이유로 가장 많은 비율을 차지한 것이 바로 '시간'의 문제이다. 사전 설문 문항 (2나)에서 이를 확인할 수 있었다. 논의의 편의상 (2나)를 다시 가져온다.

(10)

문항	㉡ 탐구활동의 어려운 점? (복수 선택)	설문결과
①	수업 진도를 맞출 수 있는 시간 부족	64.5%(20명/31명)
②	탐구활동을 할 수 있을 만큼의 학생들의 지식 수준 부족	51.6%(16명/31명)

③	학생들이 원하지 않음	32.2%(10명/31명)
④	수업을 준비할 수 있는 물리적 시간 부족	22.5%(7명/31명)
⑤	활동을 구성할 수 있는 교사의 문법 지식의 부족	3%(1명/31명)
⑥	교사 자신이 탐구활동이 필요하지 않다고 생각	3%(1명/31명)
⑦	학생의 돌발 질문에 대한 교사의 대처 능력 부족	3%(1명/31명)

(10)에서 나타나듯이 무려 64.5%(20명/31명)의 교사가 수업 진도를 맞출 수 있는 시간 부족과, 22.5%(7명/31명)의 교사가 수업을 준비할 수 있는 시간 부족을 문제로 꼽았다. 둘을 합치면 87%의 교사들이 '시간'의 문제가 탐구활동의 어려운 점이라고 응답한 것이다.

2) 문법 탐구활동 수업 연수 후 교사 인식 및 변화

문법 탐구활동 수업 교사 연수를 실시한 후에 교사들을 대상으로 다시 설문 조사를 실시하여, 탐구활동 수업에 대한 교사 인식 및 인식 변화를 고찰하였다. 사후 문항은 모두 5문항으로 구성하였다.

가. 탐구활동과 학생 활동을 구분하는 기준
나. 탐구활동에서 가장 중요한 것
다. 탐구활동을 할 때 가장 필요한 도움
라. 탐구활동을 할 때 가장 큰 장애 요소
마. 탐구활동을 시도해 보고 싶은 마음을 숫자로 표현

(11)은 설문조사 결과이다.

(11) 탐구활동 연수 후 설문

가.	탐구활동과 학생 활동을 구분하는 기준? (2개 선택)	설문 결과
①	학생이 스스로 관찰하고 분석해서 하는 질문의 수준	56.3%(31명/55명)
②	사용된 예가 학생으로부터 나왔는지, 교사가 제시했는지	27.2%(15명/55명)
③	학생이 활동에 참여하는 자기주도성의 정도	25.4%(14명/55명)
④	내재된 문법적 직관을 활성화하는 정도	18.1%(10명/55명)

나.	탐구활동에서 가장 중요한 것? (2개 선택)	설문 결과
①	탐구활동을 하려는 교사의 의지	58.2%(32명55명)
②	교사의 역량	23.6%(19명55명)
③	학생의 수준	21.8%(12명55명)
④	탐구활동을 할 수 있는 환경	20%(11명55명)

다.	탐구활동을 할 때 가장 필요한 도움? (2개 선택)	설문 결과
①	탐구 수업 방법 안내	47.2%(26명55명)
②	탐구활동에 소모되는 시간과 노력을 줄일 수 있는 방법	32.7%(18명55명)
③	같은 철학을 공유하는 교사 커뮤니티	25.4%(14명55명)
④	문법 지식에 대한 교사의 질문을 해결해 줄 수 있는 멘토	16.3%(9명55명)

라.	탐구활동을 할 때 가장 큰 장애 요소? (2개 선택)	설문 결과
①	수업 준비를 위한 시간이 너무 많이 소비된다.	65.4%(36명55명)
②	학생들을 탐구하게 할 자신이 없다.	34.5%(19명55명)
③	학생의 돌발 질문에 대해 대처할 능력이 부족하다.	20%(11명55명)
④	탐구활동을 왜 해야 하는지 잘 모르겠다.	0

마.	탐구활동을 시도해 보고 싶은 마음을 숫자로 표현?	설문 결과
①	5	45.5%(25명55명)
②	4	38.2%(21명55명)
③	3	12.7%(7명55명)
④	2	3.6%(2명55명)

(11가)에서 보듯이 56.3%(31/55명)의 교사들이 '학생이 스스로 관찰하고 분석해서 하는 질문의 수준'이 탐구활동과 학생 활동을 구분하는 기준으로 가장 중요하다고 대답했다. 이것은 학생이 얼마나 주도적으로 탐구활동에 참여했는지, 그리고 학생들이 탐구활동을 하면서 어떤 질문을 했는지가 수업에서 매우 중요하다고 생각했기 때문인 것으로 보인다. 또한 이는 탐구활동 수업 연수의 성격과도 관련이 있다고 볼 수 있다. 이 연수는 필자가 학생들과 실제 수업한 탐구활동을 교사들에게 학생처럼 체험하게 하는 방식으로 진행되었다. 즉 교사들이 실제 탐구활동 수업 과정을 교사가 아닌 학생으로서 경험해 보는 방식이었는데, 이러한 방식 때문에 사후 설문에서 이와 같은 결과가 나온 것으로 추측된다. 교사가 직접 탐구활동 수업을 체험하면서 학생들이 스스로 관찰하고 분석하면서 질문을 하는 과정이 탐구활동에서 가장 중요하다고 생각하게 된 것이다.

두 번째로 많이 응답한 것은 '사용된 예가 학생으로부터 나왔는지, 교사가 제시했는지(27.2%, 15/55명)'이다. 이 결과는 교사들이 학습자 스스로 적절한 예를 찾는 활동을 할 때 비로소 실제 주체적인 탐구 경험이 될 수 있다고 생각했기 때문으로 여겨진다. 다음으로 학생이 활동에 참여하는 자기주도성의 정도는 25.4%(14/55명)가 응답하였고, 내재된 문법적 직관을 활성화하는 정도는 18.1%(10/55명)로 가장 낮은 순으로 나타났다.

필자의 예상과 달리 탐구활동과 학생 활동을 구분하는 기준으로 '내재된 문법적 직관을 활성화하는 정도'가 설문에서 가장 낮은 응답률을 보였다. 하지만 필자는 오히려 탐구활동에 있어서 가장 중요한 것은 '문법적 직관'이라고 생각한다. 왜냐하면 문법적 직관을 활성화하는 활동이 이루어지지 않을 때, 학생들은 배운 지식을 단순히 적용하거나 암기하려고 하기 때문이다. 이것은 탐구활동이라기보다는 적용 학습에 더 가깝다고 할 수 있다. 학생이 주도적으로 활동을 했다 하더라도 단순히 지식을 적용한 경우는 실질적인 탐구활동이라고 보기 어렵다. 왜냐하면 교사가 설계해 놓은 틀 안에서 이미 정해진 답을 찾는 식의 활동이 이루어질 가능성이 높기 때문이다.

다음으로 (11나) 문항에 대해 살펴보기로 하자. (11나)는 탐구활동에서 가장 중요한 것이 무엇이냐는 질문인데, 58.2%(32명/55명)가 탐구활동을 하려는 교사의 의지를, 23.6%(19명/55명)가 교사의 역량을 꼽았다. 세 번째로 많이 응답한 요인은 학생의 수준이었다.

그런데 여기서 가장 많은 응답을 보인 교사 요인을 살펴보기 전에 먼저 학생 요인을 짚어 볼 필요가 있다. '학생 요인'에 대한 교사의 인식이 연수를 실시하기 전과, 연수 실시 후에 큰 차이를 보였기 때문이다. (12)는 연수 실시 전(탐구활동의 어려운 점)과 연수 실시 후(탐구활동에서 중요한 점)에 '학생의 수준'에 대한 교사의 인식 변화를 나타낸 표이다.

(12)

	사전 설문	사후 설문
설문 문항	탐구활동의 어려운 점?	탐구활동에서 가장 중요한 것?
학생 요인 관련 항목	탐구활동을 할 수 있을 만큼의 학생들의 지식 수준 부족	학생의 수준
비율	51.6%(16명/31명)	21.8%(12명/55명)

(12)에서 보듯이 탐구활동 수업 연수 실시 전에는 51.6%의 교사들이 탐구활동을 하기 위해서는 학생 수준이 중요하다고 응답했지만, 연수를 실시한 후에는 21.8%의 교사만이 학생 수준이 중요하다고 응답했다. 연수 실시 전에 비해 탐구활동에서 학생 수준이 중요하다고 응답한 교사의 비율이 반 이상이 줄어든 것을 확인할 수 있다. 이것이 무엇을 의미하는 것일까?

처음에 교사들은 탐구활동을 하기 위해서는 학생들의 지식 수준이 탐구활동을 할 수 있을 만큼은 되어야 한다고 생각했던 것으로 보인다. 그러나 연수를 듣고 난 후 교사들의 인식이 바뀌었는데, 이것은 이 연수의 성격과 관련 지을 수 있다. 앞에서도 언급했지만 이 연수는 교사들이 학생의 입장에서 탐구활동을 체험해 보는 방식으로 진행되었다. 그래서 탐구활동 수업의 과정을 몸소 체험해 보면서 학생들의 지식 수준이 매우 중대한 문제가 아님을 깨닫게 된 것이다. 탐구활동을 하기 위해서는 학생들이 스스로 예를 찾아야 하는데, 이것은 어떤 높은 문법 지식을 요구하는 것이 아니라 누구나 내재된 직관을 활용하기만 하면 된다는 것을 깨닫게 된 것이다. 또한 자신들이 찾은 예를 스스로 분석하면서, 그리고 동료 학습자들과 협업하여 그 규칙을 알아내는 과정을 통해 탐구활동을 하기 위해서 진짜 필요한 것은 잘 설계된 탐구활동 과정과 촉진자로서 교사의 역할이라는 것도 깨닫게 된 것으로 보인다.

다시 (11나)로 돌아가서 가장 많은 응답 결과를 보인 교사 요인에 대해서 살펴보자. 무려 82%에 해당하는 교사들이 탐구활동을 위해 가장 중요한 것이 바로 교사 요인—탐구활동을 하려는 교사의 의지—에 있다고 대답하였다. 이러한 교사 요인에 대해 좀 더 알아보기 위해 (11다)와 (11라)를 묶어서 살펴보겠다.

(13)은 문법 탐구 연수 사후 설문 중 (11다) '탐구활동을 할 때 가장 큰 장애 요소'와 (11라) '탐구활동을 할 때 가장 필요한 도움' 두 항목을 묶은 것이다. 두 항목을 묶어서 제시한 이유는 탐구활동의 장애 요소와 가장 필요한 도움과의 상관관계를 분석하기 위함이다. (13)에서 보듯이 장애 요소와 필요 요소의 공통분모는 '시간'이다. 지금부터는 '시간'에 대해서 좀 더 논의해 보겠다.

(13)

비율	탐구활동을 할 때의 장애 요소	공통 요소	탐구활동 시 가장 필요한 도움	비율
65.4% (36명/55명)	수업 준비를 위한 **시간**이 너무 많이 소비된다.	시간	탐구활동에 소모되는 **시간**과 노력을 줄일 수 있는 방법	32.7% (18명/55명)

(13)에 의하면 탐구활동을 할 때의 가장 큰 장애 요소는 수업 준비를 위한 시간(65.4%)이고 또, 가장 필요한 도움 역시 탐구활동에 소모되는 시간과 노력을 줄일 수 있는 방법(32.7%)이다. (14)는 이와 관련된 교사들의 서술형 답변이다.

(14) T1: 늘 수업을 들으며 탐구활동이 문법 수업에서 정말 필요하다는 생각을 했다. 다만, 현실적으로 시간에 쫓기지 않고 할 수 있을지가 의문이었다.

T2: 저도 언어와 매체를 수업하고 있어서, 오늘 배운 내용을 실제 문법 수업에 적용해보고 싶다는 생각이 들었습니다. 그런데 너무 많은 시간과 노력이 소요될 것 같다는 두려움이 있기는 합니다.

T3: 아직은 소요되는 시간이 걱정입니다. 고등학교에서 문법은 보통 언어와 매체 시간에 학습할텐데 문법의 방대한 양을 탐구활동을 충분히 하며 한학기에 다 마칠 수 있을까 의문입니다.

T4: 이러한 수업을 준비하고 계속 하기 위해서는 교사가 준비해야 하고 수업의 진행에 대해 생각해 볼 것이 많을 것 같아 솔직히 조금 부담스러운 것도 사실이다.

T5: 처음에는 탐구활동을 많이 시도했던 것 같다. 그런데 점차 진도에 쫓기고 우등생들의 항의와 다른 교사와 비교 등에 밀려 평범한 수업을 하게 되었다. 내 맘에 들지 않지만 대다수가 만족한다는 것에 자위하며 그런 수업을 계속 해왔던 것 같다.

(14)를 정리해 보면 아래와 같다.

- 탐구활동이 문법 수업에서 정말 필요하다고 생각하지만 현실적으로 시간에 쫓기지 않고 할 수 있을지 의문을 가진다.
- 너무 많은 시간과 노력이 소요될 것 같아 미리 걱정한다.
- 문법의 방대한 양을 제한된 시간 안에 다 마칠 수 있을지 걱정된다.
- 탐구활동 수업을 위해 생각해 볼 것이 많아 부담스럽다.
- 진도에 쫓겨 우등생들의 항의와 다른 교사와의 비교 등에 밀려 탐구활동을 할 수 없다.

(15)는 이를 다시 내적 요인과 외적 요인으로 나누어 정리한 것이다.

(15)

내적 요인	의문	탐구활동이 정말 필요하다고 생각하지만 현실적으로 시간에 쫓기지 않고 할 수 있을까?
	두려움	언어와 매체 시간에 탐구활동을 적용해 보고 싶지만 시간과 노력이 너무 많이 소모될 것 같아 두려워요.
	걱정	언어와 매체 시간에 문법의 방대한 양을 한 학기에 다 마칠 수 있을지 걱정입니다.
	부담	탐구활동을 준비하기 위해서는 생각해 볼 것이 많아 부담스러워요.
외적 요인	우등생들의 항의	탐구활동을 시도했지만 진도에 쫓기다 보니 우등생들의 항의가 들어왔어요.
	다른 교사와의 비교	다른 교사와 비교되어서 다시 평범한 수업을 하게 되었어요.

(15)를 요약하자면 교사들은 '의문, 두려움, 걱정, 부담'과 같은 내적 요인과 '우등생의 항의'나 '다른 교사와의 비교'와 같은 외적 요인 때문에 탐구활동이 어렵다고 말하고 있다. 그래서 이 어려움을 극복하기 위해 탐구활동에 소모되는 시간과 노력을 줄일 수 있는 방법을 원했던 것이다.

(16)은 '탐구활동을 할 때 가장 큰 장애 요소'와 '탐구활동을 할 때 가장 필요한 도움'의 두 항목 중 '교사의 역량'에 관한 설문 결과를 묶은 것이다. '시간' 항목과 마찬가지로 두 항목을 묶어서 제시한 이유는 탐구활동의 장애 요소와 가장 필요한 도움이 '교사의 역량'과 관련하여 어떤 상관관계가 있는지 분석하기 위함이다. (16)에서 보듯이 장애 요소와 필요 요소의 공통분모는 '교사의 역량'이다.

(16)

비율	탐구활동을 할 때의 장애 요소	공통 요소	탐구활동 시 가장 필요한 도움	비율
34.5% (19명/55명)	학생들을 탐구하게 할 자신이 없다.	교사의 역량	탐구 수업 방법 안내	47.2% (26명/55명)
20% (11명/55명)	학생들의 돌발 질문에 대해 대처할 능력이 부족하다.		문법 지식에 대한 교사의 질문을 해결해 줄 수 있는 멘토	16.3% (9명/55명)

(16)에서 나타나듯이 두 번째로 많이 응답한 것은 '학생들을 탐구하게 할 자신이 없다(34.5%)'와 '학생들의 돌발 질문에 대해 대처할 능력이 부족하다(20%)'이다. 학생들을 탐구하게 할 자신이 없다는 것과 학생들의 돌발 질문에 대처할 능력이 없다는 것은 무엇을 의미하는 것일까? 그것은 사실이 그렇든 그렇지 않든 교사 스스로 문법 지식에 대한 깊이가 부족하다고 생각한다는 것을 의미한다. 만약 전공에 대한 지식에 자신감이 있으면, 교사는 학생들의 어떠한 돌발 질문에도 당황하지 않을 수 있다. 뿐만 아니라 학생들이 탐구활동을 하면서 힘들어할 때마다 탐구의 지점을 잘 짚어 줄 수 있고, 적절한 안내자로서의 역할을 수행할 수 있을 것이다. 이 문제는 (17)에서 구체적으로 확인할 수 있다. (17)은 이와 관련된 주관식 설문을 정리한 것이다.

(17) T1: 수업을 준비하고 진행하는 데 걸리는 시간적 부담이 큽니다. 단순히 한두 차시로 할 수 있는 작업이 아니니까요. 학생들의 역량의 차이를 어떻게 고려해야 할 지도 고민이 됩니다. 성취 수준이 아주 낮은 학생들은 상대적으로 잘하는 학생들로 인해 좌절할 수도 있지 않을까라는 걱정도 됩니다. 그리고 부끄럽지만 학생들의 돌발 질문에 유연하게 대처할 능력을 내가 갖추고 있는지에 대한 자신감도 부족한 것이 사실입니다.

T2: 아직까지는 학생들의 돌발 질문에 대해 대처하기에는 어려움이 있을 듯하여 교사의 문법적 지식과 역량이 꼭 필요할 것 같다는 생각 또한 하게 되었네요.

T3: 교사로서 문법적 지식이 교과서 밖에 것을 다루기에 내 역량이 부족한가 ^^;; 뜨끔할 때도 있죠.

(17)에서 나타나듯이 교사들은 학생들의 돌발 질문에 대처할 능력이 부족하고, 또한 자신들의 역량이 부족하다고 고백하고 있다. 아무래도 탐구활동을 하게 되면 학생들이 스스로 사고하는 과정에서 의문을 품게 되고, 그 의문이 갑작스러운 질문이나 돌발 질문으로 연결될 확률이 높다. 당연히 학생들의 돌발 질문은 정제되지 않은 날것일 가능성이 높고 교사들은 그 질문에 유연하게 대처하지 못할 확률 또한 높아지게 된다. 교사들은 이러한 상황이 생겼을 때, 자신의 부족함이 학생들에게 보여질까 우려하고 있는 것이다.

그런데 처음부터 교사들이 학생들의 돌발 질문에 대처할 능력이 부족하다고 생각한 것은 아니었다. 탐구활동 수업 연수 전 설문에서 보면, 돌발 질문에 대처할 능력이 부족하다고 생각한 교사는 단 1명에 불과했다. (18)은 학생들의 돌발 질문에 대처할 능력 부족에 대한 교사의 인식을 파악하기 위해 탐구활동 수업 연수 전후에 설문 조사를 한 결과이다.

(18)

	사전 설문	사후 설문
학생들의 돌발 질문에 대해 대처할 능력이 부족	3%(1명/31명)	20%(11명/55명)

(18)에서 보듯이 교사 연수 전에는 학생들의 돌발 질문에 대해 대처할 능력이 부족하다고 응답한 교사는 단 한 명이었지만 연수 실시 후에는 응답이 3% → 20%로 늘어났다. 이것은 연수를 받고 난 후 교사들의 인식이 바뀌었음을 보여준

다. 그렇다면 탐구활동 연수를 듣고 난 후 교사들의 인식이 왜 바뀌었을까?

앞에서도 언급했지만 이 연수는 교사들이 학생의 입장에서 탐구활동 수업을 체험해 보는 방식이었다. 이 과정에서 교사들은 자연스럽게 학생의 입장에서 수업을 바라보게 되었을 것이고, 강의식에서는 수동적이었던 학생들이 스스로 사고하는 과정에서는 의문을 가지게 될 것이라고 생각했을 것이다. 이렇게 탐구활동으로 수업하게 되면 당연히 학생들이 예를 생성해야 하고, 생성한 예를 스스로 관찰하고 분석하면서 의문을 품을 수밖에 없다. 이러한 과정을 몸소 느꼈기 때문에 교사의 인식이 바뀌었을 것이다. 다시 말해 탐구활동 과정에서는 학생들이 질문을 많이 할 수밖에 없다고 생각한 것이다.

다시 (16)으로 돌아가서 교사들은 이러한 부족함을 메꾸기 위한 도움으로 탐구 수업 방법 안내(47.2%)와 문법 지식에 대한 교사의 질문을 해결해 줄 수 있는 멘토(16.3%)를 원했다. 교사들이 탐구 수업 방법을 원하는 이유는 탐구활동이 무엇인지 교사 자신도 확신할 수 없고, 어떻게 진행해야 학생들을 탐구하게 하는지 그 방법에 대해서도 배운 적이 없기 때문이다. 그래서 학생들을 잘 탐구하게 하는 방법을 알고 싶고, 또 학생들의 돌발 질문에 대처하기 위해 문법 전공 지식을 공부하는 과정에서 생기는 의문을 해소할 수 있게 도와주는 멘토 역시 필요한 것이다.

그렇다면 교사들이 탐구활동을 잘 실천하지 못하는 것이 과연 교사의 의지가 부족해서일까? 아래 (19)에서 나타나듯이 탐구활동에 대한 연수를 실시한 후 탐구활동을 시도해 보고 싶은 마음을 숫자로 표현해 보라는 질문에 83.7%(46명/55명)의 교사들이 '4' 이상을 답했다. 이를 통해 실제 상당수의 교사가 탐구활동을 시도해 보고 싶어 한다는 것을 알 수 있다.

(19) 5. 탐구활동을 시도해 보고 싶은 마음을 숫자로 표현(55명 응답)

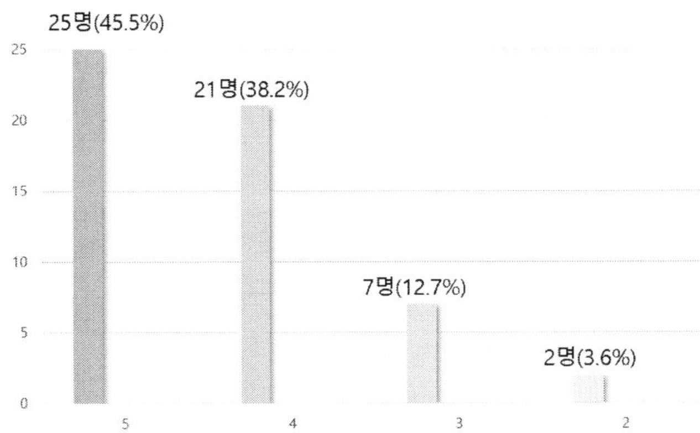

(19)의 결과처럼 탐구활동을 시도해 보고 싶어 하는 교사의 마음은 (20)의 주관식 답변에서도 확인이 가능하다. (19)는 탐구활동 연수 후 교사들의 주관식 답변 중 일부이다.

(20) T1: 도전하고 싶지만 수업 준비에 대한 부담으로 선뜻 나서기는 쉽지 않을 것 같다는 생각이 들었습니다.

T2: 문법 수업을 하면 아이들이 같은 질문을 몇 번이고 계속 하길래 '내가 설명을 잘 못하나? 교사로서의 자질이 부족한가?'부터 '도대체 얘네들은 수업시간에 뭘 듣는 거지?'라는 생각까지 하기도 했는데, 그런 고민의 답은 탐구활동에 있지 않을까 하는 생각을 하게 되었습니다.

T3: 교사는 도전하고 싶은 마음은 있지만 수업 준비에 대한 부담감 때문에 시도하는 것을 주저하고 있었고, T2 교사는 문법 수업 중 교사의 자질 문제와 학생의 집중력 문제로 고민했었는데 그 고민의 답은 탐구활동에 있다고 생각하고 있었다.

2.1.2. 문법 영역 교사 연수의 필요성

지금까지 탐구활동에 대한 교사 인식을 분석하여 문법 수업이 탐구활동으로 이루어지지 못하고 있는 이유를 살펴보았다.

첫째, 탐구활동과 학생 활동이 구분되지 않는 문제
둘째, 강의식 수업이 더 효율적이라는 교사의 인식 문제
셋째, 탐구활동으로 수업하기 위한 시간의 문제
넷째, 교사의 역량 문제

네 가지 차원에서 접근하였지만, 셋째와 넷째 즉, 시간과 교사의 역량 문제를 해결하게 되면 앞의 두 가지 문제는 자동적으로 해결될 수 있다. 탐구활동을 실천할 수 있는 교사의 역량이 갖추어지면 첫 번째 문제인 탐구활동과 학생 활동을 구분하지 못하는 혼란은 사라지게 된다. 또한 탐구활동을 제대로 하게 되면 탐구활동이 학생들의 배움에 어떤 의미가 있는지 알게 되고, 그러면 강의식 수업이 더 효율적이라는 교사의 인식도 바뀔 수 있다. 그래서 지금부터는 시간과 교사의 역량 문제에 대해서 좀더 깊이 있게 살펴보기로 하겠다.

먼저 시간은 구조적인 문제이다. 그런데 시간이 부족하다는 것은 구조적인 문제이기는 하지만, 일정 정도는 교사의 역량과도 관련되어 있다. 그것은 가르치는 문법 내용에 대한 교사의 이해 정도가 시간의 문제를 어느 정도 극복해 줄 수도 있기 때문이다. 하지만 말 그대로 구조적인 문제를 약간 보완해 주는 정도일 뿐, 근본적으로 시간의 문제는 구조적인 문제이다. 탐구활동 수업을 활성화하는 데 시간은 매우 중요한 변인이기는 하다. 하지만 시간의 문제는 제도의 문제이고, 행정적인 문제이다. 그렇기 때문에 본고에서 다루기에는 명확하게 현실적인 한계가 있는 문제이기도 하다.

그래서 본고에서는 구조적인 문제인 시간의 문제는 일단 제쳐 두고, 현재의 시

스템에서 문법 수업이 탐구활동으로 이루어질 수 있도록 할 수 있는 현실적인 방법에 대해 고찰하고자 한다. 그 방법은 일차적으로 탐구활동 수업이 무엇인지에 대한, 그리고 탐구활동으로 문법 수업을 하는 방법에 대한 안내 및 교육이다. 이는 교사 개개인이 스스로 알아서 하기에는 현실적으로 어렵다. 그래서 국어 교사들이 탐구활동과 관련된 정보와 탐구활동 수업 방법들을 함께 공유하는 채널이 중요하다. 이러한 채널을 교사 개인이 만들 수는 없으므로, 우선적으로 국어 교사들을 대상으로 한 연수를 활용할 것을 제안한다. 이러한 연수를 통해 탐구활동 수업에 대한 교사들의 부정적 인식을 변화시키는 것이 우선적으로 중요하다.

그리고 이러한 연수를 통해 자연스럽게 국어 교사들이 함께할 수 있는 공유 채널이 다양하게 만들어질 수 있을 것이다. 궁극적으로는 탐구활동 수업을 위한 정보 공유 및 탐구활동 수업 방법에 대한 토론 및 협의 채널을 만드는 것인데, 이러한 채널을 만들기 위한 바탕으로써 우선적으로 연수를 활용하는 것이 현실적인 방법 중의 하나라고 보는 것이다.

가) 문법 영역 교사 연수 실태와 문제점

현재 대구시 교육청에서는 어떤 연수가 실시되고 있는지 그 실태를 먼저 파악하여 대안을 제시하고자 한다. (21)은 2022년도 대구광역시 연수원에서 제공한 연간 연수 중 집합 연수를 정리한 표이고, (22)는 대구광역시 연수원에서 제공하는 원격 연수 중에서 국어과와 관련된 연수를 정리한 것이다. (23)은 대구에서 실시한 2020년, 2021년 국어 1급 자격 연수를 정리한 것이다.

(21)

연수 형태	분류	중등 연수 과정(집합)
자격 연수	자격 연수	교감 자격 연수, **정교사 1급 국어**, 수학, 영어 자격 연수
직무연수	창의 융합적 사고	담임교사 진로진학상담 역량 강화 직무연수(고1,2,3/ 중1,2,3) 중등 기초기본학력지도 역량 강화 직무연수 중등 IB맛보기 직무연수 중등 교육과정 전문과 양성 직무연수
	자기관리	중등 사제동행 활성화를 위한 교사 현장체험학습 안전요원 직무연수
	공감, 소통	예술 동아리 지도교사 역량 강화 직무연수 **중등 한 학기 한 권 읽기 수업 직무연수**
	공동체	중등 신규교사 평화통일 직무연수 중등 NEW LEADER 아카데미 직무연수
	교과 맞춤형	중등 교직 생애별 교과 맞춤형 직무연수 중등 교직 생애별 에듀마켓(수학, 과학) 직무연수
	수요자 설계형	수요자 설계 맞춤형 직무연수
	멘토링	중등 교직 생애별 신규임용교사 역량 강화 멘토링 직무연수
	전문성 강화	중등 복직(예정)교사 역량 강화 직무연수 중등 생애별 임용예정교사 역량 강화 직무연수

2022년도 대구광역시 연수원에서 제공하는 연간 연수 중 집합 연수는 주로 범교과 형태의 연수이다. 국어과와 관련된 연수는 정교사 1급 국어 자격 연수와 한 학기 한 권 읽기 수업 직무연수로 단 2개에 불과하다. 교과 맞춤형 연수가 있긴 하지만 국어 과정은 없다.

(22)

연수 형태	분류	중등 연수 과정(원격)
직무 연수	원격 연수	중학교/ 고등학교 사이버 어울림 프로그램(국어) 직무연수 중학교/ 고등학교 어울림 교과연계 프로그램(국어) 직무연수 자유학기제 교과 연계 주제 선택 활동(국어) 직무연수 장애 학생 국어과 교수 학습지도 역량 강화 직무연수 중등 교실을 바꾸는 수업 이야기(국어) 직무연수 중등 고등학교 교과별 과정중심 수행평가 국어과 사례 직무연수 중등 성장과 발달을 돕는 과정중심평가(국어) 직무연수 중등 성장과 발달을 돕는 학생평가(국어) 직무연수 중등 원격수업 학생평가의 실제(국어) 직무연수 중등 학생평가 도구 개발의 실제(국어) 직무연수

(22)는 대구광역시 연수원에서 제공하는 원격 연수 중 국어과와 관련된 연수만을 모아 정리한 것이다. 어울림 프로그램은 국어 전공에 대한 연수라기보다는 대화와 공감에 대한 주제를 다루는 연수이고, 평가 관련 연수(모두 5개 과정)는 주로 과정 중심 평가의 해당 사례를 소개하는 연수이다. 자유학기제 연수와 교실을 바꾸는 수업 이야기 역시 성취 기준에 따른 각기 다른 수업 사례를 소개하는 형태의 연수이다. 다시 말해 대부분의 국어과 연수는 해당 수업 사례를 소개하는 형태의 연수로 진행되고 있었다.

(23)은 2020년부터 2022년까지 3개년 간 대구광역시 교육청에서 주관한 국어 1급 자격 연수 프로그램 중 집합 연수를 정리한 것이다.

(23) ㉠

2020년 국어 1급 자격 연수	
연수 과정	개설 수
국어 전공과 무관한 연수(예: 청렴, 학교폭력예방…)	15
평가 관련 연수	4
연극 연수	2
IB 교육과정을 통한 국어 수업	1
에듀테크를 활용한 국어 수업 사례 소개	1
미디어 리터러시 연수	1
토론 연수	1
한 학기 한 권 읽기	1
블렌디드 러닝 시대의 말랑말랑 문법 수업	1

㉡

2021년 국어 1급 자격 연수	
연수 과정	개설 수
국어 전공과 무관한 연수(예: 다문화, 자살예방교육…)	15
평가 관련 연수	3
연극 연수	1
IB 프로그램과 국어 수업	1
에듀테크를 활용한 국어 수업 사례 소개	1
미디어 리터러시 연수	1
화법 연수	1
국어과 기초학력 향상	1
블렌디드러닝 시대의 문법 수업	1

㉢

2022년 국어 1급 자격 연수	
연수 과정	개설 수
국어 전공과 무관한 연수 (예: 학부모 이해 교육, 위기 학생과 학업 중단 예방…)	18
평가 관련 연수	1
IB 교육과정을 통한 국어 수업	1
쓰기 교육	1
문해력	1
주제 중심 융합 수업	1
AI와 국어교육	1
구비문학의 이해	1
문법 탐구활동	1

(23㉠)의 2020학년도 대구광역시 국어 1급 자격 연수는 원격 연수 30시간, 온라인 실시간 연수 14시간, 집합 연수 47시간 총 91시간이고, (23㉡)의 2021학년도 자격 연수는 원격 연수 21시간, 온라인 실시간 연수 16시간, 집합 연수 58시간으로 총 95시간, (23㉢)의 2022학년도 자격 연수는 원격 연수 11시간, 집합 연수는 87시간으로 총 98시간이었다.

예전에 비해 차이가 나는 부분은 에듀테크를 활용한 수업 사례를 안내하는 연수가 새로 생겨났다는 점, 그리고 대구광역시의 주요 시책인 IB 프로그램을 적용한 국어과 수업에 대한 연수가 새로 생겼다는 것을 확인할 수 있다. 그리고 2022년에는 국어과 전공과 무관한 연수 프로그램이 오히려 늘었다는 것도 확인할 수 있다.

주지하다시피 국어 1급 자격 연수는 임용된 후 대략 4년이 지난 교사들을 대상으로 하는 강제 연수이다. 하지만 교육청에서 운영하는 연수 중 가장 국어과의 전문성을 높일 수 있는 연수이기도 하다는 점에서 매우 중요한 연수이다. 왜냐하면 1급 자격 연수는 국어 교사로서의 정체성과 전문성을 향상시킬 수 있는, 교육청에서 운영하는 거의 유일한 국어과 연수이기 때문이다. 그런데 안타깝게도 국어 전공과 무관한 연수가 집합 연수의 반 이상을 차지하고 있다는 점은 앞으로 연수 기획의 방향성에 대해 다시 생각해 보게 한다.

특히 문법 관련 연수는 3년 동안 각각 1개에 불과하고, 그중 1개도 필자가 강사로 참여한 연수이다. 2020년, 2021년의 문법 연수는 코로나 이후 온라인 수업을 위해 여러 가지 온라인 툴을 활용한 문법 수업 사례를 소개하는 형태의 연수였고, 2022년 연수는 필자가 진행한 문법 탐구활동에 대한 연수이다. 이처럼 1급 자격 연수의 국어과 관련 연수 프로그램은 대체로 사례 소개 중심으로 이루어져 있어서 전문성을 높일 수 있는 과정은 다소 부족하다고 할 수 있다.

국어과 하위 영역의 성격에 따라서는 연수를 통해서 다양한 사례를 보여주는 것으로도 전문성이 제고될 수도 있다. 그러나 문법 영역의 경우에는 단순히 사례 중심의 연수로는 전문성을 향상시키기에는 다소 부족할 뿐만 아니라, 탐구활동 수업을 하기 위한 기본적인 역량을 키우기에는 한계가 있다. 사례 소개 중심의 연수는 대체로 강사가 문법을 어떻게 수업했는지에 대한 경험을 공유하는 경우가 많기 때문이다.

나) 문법 영역 교사 연수의 필요성

지금까지 문법 수업이 강의식으로 흘러가는 현실과 교사들의 인식, 그에 따라 탐구활동과 학생 활동을 혼동하는 양상을 살펴보고 학교 현장에서 탐구활동을 실현하지 못하는 장애 요소, 그리고 탐구활동을 하기 위해 교사들이 무엇을 필요로 하는지에 대해서 살펴보았다. 이러한 문제들을 교사 개인이 알아서 해결하기는 어렵다. 문제에 대한 인식을 공유하고, 함께 해결해 나가는 것이 바람직하다. 그래서 본고에서는 교사들이 문제의식을 공유하고, 방법론을 함께 찾아갈 수 있는 출발점으로써 문법을 주제로 한 교사 연수를 제안한다.

누군가 전공 지식에 대한 공부는 개인의 몫이라고 반문할 수 있다. 그러나 (24)

에서 나타나듯이 교사들은 탐구활동에 대한 모델링이 없어 탐구활동 수업을 하기가 막연하고, 또 무엇을 어떻게 해야 할지 막막하다고 말하고 있다.

(24) T1: 오늘 연수를 듣기 전에도 저는 수업 중 탐구활동을 해보고 싶다라는 생각을 늘 지니고 있었습니다. 그렇지만 어떻게 하는 게 좋은 활동일지, 모델링이 없어 막연하기만 했었어요.

T2: '문법은 탐구활동으로 해라!' 이 얘기를 학부 때부터 참 많이 들었습니다. 그런데 교사가 되고 나서 막상 하려고 하니 어떻게 해야 할지도 막막하고, 무엇보다 진도 나가기에 급급해 아이들이 탐구할 수 있는 시간을 확보하는 것이 참 어렵더라구요.

탐구활동을 해 보고 싶은데 어떻게 해야 할지 막막하다면 누군가의 도움을 받아야 한다. 혼자 힘으로 해결하지 못하는 현실을 개인의 탓으로만 돌린다면 아무것도 나아지지 않는다. (24)에서 교사들은 탐구활동이 무엇인지, 그리고 탐구활동을 어떻게 시작해야 하는지 막막해서, 그리고 모델링이 없어서 막연하기만 하다고 호소하고 있다.

이 어려움을 해소할 수 있는 방법은 여러 가지가 있겠지만 그 중 필요성을 인식하는 교사들을 대상으로 구체적인 탐구활동 수업 방법을 공유할 수 있는 연수 시스템이 우선적으로 필요하다. 연수를 통해 곧바로 문제를 해결할 수 있다는 차원에서가 아니라, 연수를 계기로 함께 고민할 수 있는 시스템을 구축할 수 있다는 차원에서 그렇다. 그래서 일회성의 연수 자체를 말하는 것이 아니라, 연수를 활용하여 지속적인 협업 시스템을 구축하는 차원의 연수를 말하는 것이다. 물론 연수를 개설한다고 해서 모든 교사들이 연수에 참여하지 않을 수 있고, 또 교사가 자발적으로 듣지 않는다면 아무런 소용이 없을 수 있다. 그러나 최소한 이러한 필요를 느끼는 교사들에게 연수에 참여할 수 있는 기회는 제공해 주는 것은 필요하고 의미가 있다.

탐구활동 수업을 하기 위해서는 탐구활동 수업 방법을 아는 것 이외에도 탐구활동을 할 수 있을 만큼의 문법 전공 지식이 교사에게 필요하다. (16)에서 살펴보았듯이 교사들은 '학생들을 탐구하게 할 자신이 없다'와 '학생들의 돌발 질문에 대처할 능력이 부족하다'는 것을 가장 큰 탐구활동의 장애 요소로 들었다. 수업을 진행하는 교사에게 전공 지식이 부족하다면 교사는 그만큼 탐구활동을 주저하게 된다. 그래서 탐구활동 방법을 안내하는 것과 동시에 전공 지식에 대한 내용 연수도 함께 진행되어야 한다.

그런데 연수를 개설했다고 하더라도 교사들이 듣지 않는다면 아무런 소용이 없지 않느냐고 반문할 수 있다. 그래서 교사들이 자발적인 연수에 얼마나 참여하는지 그 실태를 살펴보았다. (25)는 대구광역시 전문학습공동체 4곳에서 2022년에 실시한 연수를 정리한 것이다. 이 연수들은 교육청 주관 연수가 아니라 같은 관심사를 가진 교사들이 모인 공동체에서 주최하는 연수이고 범교과적인 연수로, 교사들은 모두 자발적으로 연수에 참여한다. (25)에서 보여주듯이 3시간 연수는 주중에, 5시간 이상의 연수인 경우에는 주로 주말에 실시되었다. 본고에서는 2022년 4월~5월에 실시된 4개의 연수만 정리하였지만 이러한 연수가 연중 여러 차례 꾸준하게 실시되고 있었다.

(25)

연수 일자	연수 시간	연수 과정	참여 인원
2022.4.22.(금)	3시간	거꾸로 교실 직무 연수	28
2022.5.17.(화)	3시간	비주얼씽킹 기초과정 직무 연수	12
2022.5.28.(토)	4시간	블렌디드러닝 직무 연수	30
2022.5.29.(토)	5시간	활동중심 수업 직무 연수	20

이처럼 자발적인 연수의 경우, 참여 교사의 인원은 그리 많지 않다는 것을 (25)를 통해 알 수 있다. 그러나 주목할 점은 이러한 연수가 일회성이 아니라 지속적으로 진행되고 있었고, 연수에 참여한 교사들의 필요를 충족하고 있다는 점이다.

혹자는 문법 탐구활동에 대한 문제를 연수만으로는 해결할 수 없다고 반문할 수 있다. 또 연수를 개설했다고 하더라도 참여율이 저조하다면 그 효과가 미미하다고 우려를 표할 수도 있다. 일정 부분 맞는 말이다. 그러나 (25)의 상황에서 보듯이 연수가 있으면 관심을 가지는 교사가 많지는 않지만 있다. 이런 일은 처음부터, 그리고 한 번에 잘 될 수 있는 것이 아니다. 우공이산의 마음으로 시작하는 것이고, 그 과정에서 뜻을 공유하는 교사들의 집합의 크기가 늘어날 것이다.

실제 필자가 2020.12.12.(토)에 대구시 관내 중고등학교 국어 교사를 대상으로 탐구형 문법 수업과 문법 문항 출제 방법 연수를 4시간 동안 실시했었는데, 총 31명의 국어 교사들이 신청했다. 토요일이라는 조건, 그리고 국어 교과에 한정한 연수임에도 적지 않은 교사가 참여했던 것이다. 이것은 탐구형 문법 수업에 대한 교사들의 수요가 결코 적지 않다는 것을 말해 준다.

이러한 결과가 일회성에 그친 해프닝인지 아닌지, 실제로 교사들이 얼마나 문법 탐구활동 연수에 참여하고 싶은지, 그리고 지속적으로 연구회와 같은 활동 참여 여부를 알아보기 위해 (26)처럼 추가로 설문 조사를 실시하였다. 설문 대상은 2022년 대구광역시 1급 자격 연수에 참여한 국어 교사 40명이고 이 중 33명이 응답해 주었다.

(26)

설문 문항	매우 그렇다	그렇다	보통이다	그렇지 않다	매우 그렇지 않다
1. 오늘 연수와 유사한 형태의 문법 탐구수업 방법을 안내하는 연수가 필요하다고 생각하시나요?	29/33 (87.9%)	4/33 (12.1%)	0	0	0
2. 문법 탐구활동 방법 안내에 대한 연수뿐만 아니라 문법 전공 지식에 대한 내용 연수가 필요하다고 생각하시나요?	19/33 (57.6%)	9/33 (27.3%)	4/33 (12.1%)	1/33 (3%)	0

3. 문법 탐구활동에 대한 연수 및 연구가 일회성이 아닌 지속적으로 유지될 필요가 있다고 생각하시나요?	25/33 (75.8%)	6/33 (18.2%)	2/33 (6.1%)	0	0
4. 만약 문법 탐구활동에 대한 연구를 지속할 수 있다면 연구회나 스터디 모임과 같은 공동체에 참여할 의사가 있나요?	18/33 (54.5%)	8/33 (24.2%)	7/33 (21.2%)	0	0

(26)에서 나타나듯이 문법 탐구 수업 방법을 안내하는 연수의 필요성에 대해 '매우 그렇다'와 '그렇다'라고 응답한 비율이 100%이다. 이것은 교사들이 그동안 문법 탐구활동에 관한 연수가 없어서 많이 답답했다는 사실을 입증한다. 또한 문법 전공 지식에 대한 내용 연수에 대해서도 84.9%의 교사들이 필요하다고 응답했다. 이것은 위에서 언급한 '학생들을 탐구하게 할 자신이 없다'와 '학생들의 돌발 질문에 대처할 능력이 부족하다'는 것을 가장 큰 탐구활동의 장애 요소로 언급한 교사들의 현실이 반영된 것이라고 볼 수 있다. 그래서인지 94%의 교사들이 문법 탐구활동에 대한 연수가 지속적으로 유지되어야 한다고 응답했고, 문법 탐구활동 관련 연구회나 공동체에 참여하기를 희망하는 하는 교사도 78.7%나 되었다. 이처럼 교사들은 탐구활동에 대한 연수의 필요성을 절감하고 있다는 것을 확인할 수 있다.

물론 연수를 들었다고 해서 모두가 바로 탐구활동을 실천할 수 있는 것은 아닐 것이다. 그러나 앞에서 언급했듯이 실제 탐구활동 연수 후 탐구활동을 시도해 보고 싶다고 응답한 교사의 비율이 83.7%(46명/55명)로 높았다. 비록 적은 수의 교사들이 연수를 신청할지라도, 또 그 연수를 들은 교사가 당장 탐구활동을 바로 실천하지 않는다고 하더라도 이런 연수를 계속 지속적으로 개설하고 운영한다면 그 저변이 점차 확대될 것이라고 기대할 수 있다. 한순간에 교사들의 인식을 바꿀 수 있다고 생각하는 것, 한순간에 문법 수업을 바꿀 수 있다고 생각하는 것은 있을 수 없는 일이다. 그리고 이런 생각은 문법 탐구활동을 정착시키는 데 아무런 도움이 되지 않는다. 그러나 문법 연수를 들은 교사들이 점차 늘어나고 그 교사들을 중심으로 문법 탐구활동 연구회가 생기고 또, 연구회를 발판삼아 자발적으로 연구하는 교사들이 지속적으로 늘어난다면 점차 탐구활동을 실천하는 교사들이 늘어날 것이다.

지금까지의 논의를 정리하는 차원에서, 교육 현장에서 문법이 실제 탐구활동 수업으로 이루어지게 하기 위해서 교사 연수가 반드시 필요한 이유를 정리하면 아래와 같다.

첫째, 교사 개개인이 문법 탐구활동에 대해 연구하기 힘들다. 문법 탐구활동을 공부하기 위해 어떤 문법 개론서를 봐야 하는지 혹은 탐구활동과 관련된 어떤 서적을 찾아야 하는지 시작 자체가 막막하다. 만약 해당 교사가 대학원에 진학했거나 학부 때 교수님께 도움을 요청할 수 있다면 다행이지만 현실적으로는 그런 경우는 많지 않다. 또 탐구활동에 대한 해당 논문을 찾아보려고 해도 검색할 수 있는 경로를 찾기가 어려울 수 있고, 알고 싶은 부분을 딱 맞게 다룬 논문을 검색하는 일도 쉽지 않다. 논문을 잘 검색했다 치더라도 추상적인 차원의 논문이 많아 논문 내용을 이해하는 데만도 많은 시간과 노력이 소요된다. 이처럼 개인 차원에서 탐구활동에 대한 공부를 하는 것은 교사를 지치게 하고 연구 의지를 약화시킨다.

둘째, 탐구활동의 구체적인 모델링이 없다. 혼자 시행착오를 겪으면서 탐구활동에 대해 연구했다고 하더라고 자신이 하고 있는 활동이 제대로 된 탐구활동인지 확인할 길이 없다. 탐구활동이 무엇인지, 탐구활동의 방향은 무엇인지 잘 알지 못한 채 탐구활동 수업을 하게 될 경우 학생 활동 수업에 머물고, 탐구활동 수업이 아닐 수 있다. 탐구활동을 시도하기 위해 어렵게 낸 시간과 노력이 헛되지 않게 탐구활동의 방향을 제시하고 구체적인 방법 안내를 교사 연수를 통해 할 수 있다.

셋째, 탐구활동에 대한 지속적인 연구가 가능하다. 학교 현장에서 같은 고민을 하는 동료 교사를 만나는 것은 결코 쉽지가 않다. 그러나 교사 연수 후 비슷한 고민을 하는 동료를 만나면 동질감이 생겨 커뮤니티 조성이 가능하며, 온·오프 모임을 통해 지속적으로 탐구활동에 대한 정보를 공유할 수 있다. 이것은 탐구활동을 이끌어가는 동인이 될 수 있고, 서로가 서로에게 피드백을 주고받음으로써 지속성을 가질 수 있다. 연수에 참여한 교사들은 기본적으로 같은 고민의 지점이 있고 자발적으로 연수에 참여하여 적극적으로 문법 수업을 개선하려는 의지가 있는 교사들이란 공통점이 있기 때문이다.

넷째, 문법 수업이 강의식으로 흘러가는 흐름을 일정 부분 줄일 수 있다. 다시 말해 교사들의 문법 수업을 강의식 대신 탐구활동으로 시도하게 할 수 있다. 강의식 수업을 주로 하는 교사들은 문법 수업에 있어서 강의식 수업이 가장 효율적이고, 이렇게 수업했을 때 학생들이 문법 지식을 외워 잘 적용시킬 수 있다고 생각하는 경향이 있다. 그러나 문법 교육의 목표가 학생들이 문법 지식을 잘 암기해서 적용하게 하는 것은 아니다.

문법 교육의 중요한 목표 중의 하나는 자신이 사용하고 있는 모국어인 국어에 대한 이해이고, 더 나아가 언어에 대한 이해이다. 국어 화자로서 학생들이 스스로 내재된 문법 지식을 끄집어내고, 그동안 자신이 해 왔던 발화에서 언어 현상의 규칙과 원리를 발견하고 왜 그런지 설명할 수 있게 되는 과정을 통해 결국 국어에 대한 이해에 도달할 수 있다. 이러한 과정이 곧 탐구활동이고, 이러한 과정으로 유도하는 수업이 탐구활동 수업이다. 강의식 수업을 주로 하는 교사들 중에는 강의식 수업이 효율적이라고 생각해서이기도 하지만, 비교 대상으로서 탐구활동 수업에 대한 지식이나 이해가 부족하기 때문이기도 하다. 탐구활동 수업의 의의를 인식하게 함으로써, 강의식 수업에 대한 비판적 사고를 촉발시킬 수 있을 것이다.

다섯째, 탐구활동의 가장 큰 장애 요소인 '시간'의 문제, 즉 수업을 구성하는 데 드는 시간을 일정 부분 줄여줄 수 있다. 교사들이 탐구활동을 하기 위해 가장 필요한 도움은 탐구 수업 방법 안내(47.2%(26명/55명))이다. 이를 연수를 통해 제공한다면 탐구활동 수업을 시도하려는 교사들이 늘어날 수 있을 것이다. 또한 연수를 통해 전공에 대한 지식을 넓혀 교사의 역량을 키우게 되면, 학생들의 돌발 질문에 대한 걱정도 자연스럽게 줄어들 것이다.

2.2. 교과서 차원

교과서의 학습활동이 탐구활동을 할 수 있게 구성되어 있다면, 실제로 학교 현장에서 탐구활동으로 수업이 이루어질 가능성이 높다. 또한 교과서의 학습활동은 탐구활동을 실현하는 데 중요한 요인 중 하나이기 때문에 교과서의 학습활동이 탐구활동을 하기에 적절한지 아닌지를 살펴보는 것은 중요하다.

여기서는 고등학교 『국어』 교과서 음운의 변동 단원과, 중학교 『국어』 교과서 품사 단원에 있는 학습활동을 분석할 것이다. 이러한 분석을 토대로 탐구활동 수업이 이루어지기 위한 출발점으로써, 교과서가 어떻게 구성되는 것이 좋을지에 대해 살펴볼 것이다.

(27)은 고등학교 『국어』 교과서 음운의 변동 단원과, 중학교 『국어』 교과서 품사 단원 영역의 교과서 학습활동의 문제점을 정리한 것이다.

(27)

	가. '음운의 변동' 단원	나. '품사' 단원
문제점	㉠ 학생들이 음운 변동을 관찰할 수 없게 되어 있다. ㉡ 음운의 변동이 일어난 예만 제시하고 있기 때문에 조건환경을 제대로 탐구할 수 없다. ㉢ 학습자가 스스로 탐구하기 이전에 이미 친절하게 경로를 지정해 주고 있다. ㉣ 탐구가 불가능하거나 탐구를 하지 않고 눈으로 확인만 하면	㉠ 어간에 어미가 결합하는 활용을 어간의 형태가 변하는 것으로 설명하고 있다. ㉡ 의미를 중심으로 품사를 구분하고 있다. ㉢ 단순히 보기를 따라하기만 하면 되게 학습활동이 구성되어 있다. ㉣ 사료를 분석하는 것이 아니라 단순히 규범적인 정오를 묻는

	되는 식으로 구성되어 있다. ㉣ 음운 변동을 표준 발음과 연계시키면서 무게 중심이 음운 변동이 아니라 표준 발음으로 이동되었다.	활동이 많다.

(27가㉠,㉡,㉢)과 (27나㉠,㉡)처럼 두 영역의 고유한 특성을 나타내는 문제점도 있지만 공통적으로 나타나는 문제점도 있다. 하나는 교과서가 너무 친절하게 경로를 안내해 주어서 학생들이 단순히 따라하기만 해도 되는 문제이고, 다음으로는 규범과 관련된 학습활동이 본연의 학습목표에서 벗어나게 제시된 문제이다.

학습활동 자체가 탐구적 사고가 가능하게 구성되어 있다면, 교사의 입장에서 탐구활동 수업을 하기가 훨씬 쉽다. 수업 준비에 드는 시간도 줄일 수 있고, 탐구활동을 구성하는 데 드는 노력도 절감할 수 있기 때문이다. 그런데 현재 『국어』 교과서의 학습활동은 그 활동으로 바로 탐구활동 수업을 진행하기에는 한계가 있다. 교과서의 학습활동이 반드시 탐구활동으로 구성되어 있어야 할 필요는 당연히 없다. 그렇지만 이미 학습활동이 탐구활동으로 구성되어 있다면 탐구활동 수업이 실제 교실 현장에서 이루어질 가능성이 높다.

이런 관점에서 현재 『국어』 교과서 학습활동이 탐구활동이라는 관점에서 어떻게 구성되는 것이 좋은지 3가지 차원으로 간략히 살펴보고자 한다. 3가지 차원은 첫째, '자료 제시 방식의 문제', 둘째, '단순히 따라하기만 하면 되게 활동이 구성된 문제', 셋째, '학습목표에서 벗어난 규범과 관련된 활동의 문제'이다.

첫째, 자료 제시 방식의 문제

교과서는 지면과 분량의 제약으로 적절한 자료나 예를 충분하게 제시하기 어려운 점이 있다. 그러나 탐구활동이 제대로 이루어지려면 학습자 스스로 관찰 가능하게 자료가 제시되어야 한다. 즉 관찰할 수 있는 대상을 비교·가능하게 제시해야 자신의 문법적 직관을 활성화할 수 있다.

예를 들어 음운의 변동의 경우에는 기저형과 표면형을 비교·대조하여 음운의 변동을 학습자 스스로 관찰하여 찾을 수 있게 자료가 제시되어야 한다. 탐구는 관찰을 전제로 하는데 관찰할 수 있는 대상을 제시하지 않고서는 탐구적 사고가 일어날 수 없기 때문이다.

또한 '무엇이', '무엇으로', '어떤 조건환경에서'를 찾을 수 있게 자료가 제시되어야 한다. 음운 변동을 제대로 탐구하기 위해서는 규칙의 구조기술 'X → Y/ Z'에서 입력 X와, 출력 Y, 그리고 조건환경 Z를 분석해야 한다. 그러니까 입력 X와 출력 Y만 분석하는 것은 음운 변동을 제대로 이해한 것이라고 볼 수 없다. 어떤 때 X가 Y로 변하고, 어떤 때는 Y로 변하지 않고 그대로 X인지, 즉 조건환경 Z를 분석할 때 비로소 해당 음운 변동을 온전히 이해했다고 할 수 있다.

품사의 경우도 마찬가지이다. 용언이 어떤 기능을 하는지를 질문하려면 용언이 있는 문장과 없는 문장을 함께 제시해야 한다. 또한 용언의 활용형의 경우에도 종결어미가 결합한 활용형과 전성어미가 결합한 활용형을 함께 제시해야 한다. 이렇게 했을 때 용언의 기능과 활용의 의미를 제대로 이해할 수 있다.

둘째, 단순히 따라하기만 하면 되게 활동이 구성된 문제

제시한 길로만 가면 활동을 완료할 수 있게 구성된 학습활동은 탐구와 거리가 멀다. 왜냐하면 학생들은 주어진 예시를 보고, 예시와 똑같은 방식으로 활동을 하기만 하면 되기 때문이다. 이는 단순히 주어진 안내와 경로를 충실하게 따르면 되는 활동이므로, 능동적인 관찰과 분석이 요구되는 탐구활동이 아니다. 그것은 탐구활동이라기보다는 모방 활동에 더 가깝다. 주어진 안내대로만 하면 되기 때문에 학생이 능동적으로 탐구할 수 있는 사고 과정 자체가 활성화될 수 없다. 학습자가 주체적으로 직관을 활용하여 예를 찾아보게 하거나 직접 문법의 규칙이나 원리를 스스로 찾아낼 수 있도록 활동이 구성되어야 한다.

셋째, 학습목표에서 벗어난 규범과 관련된 활동의 문제

문법은 정오를 판정해 주는 것이 아니라 언어 현상을 탐구하고, 언어 현상에 내재된 규칙이나 원리를 찾아내는 것이다. 그런데 교과서에서 제시된 규범과 관련된 학습활동은 문법의 내용을 탐구하기보다는 오히려 이미 답이 있는 규범을 암기하는 것으로 마무리되어 버릴 가능성이 높다. 규범에 맞는 발음을 보고 관련된 규범을 외우거나 관련된 규범을 외워 규범에 맞게 발음하는 활동은, 스스로 발음해 보고 어떤 음운이 어떤 환경에서 어떻게 바뀌었는지를 관찰하고 분석하는 활동하고는 본질적으로 다르다. 전자는 단순히 규범을 암기하거나 암기한 규범을 적용하는 활동이고, 후자는 언어 현상을 탐구하는 활동이다.

규범을 대상으로 하는 활동은 근본적으로 탐구활동일 수 있다. 이미 답이 정해져 있고, 그래서 맞는 것을 확인하는 것에 지나지 않기 때문이다. 예컨대 일상의 언어생활에서 "행복하세요" 또는 "행복해라"와 같은 말을 쉽게 들을 수 있는데, 규범의 관점에서 "행복하세요", "행복해라"는 틀린 말이니까 쓰면 안 된다. 그리고 정답은 "행복하게 사세요", "행복하게 살아라" 등으로 쓰는 것이다. 여기에 '왜?'라는 의문은 의미가 없다. 왜냐하면 '왜?'를 알든 모르든, 그리고 '왜?'에 대한 설명이 타당하든 타당하지 않든, 사실이든 사실이지 않든 이미 정답은 정해져 있기 때문이다.

규범이 정해 놓은 것이 곧 언어적 사실은 아니다. 또한 당연히 그것이 정답일 수 없고, 규범의 본질을 이해한다면 그것이 정답이어서도 안 된다. 하지만 규범은 항상 정답이 있다. 그래서 규범은 굳이 탐구를 할 필요가 없다. 이미 주어진 정답이 있고, 그 정답이 내가 사용하는 언어가 아니라 인공어의 정답이기 때문에 굳이 탐구하는 것보다는 처음부터 정답을 찾는 것이 더 낫다. 탐구활동이 되려면 왜 "행복하세요", "행복해라"라고 말하는지, 왜 그렇게 말할 수 있는지를 활동하게 하고, 이를 탐구하는 과정과 결론이 학생들에게 일단은 열려 있어야 한다. 왜냐하면 실제 그렇게 사용하고 있기 때문이다.

수업 목표가 규범을 알게 하는 것일 경우, 이러한 활동은 규범을 습득하게 한다는 점에서는 의의가 있다. 하지만 탐구활동은 아니다. 이러한 활동은 국어를 관찰하고 분석하는 활동도, 국어를 이해하는 활동도 아니기 때문이다. 그리고 음운의 변동과 품사 단원의 궁극적인 목표가 규범의 정오를 가르치는 것도 아니다. 그래서 규범의 정오를 묻는 학습활동은 국어의 이해라는 목표와는 거리가 있는 활동이다. 또한 그런 활동은 탐구활동일 수도 없다.

2.3. 교실 환경 차원

학교 현장에서 탐구활동이 잘 실현되기 위해서는 교사 요인과 교과서 요인뿐만 아니라 학습자 요인도 매우 중요하다. 탐구활동의 실제 주체는 바로 학습자이기 때문이다. 학습자 차원에서 탐구활동이 잘 이루어지게 할 수 있는 방안에 대해서 몇 가지 제안하면 다음과 같다.

첫째, 학습자가 직접 예를 생성할 수 있도록 수업을 구성한다.

음운의 변동을 탐구활동으로 학습하기 위한 가장 좋은 방법은 학생들이 직접 음운의 변동이 일어난 예를 찾고, 학생들이 직접 찾은 예들을 함께 분석해 보는 것이다. 학생들이 직접 찾은 예들이기 때문에 스스로 관찰하고 탐구하고 분석하고자 하는 학습 동기도 높아질 수 있고, 탐구의 결과가 발견으로 이어지는 효과도 일어나게 된다. 그래서 학습자가 스스로 직접 예를 생성해 보는 경험은 탐구활동의 시작점이라고 할 수 있다.

특히 학생들이 예를 생성할 때, 자신의 발화나 친구의 발화에서 예를 찾아보게 하거나 일상생활을 하면서 떠올릴 수 있는 예를 찾게 하는 것이 좋다. 적절한 예를 찾는 것이 생각보다 학생들에게는 어려울 수 있기 때문에 친근한 곳에서 예를 찾게 하는 것이 진입 장벽을 낮출 수 있다.

교과서의 예는 일상생활에서 자주 쓰는 예보다는 해당 문법을 설명하기에 용이한 예들로 제시되어 있을 확률이 높다. 학생들이 평소에 쓰는 예들을 대상으로 탐구하게 하면 자신들이 자주 사용하는 예들이어서 친근하고, 또 쉽게 다가갈 수 있어서 더 잘 이해될 수 있다. 또한 문법의 예들이 교과서에만 존재하는 것이 아니라 자신들이 일상에서 사용하는 발화들이 곧 문법의 예가 된다는 것을 알게 되고, 이는 학생들로 하여금 당연하지만 새로운 시각을 갖게 해 줄 수 있다. 현실과 괴리된, 시험에만 등장하는 예가 아니라 학생들이 평소에 사용하는 발화들이 바로 문법의 탐구 대상이 된다는 것을 자연스럽게 자각할 수 있게 된다.

이는 품사 단원의 경우도 마찬가지이다. 동사와 형용사의 특성을 탐구하는 탐구활동이 되기 위해서는 무엇보다 학생들 스스로 많은 예의 용언을 생성하게 한 후, 이들 용언에 다양한 어미를 결합시킬 수 있게 안내하는 것이 중요하다. 예컨대 '-고 있다'와 결합 가능한 용언과 그렇지 않은 용언의 예를 찾는 활동, 그리고 찾은 용언에 다양한 어미가 결합된 활용형을 생성하는 활동 등이 학생들 스스로에 의해 주체적으로 일어나야 한다. 만일 교사가 활용형을 먼저 제시하게 되면 학생이 스스로 직관을 활용하여 예를 생성하는 것이 아니기 때문에 주체적인 탐구가 되기 어렵다. 일상에서 늘 하는 말들 속에서 활용형을 찾는 것이기 때문에, 자신이 사용한 말들 속에서 직관을 활성화하여 찾을 수 있도록 하는 것이 중요하다.

둘째, 학생들이 예를 생성하는 활동을 할 때 'ㄷ'자 형태로 자리를 배치한다.

탐구활동을 할 때 학생들이 예를 직접 생성하는 것은 탐구활동의 첫 단추로써 매우 중요하다. 그래서 학생들이 예를 직접 생성할 때, 교실의 환경을 이에 맞게 적절하게 구성할 필요가 있다. 학생들이 스스로 예를 생성하는 활동은 생각보다 어려워하는 과정이라 길어질 수 있는데, 이렇게 활동이 늘어지게 되면 학생들은 집중력을 잃게 된다. 이때 교사의 격려나 동료 학습자의 태도가 매우 중요한데 'ㄷ'자 배치는 바로 이런 환경을 형성하는 데 도움을 준다. 교사는 'ㄷ'자 가운데에 위치한다. 이렇게 함으로써 교사가 학생들에게 즉시 접근할 수 있고, 도움이 필요한 학생에게 언제든지 다가가 피드백이나 격려를 할 수 있다. 또한 학생들도 서로 간에 아이컨택을 하면서 집중력이 흐트러지는 것도 어느 정도 막을 수 있다.

뿐만 아니라 친구들이 의견을 말할 때 친구를 바라보면서 듣는 것이 용이하다. 그리고 서로의 의견에 즉시 피드백을 할 수 있으며, 옆자리에 앉은 친구와 바로 협업이 가능하다는 이점도 있다. 이처럼 'ㄷ'자 자리 배치는 집중성, 접근성, 경청, 피드백 측면에서 탐구활동 수업을 하는 데 상당히 유용한 장치이다.

셋째, 무엇이든 질문할 수 있는 분위기를 형성한다.

학생들은 자신들이 직접 단어를 생성하면서, 그리고 생성한 단어를 관찰하고 분석하면서, 또 자신만의 언어로 배운 내용을 정교화하면서 여러 가지 의문이 생길 수 있다. 특히 그동안 알고 있다고 생각했던 개념들이 자기 안에서 흔들리면서 진짜 알고 있지 않았음을 깨닫게 될 때 유의미한 질문을 많이 하게 된다. 이러한 혼동 속에서 나오는 질문들은 학생들의 배움을 더 탄탄하게 하는 역할을 한다.

그래서 학생들이 이런 의문이 생길 때, 어떤 질문이든지 할 수 있는 분위기를 형성하는 것이 매우 중요하다. 자신의 의문이 너무 사소하다고 생각한다거나 용기를 내어 질문했는데 교사의 피드백이 부족하거나 무시당했다는 생각이 들면 학생들은 더 이상 질문하지 않게 된다. 그래서 어떤 질문이든지 자유롭게 할 수 있는 분위기를 조성하는 것이 탐구활동에 있어서 무엇보다 중요하다.

교사가 미처 예상하지 못했던 지점의 질문이나 교사의 입장에서는 너무나 당연한 문제에 대한 질문들은 다른 학생들의 고민 지점을 짚어 줄 뿐만 아니라 학생들이 더 깊게 사고하는 촉매제 역할을 할 수 있다. 이때 교사는 이러한 질문들을 모아 분석하여 학생들이 어떤 지점에서 어려움을 겪고 있는지, 어떤 추가 설명이 더 필요한지를 파악할 수 있게 되어 학생들의 배움을 더 견고하게 만들 수 있다. 다시 말해 학생들의 탐구활동 과정 속에서 만들어지는 능동적인 질문은 질문한 당사자에게만 의미가 있는 것이 아니라, 그 질문을 공유한 다른 학생들에게도 '아하' 포인트를 제공해 줄 수 있고, 친구의 질문에서 한 단계 더 나아가는 질문의 발판이 되기도 한다.

넷째, 모둠 활동을 통한 협력 학습이 가능하게 한다.

탐구활동을 할 때, 개인보다는 모둠으로 활동하게 하면 서로 문법적 직관을 비교하면서 활발하게 활동이 수행될 수 있다. 학생들은 모둠 활동을 통해 친구들과 함께 해결하는 과정을 훨씬 재미있어 하고 이해도도 높다고 말한다. 또한 활동에 거부감이 있는 학생도 모둠 내 잘하는 친구로부터 긍정적인 영향을 받아 활동을 더 잘 수행할 수 있다고 말한다.

협력 학습은 탐구 과제를 혼자 해결하기에는 복잡하고 어려울 때 동료 학습자의 문법적 직관과 지식을 나눔으로써 부담을 덜 수 있는 장점이 있다. 모둠 활동을 통해 공동의 목표를 달성하기 위해 모둠원들이 서로 가르치고 배우는 과정이 포함되기 때문에 개인의 학습 능력뿐만 아니라 모둠원 모두가 함께 성장할 수 있다.

Ⅲ. 문법 탐구 수업의 실제

음운의 변동 단원과 품사 단원을 대상으로 실제 탐구활동 수업을 설계하여 수업을 실행하였다. 이를 위한 전 단계로 두 단원에 실린 교과서 학습활동을 대상으로 학습활동이 탐구활동으로 적합한지 여부를 분석하였다. 이러한 분석을 토대로 탐구활동 수업을 설계하여 실시하고, 수업 후에 수업에 대한 학생들의 반응을 설문 조사하여 수업의 의미 및 의의를 평가하였다. 3.1.은 음운의 변동 단원을 대상으로 한 탐구 수업이고, 3.2.는 품사 단원의 내용 중에서 동사/형용사를 구분하는 탐구 수업이다.

3.1. 음운의 변동 탐구 수업

문법 교육에서 탐구학습과 관련된 연구는 꾸준히 있어 왔다.[1] 이러한 연구들이 학문적인 논의에서 나아가 실제 교육 현장에서 적용되어 문법 수업이 탐구활동으로 이루어질 때 보다 의의가 있다고 할 수 있다.[2] 그런데 신승용 · 정정순(2019:367)에 따르면 국어교육과 1학년과 2학년 학생 44명을 대상으로 고등학교 때까지 문법이 암기 과목이라고 생각했느냐는 설문을 실시했는데, 80%가 넘는 36명이 '그렇다'고 답했다. 이 결과를 바로 일반화할 수는 없겠지만, 문법 교

1) 탐구학습 모형에 대한 연구로는 이관규(2001), 박형우(2009), 최선희(2016), 박진희 외(2018) 등이 있고, 탐구의 정의 및 탐구학습의 정의에 대한 연구로는 하현실(2010), 황미향(2013), 이철기(2020) 등이 있고, 탐구활동의 요건에 대한 연구로는 신승용 · 안윤주(2022) 등이 있다.

2) 탐구학습을 어떻게 정의하든 탐구활동으로 이루어진 수업은 탐구학습에 해당할 것이다.

육이 어떻게 이루어지고 있는지를 파악하는 데는 일정 정도 참고가 될 수는 있을 것이다.

학교 현장에서 교사가 반드시 교과서대로 수업을 해야 하는 것은 아니지만, 교과서는 수업의 일차적인 저본이다. 그렇기에 교과서의 학습활동이 탐구활동에 적합하게 구성되어 있으면, 자연스럽게 문법 수업이 탐구활동 수업이 될 가능성이 높다. 교과서가 탐구활동과 거리가 멀게 구성되어 있다 하더라도 교사가 탐구가 가능한 활동으로 재구성하여 탐구활동으로 이루어진 수업을 실연할 수도 있다. 이러한 관점에서 3.1.1.에서 교과서 학습활동을 분석할 것이다. 이러한 분석을 통해 탐구활동의 요건을 정립할 것이다. 이러한 작업을 토대로 31.2.에서는 '음운의 변동'을 대상으로 실제 탐구활동 수업을 설계하고 이를 직접 실연한 과정을 보여 줄 것이다. 그리고 3.1.3.에서 수업 후 학생들의 반응 및 평가를 분석하여 수업의 의의를 해석할 것이다.

탐구활동 수업의 대상으로 음운의 변동을 선택한 것은 학생들이 주체적으로 탐구활동을 하기에 용이한 주제 중의 하나이기 때문이다. 학교문법에서 다루는 음운의 변동 정도는 일상의 주변에 있는 사물들의 이름에, 그리고 아침에 일어나서 수업을 듣기 전까지 실제 자신이 화자로서 수행한 발화에, 자신이 청자로서 들은 발화에 있기 마련이다. 그래서 교사가 비교적 쉽게 학생들이 스스로 예를 찾을 수 있도록 안내할 수 있고, 학생들이 스스로 예를 찾는 과정에서 자연스럽게 탐구가 일어날 수 있다.

3.1.1. 학습활동 분석과 탐구활동의 요건

예외적인 경우가 아니라면 교과서는 수업의 일차적이고 기본적인 자료이다. 교과서의 학습활동이 탐구활동에 부합하게 구성되어 있으면, 교과서 학습활동으로 수업을 해도 탐구활동 수업[3]이 될 가능성이 크다. 그래서 우선 교과서의 학습

3) 여기서 '탐구활동 수업'은 탐구활동을 포함한 수업을 이르는 의미로 사용한다. 학생이 주도적으

활동이 탐구활동에 부합하는지를 분석해 볼 필요가 있다. 이러한 분석을 통해 자연스럽게 탐구활동의 요건이 추출될 수 있을 것이다. 분석 대상 교과서는 2015 교육과정 고등학교 『국어』 교과서 12종이다.

음운의 변동에 대한 탐구활동 수업은 학습자에게 음운의 변동이 일어난 자료를 주고 이를 분석하게 함으로써 이루어질 수도 있고, 학습자로 하여금 스스로 음운의 변동이 일어난 예를 찾게 해서 찾은 예를 분석하게 함으로써 이루어질 수도 있다. 탐구라는 관점에서 보면 후자의 경우, 즉 자신이 직접 찾은 언어 자료를 활용해서 하는 것이 좋다. 학습자 자신이 실제 사용하는 일상의 언어이기에 거리감이 적고 친숙하기 때문에 동기 유발 차원에서 더 낫다.

문법에서 탐구는 탐구의 대상이 무엇이냐에 따라, 즉 음운 변동이냐, 단어의 내부 구조이냐, 문장이냐 등에 따라 탐구의 초점과 방법이 다를 수 있다. 음운의 변동에서의 탐구는 '무엇이 무엇으로, 어떤 조건환경에서'를 찾는 사고 활동이 핵심이다. 그래서 음운의 변동에서 탐구활동은 학습자 스스로 음운 변동이 일어난 예를 찾아서, '무엇이, 무엇으로, 어떤 조건환경에서'를 분석해 내도록 하는 것이 중요하다. 이 과정에서 자연스럽게 탐구가 일어날 수밖에 없다.[4]

음운의 변동은 학습자가 표기형과 표기형에 대한 자신의 발음을 직접 비교하는 것만으로도 쉽게 관찰할 수 있다.[5] 그래서 문법의 다른 영역에 비해 학습자가 스스로 관찰하고 분석하기가 즉, 탐구하기가 상대적으로 용이하다. 교과서나 교사에 의해 주어진 자료이든, 학습자가 스스로 찾아낸 자료이든 자료를 관찰하여

로 하는 활동이라고 해서 모두 탐구활동이라고 할 수는 없고, 학생 활동 중에 탐구활동이 있다. 어떤 활동이 탐구활동인지 즉, 탐구활동의 요건에 대해서는 아래에서 정리할 것이다.

4) 여기서는 음운의 변동이라는 언어 자료에 대한 탐구로 좁혀서 탐구를 정의한 것이다. Dewey(1910) 처럼 '탐구'를 반성적 사고로 포괄적으로 정의할 수도 있고, 문법 영역으로 좁혀서 탐구를 정의할 수도 있다. 이 자리에서 이러한 원론적인 탐구의 정의를 다루기에는 주제 자체가 크고, 지면의 한계도 있다. 이에 대한 정리는 신승용 · 안윤주(2022)를 참고할 수 있다.

5) 이때 발음형이 표면형이고, 표기형이 기저형에 해당한다. 물론 표기형과 기저형은 진혀 나른 개념이나. 하지만 학습자 수준을 고려하여 학교문법에서는 명시적이지는 않지만 표기형이 음운 변동이 일어나기 전의 형태 즉 기저형으로 전제되어 있다고 할 수 있다.

분석하는 과정이 포함된 활동이라면 그 형식이 어떠하든 탐구활동이라고 할 수 있는데, 여기에는 적어도 다음의 세 가지 요건이 충족되어야 한다.

(1) ㄱ. 기저형과 표면형을 비교하는 활동이 포함되어야 한다.
ㄴ. 무엇이 무엇으로 바뀌었는지를 찾는 활동이 포함되어야 한다.
ㄷ. 어떤 조건환경에서 바뀌었는지를 찾는 활동이 포함되어야 한다.

(1ㄱ)은 탐구를 위한 바탕에 해당하는 것으로 기저형과 표면형을 비교할 수 없는 상황에서는 탐구가 제대로 일어날 수 없으므로 당연히 기저형과 표면형을 비교할 수 있게 해야 한다. 그리고 (1ㄴ)은 음운의 변동을 찾는 가장 기초적인 활동으로 음운 변동을 탐구하는 출발점에 해당한다. 그런데 음운 변동은 아무렇게나 일어나는 것이 아니라 특정 조건환경에서 일어나기 때문에 (1ㄴ)만으로 활동이 그친다면, 음운 변동의 한 부분만 탐구한 것일 뿐 음운 변동을 온전히 탐구한 것이라고 할 수 없다. 그래서 음운 변동이 일어나는 조건환경, 즉 (1ㄷ)이 포함되어야 한다. 이때 음운 변동이 일어나지 않는 환경을 비교할 수 있게 해 주는 것이 중요하다. 그래야만 음운 변동에 대한 온전한 탐구 및 이해가 가능하다.

교과서 학습활동을 분석해 보면 대부분의 교과서 학습활동이 (1ㄴ)을 중심으로 구성되어 있다. 그런데 음운의 변동을 탐구하기 위한 가장 기본적인 요건인 (1ㄱ)이 충족되지 않은 학습활동도 있다. 또한 (1ㄷ)의 요건을 충족하는 학습활동을 제시하고 있는 교과서는 12종 중에 하나도 없다. 이는 교과서 학습활동만으로는 음운 변동에 대해 온전히 탐구할 수 없음을 의미한다. 뿐만 아니라 (1ㄱ)과 (1ㄴ)의 경우에도 탐구라는 관점에서 볼 때 문제가 있는 경우도 있다.

먼저 (1ㄱ)과 관련된 것으로, 기저형과 표면형을 비교·분석하기 어렵게 제시되어 있는 경우이다.

(2) ㄱ. 금성

2. (나)의 답변을 참고하여 음운 탈락 현상에 대해 탐구해 봅시다.

❶ 다음 문장의 밑줄 친 단어들에 나타난 음운 변동 현상을 분석해 봅시다.

	어간	결합하는 어미	탈락한 음운
㉠ 불 좀 꺼 줄래?			
㉡ 언제 집에 가?			

ㄴ. 해냄에듀

(1) 자신이 아나운서라고 가정하고, 밑줄 친 단어의 표준 발음을 생각하며 뉴스 원고를 읽어 보자.

• 치열합니다[ ]	• 2030년[ ]
• 쉽게[ ]	• 막대한[ ]
• 있습니다[ ]	• 인류[ ]

(2ㄱ)의 '꺼', '가?'는 〈한글맞춤법〉에서 이미 음운 변동이 적용된 형태로 표기하게 되어 있는 경우이다. 그렇기 때문에 학습자가 제시된 자료 상태에서는 음운 변동이 일어나기 전의 형태인 기저형과 음운 변동이 적용된 표면형, 여기서는 표기형을 바로 비교할 수 없다. 어간이 '끄-', '가-'이고 어미가 '-아/어'라는 선지식이 없으면 탐구 자체가 불가능하다. (2ㄴ) 역시 현재 상태로는 기저형과 표면형을 비교할 수 없는 상태이다. 아마도 표면형은 학습자의 발음이 아니라 표준 발음을 상정한 것일 텐데, 학습자가 표준 발음을 선지식으로 소환해야만 기저형과 표면형을 비교할 수 있다. 표준 발음을 알고 있는지 여부가 활동의 핵심이 아니라면, 표준 발음을 제시하여 기저형과 표면형을 비교·분석할 수 있게 제시해야 한다. 그래야만 탐구가 시작될 수 있다.[6] 그리고 만일 (2ㄴ)의 목적이 표준 발음을 가르

6) 학습목표 중에 '올바른 발음을 알게 한다.'가 있는데, 이때 '올바른 발음'은 결국 표준 발음이다. 그런데 문법 교육의 상위 목표는 언어 자료에 대한 탐구이고, 표준 발음은 하위 목표이다. 학생들이 모든 표준 발음을 외울 수도 없을뿐더러, 그래야 할 의무도 없다. 표준 발음은 암기해서 지켜야 하는 규정이지, 본질적으로는 탐구나 이해의 대상은 아니다(신승용 2016b:31). 그렇지만 표기형과 표준 발음

치는 것이라면, 굳이 음운의 변동 단원에서 활동으로 할 이유도 없다. 그냥 외우게 하는 것이 더 효율적이다.

이처럼 교과서 대부분이 표면형을 제시하지 않고, 발음을 해 보고 어떤 음운 변동이 일어났는지 찾도록 활동이 구성되어 있다. 그런데 그 발음이 명확히 표준 발음을 전제한 것이라고 확정할 수도 없고, 그렇다고 학습자의 실제 발음을 전제한 것도 아닌, 불확정 상태인 경우가 많다. 표면적으로는 불확정 상태이지만, 실제로는 표준 발음을 전제했다고 보는 것이 사실에 가까울 듯하다.

(3) ㄱ. 지학사

맛보기

● **다음 밑줄 친 단어들을 발음할 때 어떤 음운 변동이 일어나는지 파악해 보자.**

"갑자기 장학금이 <u>끊겨서</u> <u>법학</u> 공부를 마치는 데 애를 먹었다."

ㄴ. 비상(박영민)

2 **다음 단어의 발음을 써 보고, 비음화가 나타나는 것과 유음화가 나타나는 것으로 구분해 보자.**

죽녹원[ ] 한라산[ ] 영릉[ ]

(3) 역시 표면형을 제시하지 않은 상태이기 때문에 기저형과 표면형을 비교할 수 없는 상태이다. 발음한 것을 표면형으로 전제하고 음운 변동을 파악하라는 활동인데, 표준 발음형과 비교하라는 것인지, 자신의 발음형과 비교하라는 것인지

(표면형)을 함께 제시하고서, 표준 발음에서 어떠한 음운 변동이 일어났는지를 탐구하게 할 수는 있다. 그러나 학생들의 실제 발음을 대상으로 탐구할 수 있는 상황에서 굳이 표준 발음이라는 인공적인 발음으로 탐구하게 하는 것이 바람직하다고 할 수는 없을 것이다.

지시문만으로는 모호하다. 교과서 내용을 보면 표준 발음을 전제한 것인데, 그럴 거면 처음부터 표준 발음을 제시하는 것이 맞다. 그래야 음운 변동에 대한 관찰이 가능하다.

학습자에 따라서는 이 활동이 혼란스러울 수 있다. (3ㄱ)에서 '끊겨서'의 경우 방언과 상관없이 [끈겨서]라는 발음이 상당히 넓게 나타나고, 전라도 방언의 경우 '법학'은 [버박]으로 발음하는 학습자도 꽤 많다. (3ㄴ)의 경우에도 '한라산', '영릉'을 표기 그대로 [한라산], [영릉]으로 발음하는 학생들이 꽤 많다. 실제 2022년도에 대구 소재 한 고등학교에서는 학생들이 /종로/의 발음이 [종로]라고 주장하여, 교사와 학생이 토론회를 연 사례도 있다. 처음부터 획일적으로 전제된 발음이 아니라, 학습자의 자연 발화에서 나타나는 발음을 대상으로 활동을 하게 하는 경우라면, 표면형을 비워 둘 수도 있다. 이때는 학습자의 발음이 어떻게 실현될지 확정할 수 없으므로 결론이 전제된 활동을 구성해서는 안 된다. 학습자의 발음이 표준 발음일 수도 있지만, 표준 발음이 아닌 경우도 많기 때문이다. 만일 표준 발음을 전제한 것이라면, 처음부터 표준 발음을 제시해 주어야만 탐구가 시작될 수 있다. 그렇지 않으면, 음운의 변동을 탐구하기 이전에 표준 발음을 외워야 하는 활동이 우선하는 것이 되어 버린다.

다음으로 (1ㄴ)과 관련된 문제로, 학습활동이 너무 친절하게 설계되어 있어 탐구를 오히려 방해하는 경우이다.

(4) ㄱ. 미래앤

다음 단어를 발음해 보면서 음운의 변동을 탐구해 보자.

단어	발음	음운의 변동
논리	[놀리]	ㄴ+ㄹ → ㄹ+ㄹ
신라	[ ]	○+○ → ○+○
권력	[ ]	○+○ → ○+○
설날	[ ]	○+○ → ○+○
칼날	[ ]	○+○ → ○+○

ㄴ. 비상(박영민)

	음운 변동 과정	음운 변동 결과	
국물[궁물]	ㄱ + ㅁ → ㅇ + ㅁ	ㄱ → ㅇ	→ 비음화
닫는[ ]	( )+( ) → ( )+( )	( )→( )	
잡는[ ]	( )+( ) → ( )+( )	( )→( )	
염려[ ]	ㅁ + ㄹ → ㅁ + ㄴ	ㄹ → ㄴ	
종로[ ]	( )+( ) → ( )+( )	( )→( )	
실내[실래]	ㄹ + ㄴ → ㄹ + ㄹ	ㄴ → ㄹ	→ 유음화
단란[ ]	( )+( ) → ( )+( )	( )→( )	

(4)에서 보듯이 이미 예시를 보여 주고, 찾아야 하는 것이 무엇인지도 친절하게 안내하고 있다. 이렇게 되면 학생들은 주어진 예시를 보고, 예시와 똑같은 방식으로 활동을 할 수밖에 없다. 이는 단순히 주어진 안내와 경로를 충실하게 따르는 활동으로 탐구라기보다는 모방 활동에 더 가깝다. 학생이 주체적으로 자료를 관찰하고 분석하여 변동의 내용을 찾는 활동과는 거리가 있다. 황미향(2013: 286-287)의 지적처럼 친절하게 설계된 절차가 탐구에서 강조되어야 할 요인은 아니다.

그런데 (4) 역시 어쨌든 자료를 관찰하고 분석해야 빈칸을 채울 수 있으므로 탐구가 아니냐고 할 수는 있다. 물론 분석 과정이 없이 빈칸을 채울 수 없으므로 탐구라고 할 수도 있다. 그러나 그 분석이 자료를 탐구하는 과정에서 이루어진 분석이라기보다는, 주어진 안내에 따라 답을 찾는 식의 분석이다. 그래서 주어진 안내를 따르기만 해도 결과를 도출할 수 있다는 점에서 학습자가 스스로 자료를 분석하여 음운의 변동이 도출되는 과정을 관찰하고 분석하는 것과는 차이가 있다고 하겠다.

부차적인 문제로, 비음화, 유음화는 동화 현상인데, (4)의 '( )+( ) → ( )+( )' 형식은 동화의 속성을 나타내기에 부적절하다. 동화는 동화주를 중심으로 피동화음이 동화주에 동화되는 현상임을 이해하는 것이 핵심이다. 그런데 (4)의 형식은 'a+b'가 'c+b'처럼 결합관계에서의 변동처럼 제시되어 있기 때문에 탐구를 통해 음운 변동의 양상이 동화라는 것을 이해하기 어렵다.

마지막으로 (1ㄷ) 즉, 조건환경을 분석하는 것과 관련된 문제에 해당하는 경우이다. 음운의 변동을 제대로 이해하려면, 변동이 일어난 조건환경과 함께 변동이 일어나지 않는 환경을 함께 제시해야 한다. 그래야만 해당 음운 변동을 온전히 탐구했다고 할 수 있고, 그 탐구 결과가 해당 음운 변동에 대한 이해이다. 음운의 변동을 규칙 'X → Y / Z'로 나타낼 때 X가 환경 Z에 있는 예와 함께, X가 환경 Z 이외에 있는 예를 함께 제시해야, X가 Y로 바뀌는 조건환경 Z를 찾아낼 수 있다. 그런데 (2)~(4)에 제시된 모든 학습활동에서 보듯이 조건환경을 탐구할 수 있게 활동이 구성된 경우는 없다.

비음화를 제대로 탐구하려면 (5ㄱ)과 함께 (5ㄴ)처럼 비음화가 일어나지 않는 환경도 함께 제시되어야 한다. 물론 학생들이 스스로 비음화가 일어나지 않는 예를 찾게 하는 것이 탐구라는 관점에서 더 낫다.

(5) ㄱ. 국물[궁물], 작년[장년]
입말[임말], 밥냄새[밤냄새]
낱말[난말], 닫는다[단는다], 냇물[낸물]
ㄴ. 국가[국까], 입술[입쑬], 국자[국짜], 닫다[닫따], 국화[구콰], 막창[막창] …

(5ㄴ)처럼 비음이 아닌 자음 앞에서는 /ㅂ, ㄷ, ㄱ/이 비음으로 바뀌지 않는다는 것을 탐구할 수 있게 해 주는 것이 필요하다.[7] 그럴 때 (5ㄱ)의 비음화의 조건환경 '/ㄴ, ㅁ/ 앞'을 분석해 낼 수 있고, 또한 비음화에 대한 온전한 이해에 도달할 수 있다.

지금까지 (1ㄱ~ㄷ)의 관점에서 교과서 학습활동의 문제점을 비판적으로 살펴

7) 물론 음절말 불파에 의해 음절 종성에서 7개의 자음 /ㅂ, ㄷ, ㄱ, ㅁ, ㄴ, ㅇ, ㄹ/만 실현된다는 것에 대한 이해가 앞서 있어야 한다. 7개의 자음 중에서 비음화의 입력, 즉 X에 해당하는 것은 /ㅂ, ㄷ, ㄱ/이다.

보았다. 이러한 비판을 통해서 탐구라는 관점에서 음운의 변동 학습활동이 탐구활동이 되게 하기 위해서 갖추어야 할 최소한의 요건을 추출해 볼 수 있다.

(6) 첫째, 기저형과 표면형을 비교·대조하여 음운의 변동을 학습자 스스로 관찰하여 찾을 수 있게 구성되어야 한다.

둘째, 음운 변동이 일어나는 조건환경을 탐구할 수 있게, 음운 변동이 일어나지 않는 환경도 함께 관찰할 수 있게 구성되어야 한다.

(6)은 학습활동이 탐구활동이 되게 구성할 때의 요건이다. 학생들에게 직접 자신의 발화나 친구의 발화에서 음운의 변동이 일어난 예를 찾게 하면, (6)의 첫째 요건은 사실 자동적으로 충족될 수 있다. (6)의 둘째 요건은 교사의 적절한 개입이 필요하다. 학생들에게 해당 음운 변동이 일어나지 않는 예들과 음운 변동이 일어난 예들을 비교·분석하게 길잡이 역할을 함으로써, 최종적으로 음운 변동이 일어나는 조건환경을 추출할 수 있게 하는 것이 필요하다.

음운의 변동을 탐구활동 수업으로 이루어지게 하기 위한 가장 좋은 방법은 학생들이 직접 음운의 변동이 일어난 예를 찾고, 찾은 예들을 분석해 보는 것이다. 이때 모둠별로 함께 협력하여 분석하게 하면 탐구의 효과를 높일 수 있다. 학생들이 직접 찾은 예들로 수업을 하기 때문에 스스로 관찰하고 탐구하고 분석하고자 하는 학습 동기도 높아질 수 있고, '아하, 그렇구나!' 하는 탐구의 결과가 발견으로 이어지는 효과도 일어나게 된다.

본고에서는 (6)을 반영한 탐구활동을 설계하여 실제 학생들에게 음운의 변동을 수업하였다. 그리고 수업 후에 학생들의 반응 및 평가를 분석하였다.

3.1.2. 음운의 변동 탐구활동 수업의 실제

언어 현상을 탐구하기에 가장 좋은 자료는 자신의 발화, 그리고 친구의 발화에서 얻은 자료이다. 조창규(2012:556)의 지적처럼 실제 언어 자료를 바탕으로 자기 주도적으로 규칙을 도출하고 일반화시킨 경험은 자신의 언어는 물론이고 국어 전반에 대한 관심을 높일 수 있다. 언어 현상 중에서도 특히 음운의 변동의 경우에는 일상의 짧은 대화에서도 그 예를 쉽게 찾을 수 있다. 그래서 문법의 다른 영역도 마찬가지이기는 하지만, 특히 음운의 변동은 실제 학생들이 화자로서 발화한 언어 자료와, 청자로서 청취한 언어 자료를 대상으로 수업을 하기에 용이하다. 그리고 그렇게 할 때 학생들의 수업 참여도 및 흥미도도 높다. 이는 교육과정에서도 언급하고 있는 내용이다.8)

학습자가 자신의 발화에서 또는 친구의 발화에서 음운 변동이 적용된 예를 찾는 순간, 자연스럽게 학습자가 주체적인 탐구자가 되어 음운의 변동에 대한 탐구활동이 시작된다고 할 수 있다. 이렇게 음운 변동이 적용된 예를 찾는 행위 자체가 곧 언어 자료를 탐구하는 것이고, 그러한 탐구 과정은 자연스럽게 음운 변동을 학습자 스스로 분석하는 사고 활동으로 이어진다.9)

이처럼 학습자가 스스로 음운 변동이 적용된 예를 찾을 수 있을 때, 주체적인 탐구 경험을 할 수 있다. 실제 설문 조사에 응한 101명 학생 중 87명이 "음운의 변동 수업을 듣기 전에는 거의 모든 단어가 음운의 변동이 일어나는 줄 알았는데, 음운의 변동 탐구활동 수업 후에는 음운의 변동이 일어나는 단어가 그리 많

---

8) 관련 내용은 다음과 같다.
"음운의 변동을 지도할 때에는 모든 음운 변동 현상을 자세하게 학습하는 것보다는 실제 발음이나 표기 생활과 밀접하게 관련이 되는 것을 선택하여 가르치도록 한다. 그리하여 음운 변동에 대한 학습이 실제 발음 및 표기 생활에 도움이 된다는 점을 깨닫고 활용하도록 하는 데 중점을 둔다."

9) 박종관(2020:125)에서도 음운 단위와 관련된 문법 개념들이 만들어지기 위해서는 현실 언어의 관찰과 기술이 요구되고, 확립된 개념을 설명하기 위해서는 거꾸로 현실 언어가 사례로 이용되어야 한다고 기술한 바 있다.

지 않다는 것을 알게 되었다."고 답하였다. 이를 통해서도 스스로 음운 변동이 적용된 예를 찾는 활동이 주체적인 탐구 경험을 촉발한다는 것을 확인할 수 있다.

음운 변동이 일어난 예를 찾으려면 해당 단어를 직접 발음하거나 또는 친구의 발음을 주의 깊게 들어 봐야 한다. 그리고 표면형(발음형)과 기저형(표기형)이 어떻게 다른지 관찰하고 분석해야 하기 때문에 능동적으로 사고할 수밖에 없다. 그리고 이 과정에서 문법적 직관이 자연스럽게 활성화된다. 설문 조사에 응한 101명의 학생 중 92명의 학생이 "음운 변동을 알려면 가장 먼저 발음을 해 보아야 한다는 사실을 음운의 변동 탐구활동 수업 후 알게 되었다."고 답했는데, 이는 학습자의 실제 발음을 대상으로 수업을 하는 것이 얼마나 중요한지를 알려 준다.

탐구의 핵심은 이미 내재되어 있지만 활성화되지 않은 학습자의 문법 지식, 즉 문법적 직관을 활성화할 수 있느냐의 유무이다. 탐구는 주체적이고 능동적인 사고 과정이다. 위에서 언급했듯이 음운의 변동을 탐구하는 탐구활동이 되기 위해서는 무엇보다 학생들 스스로 발음과 표기가 다른 단어를 가능한 한 많이 찾게 한 후, 찾은 단어들의 발음형과 표기형을 관찰하고 분석하는 과정이 중요하다. (7)은 이러한 일련의 과정을 도식화한 것인데, 이러한 과정으로 실제 수업을 진행하였다. 수업은 2021년 5월 대구 소재 ○○고등학교 1학년 9개 반에서 3차시에 걸쳐 진행하였고, 수업이 끝난 후 설문 조사를 하였다. 설문 조사 결과는 Ⅳ장에서 설명할 것이다. 자리 배치는 교사와 학생의 상호작용을 원활하게 하기 위해 'ㄷ'자로 하고, 'ㄷ'자 가운데 교사가 서서 학생들과 상호작용하면서 수업을 하였다.

(7)

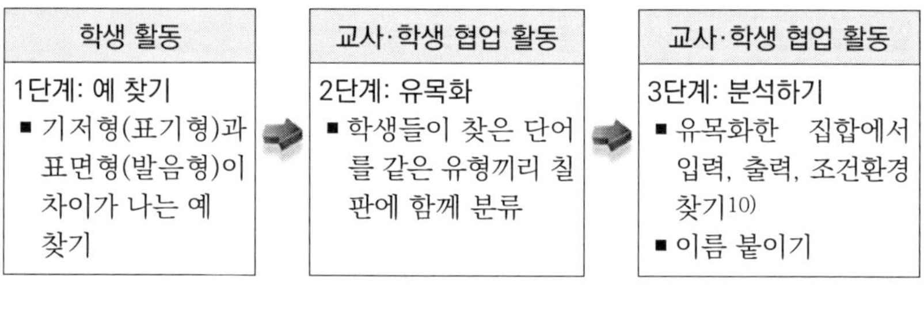

각 단계별 활동과 유의점은 다음과 같다.

먼저 1단계는 학생이 자신의 문법적 직관을 동원하여 언어 자료를 관찰하여 음운 변동이 일어난 예를 찾는 활동이다. 이때 처음부터 완전히 열어 놓고서 음운 변동이 일어난 예를 찾으라고 하면 학생들이 예를 잘 찾지 못할 수 있다. 그럴 때는 (8)처럼 예를 찾을 수 있도록 상황을 좁혀 주는 것이 필요하다.11)

(8)

교실 안	교실 안에 있는 사물 중에서 찾아보기
⇩	
친구 이름	친구나 지인 이름 중에서 찾아보기
⇩	
자기가 한 일	어제 아침에 등교하면서부터 자기 전까지 했던 일 중에서 찾아보기 ☞ 용언의 활용형을 끄집어내기 위한 장치
⇩	
약 이름	약 이름 중에서 찾아보기 ☞ /ㄴ/ 첨가의 예가 잘 나오지 않기 때문에 이를 보완하기 위한 장치

(8)처럼 구체적인 상황을 설정해서 제시하면 학생들은 비교적 수월하게 단어를 떠올릴 뿐만 아니라 재미있어 하기도 한다. 이는 음운 변동을 탐구할 수 있는 직관이 활성화되었다는 것을 의미한다.12)

---

10) 입력은 '무엇이'에, 출력은 '무엇으로'에 해당한다.

11) 동일한 기저형에 대한 학생들의 발음이 다른 경우가 있을 수 있다. 이런 경우는 이 자체가 또한 탐구의 좋은 소재이다. 교과서처럼 정해진 답을 단순하게 좇아가는 것이 아니라 현실 발음에서는 왜 다르게 발음되는지를 생생하게 고민하고 관찰하고 분석할 수 있는 계기가 되기 때문이다.

12) 이때 교사는 학생들이 제시한 예에 대해 '맞다', '아니다' 식의 반응을 해서는 안 된다. 학생이 찾은 예가 해당 수업 시간에 다루고자 하는 예가 아니어도, 음운 변동의 예는 맞을 것이기 때문이다. 이러한 예들을 무시하지 않고, 본 수업에 지장을 주지 않는 선에서 교사가 적절하게 반응을 해 주는 것이 좋다. 그럴 때 언어 현상에 대한 학생의 관심이 단절되지 않고 활동이 지속될 수 있기 때문이다. 자신이 제시한 예가 교사로부터 부적절하다는 판정을 받는 순간 더 이상 탐구활동을 하지 않을

다음으로 2단계 유목화하기는 교사와 학생이 활동을 함께 한다. 학생들이 예를 찾으면, 교사는 학생들이 눈치채지 못하게 같은 음운 변동끼리 유목화하면서 판서를 한다. (9)는 수업에서 판서한 것이다.

(9)

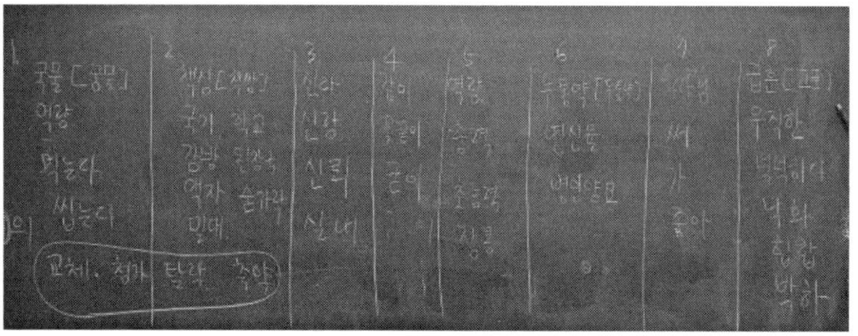

어느 정도 유목화가 된 뒤부터는 학생들에게 찾은 예가 어느 그룹에 들어가면 좋을지를 질문하면서 함께 분류한다. 학생들은 '먹는다'가 왜 '국물' 그룹에 들어가는지 설명하지는 못하지만 '먹는다'가 '국물' 그룹에 들어간다는 것을 직관적으로 분류한다.

교사가 유목화해 주거나 교과서에 이미 유목화된 것을 보는 것보다는 자신들이 스스로 유목화할 때, 학생들의 직관이 더 활성화될 수 있다. 비록 당장은 왜 그렇게 유목화했는지 설명할 수 없더라도 왜 그런지 스스로 반문하게 됨으로써 탐구적 사고가 촉발될 수 있다. 이렇게 만들어진 그룹의 단어들을 관찰하여 무엇이 무엇으로 바뀌었는지, 그리고 어떤 조건환경에서 바뀌었는지 분석할 수 있게 된다. 이런 과정을 통해 알게 된 비음화는 교과서의 정해진 틀을 따라가서 교과서의 설명을 보면서 알게 된 것과는 본질적으로 다르다. 전자는 스스로 언어자료를 탐구하여 얻은 귀납적 결론인 반면, 후자는 주어진 지식을 단순히 학습하는 것에 더 가깝다. 실제 교과서의 예 위주로 수업할 때 학생들은 제시된 음운 변동의 예

수 있다.

가 어떤 명명인지에 초점을 두고 '국물은 비음화' 식의 암기를 하려는 경향이 강했다. 그러나 자신들이 생성한 예를 중심으로 교과서의 예를 연결할 때는 단순 연결이 아니라 자신들이 찾은 단어를 바탕으로 원리화, 규칙화하여 이해하려는 경향이 더 많이 나타났다.

마지막으로 3단계는 음운 변동을 이해하는 최종 단계인 '무엇이', '무엇으로', '어떤 조건환경에서'를 찾아서, 음운 변동을 이해하는 것이다. 이 단계에서 학생들이 스스로 이 세 가지를 찾아낼 수 있으면 가장 좋다. 그런데 현실적으로 학생들이 스스로 찾아내기에는 쉽지 않으므로, 교사가 학생들이 찾아낼 수 있게 적절히 개입하여 길잡이 역할을 하는 것이 필요하다. 이때 주의할 것은 교사가 먼저 결론을 내려서는 안 된다는 것이다. 교사는 학생들이 찾아낼 수 있도록 계속해서 길을 안내하는 역할을 하며, 학생들이 수행하는 정도에 따라 길 안내의 수위와 정도를 결정하면 된다.

수업을 진행하는 동안 학생들이 자유롭게 질문을 하도록 하였는데, 단순히 '이것은 뭐예요?'의 질문이 아니라, 스스로 탐구하는 과정에서 생긴 의문들을 질문하였다. 여기서는 그중 일부만 제시한다.

(10)[13] 학생1: 찬욱이는 연음되는데 진영이는 왜 연음되지 않고 'ㄴ첨가'가 되나요?

학생2: 자음군단순화와 /ㅎ/ 탈락은 같은 탈락인데, 왜 다른가요?

학생3: 굳이[구지]는 구개음화 현상이 일어나는데 다시 역방향으로 음운변동이 될 수 없나요?

학생4: '꽂히다[꼬치다]'에서 음절의 끝소리규칙이 먼저 적용되어 '꼳히다-꼬티다-꼬치다'로 음운의 변동이 일어나는 거 아닌가요?

13) 학생1,2,3…은 학생을 구분하기 위한 임의적 기호이다. 그래서 학생1,2,3이 반복되더라도 동일 인물을 의미하지는 않는다.

(10)의 질문들은 스스로 탐구하고 분석하는 과정에서 호기심과 의문이 섞인, 전형적인 능동적 탐구의 산물이다. 학생1과 학생2는 '왜?'에 대한 질문이고, 학생3과 학생4는 현상을 스스로 분석하여 가설을 설정한 후, 그 가설의 타당성에 대한 질문이다. 이러한 질문은 능동적이고 주체적으로 탐구하고 분석하지 않은 상태에서는 나올 수 없는 질문이다.

3.1.3. 수업에 대한 평가 및 의의

수업 후에 학생들이 스스로 수업 중 자신의 활동을 성찰하게 하기 위한 장치로, 3차시로 이루어진 수업의 매 수업 후에 패들렛에 활동 결과물과 함께 학생들에게 수업에 대한 소감을 쓰게 하였다. (11)이 학생들이 수업 소감과 평가를 작성한 패들렛이고, (12)~(13)은 수업 후에 학생들이 패들렛에 작성한 내용을 분석한 것이다. 패들렛은 서술식으로 작성된 것이어서 (12)~(13)에서 이를 분석하여 정리하였다. (12)는 학생들이 수업에 대해 긍정적으로 평가한 지점을 분석한 것이고, (13)은 패들렛에 작성한 소감에 사용된 서술어를 분석한 결과이다. 수업을 한 총 9개 반에서 무작위로 1반과 9반 두 개 반의 패들렛 내용을 분석하였다.[14)]

14) 두 개 반의 총 인원은 40명이다. 표 안의 숫자의 합이 40이 되지 않는 것은, 무성의하게 작성되어 무의미한 것, 단순히 '좋아요'처럼 간단하게 서술한 것들을 제외하였기 때문이다. 통계적 분석이 아니라 질적 분석이라는 점을 고려하여 읽었으면 한다. 그리고 9개 반 모두를 분석하면 더 좋기는 하겠지만, 2개 반의 샘플링 분석을 통해서도 수업의 효과와 의미를 일반화하는 데 무리가 없을 것이라 생각한다.

(11) 

(12)

학생들이 수업에 대해 긍정적으로 평가한 지점	인원
친구들과 함께 내가 직접 예를 찾는 활동은 한 것	14
일상생활에서 쓰는 단어의 발음에 대해 새롭게 생각하게 된 것	4
'ㄷ'자 배열의 자리 배치	7

(13)

평가에 사용된 서술어	인원
재미있었다	10
깨닫게 되었다/알게 되었다	9
이해가 잘 되었다	6
유익했다	3
어려웠지만 재미있었다/흥미로웠다	3
참신했다	1
신기했다	1
어려웠다.	4

(12)에서 보듯이 가장 많은 학생들이 음운 변동이 일어난 예를 직접 찾아본 경험을 긍정적으로 평가하였다. 그리고 (13)에서 긍정적으로 평가한 패들렛 내용의 서술어를 분석했을 때, 가장 많은 빈도로 나타나는 서술어는 '재미있었다'와 '깨닫게 되었다/알게 되었다'이다. 이러한 결과는 수업에서 학생들이 주체적이고 능

동적으로 음운 변동을 탐구하였기 때문에 나올 수 있는 평가라고 할 것이다. 이는 학생들의 패들렛 기술 내용에서도 확인할 수 있다. (14)는 학생들의 패들렛 내용들 중 일부를 그대로 옮긴 것이다.[15)]

(14) 학생5: 중학교때는 무조건 법칙이나 표를 외웠는데 자기가 직접 찾은 단어를 가지고 공부하여 도움이 많이되었다.

학생6: 우리에게 매우 익숙하면서 일상생활에서 좀 더 자주나오는 말을 먼저 공부할 수 있어서 더욱 이해가 잘갔고, 우리가 '직접' 생각한 말들의 음운의 변동을 공부하니 매우 신기하고 수업이 더욱 흥미로울 수 있었다.

학생7: 선생님은 앞에서 수업만 하고 학생 귀에는 들어오지 않는 일방통행적인 수업이 아니라, 기계적으로 듣기만 하는 그런 수업이 아니라, 직접 생각하고 그 아이디어를 검토하는 그런 인간적인 수업이라 재밌게 느껴졌었던 것 같다. 우리는 그저 국어시간에 지식만 받아먹는 기계가 아니라, 직접 아이디어를 내고 좀 더 창의적으로 생각할 거리가 있기 때문이다.

3차시 수업이 끝나고 나서는 구글 설문(자체 제작) 조사를 하였는데, (15)~(17)이 그 결과이다. 설문은 9개 반 총 180명 중에서 101명이 참여하였다.

(15) [질문] 비록 설명하지는 못하지만 내가 이미 음운 변동을 잘 적용해서 발음하고 있었다는 것을 깨달았다.

매우 그렇다	그렇다	보통이다	그렇지 않다	전혀 그렇지 않다
19.8% (20명)	30.7% (31명)	40.6% (41명)	6.9% (7명)	2% (2명)

15) 맞춤법이나 띄어쓰기 오류는 학생의 글을 그대로 옮겼기 때문이다.

(15)에서 '매우 그렇다'와 '그렇다'가 50% 이상으로, 이는 수업이 학생들의 내재화된 직관을 활성화할 수 있도록 촉발하였다는 해석이 가능하게 해 준다. '보통이다'로 응답한 학생도 긍정 평가로 포함한다면 90% 이상의 학생이다.

(16) [질문] 음운 변동에 대해서 말할 때, 친구와 나눈 대화에서 나온 예를 활용할 수 있게 되었다.

매우 그렇다	그렇다	보통이다	그렇지 않다	전혀 그렇지 않다
18.8% (19명)	35.6% (36명)	33.7% (32명)	6.9% (7명)	2% (2명)

(17) [질문] 내 발음이나 친구의 발음을 듣고 어떤 음운 변동이 적용되었는지 생각해 보는 일이 생겼다.

매우 그렇다	그렇다	보통이다	그렇지 않다	전혀 그렇지 않다
17.8% (18명)	22.8% (23명)	40.6% (41명)	10.9% (11명)	7.9% (8명)

(16)에서 '매우 그렇다'와 '그렇다'가 54.4%이고, '보통이다'를 포함하면 90% 이상이다. 이는 학생들이 음운 변동의 예를 친구와의 대화를 관찰하여 찾았다는 것이고, 또한 학생들이 수업 중에 실제 능동적인 탐구활동을 하였음을 말해 준다.

더군다나 (17)에서 보듯이 '매우 그렇다'와 '그렇다'로 대답한 40.6%의 학생들이 수업 후에도 스스로 음운 변동을 탐구하는 활동을 지속하고 있다고 답하였다. '보통이다'로 답한 40.6%의 학생들 역시 어느 정도 긍정 답변의 범주라고 보면, 81%에 달하는 학생들이 수업 후에도 자신의 발음이나 친구의 발음을 탐구하였다. 이는 수업 시간에 한 탐구활동의 경험이 수업 시간을 넘어 일상의 언어생활로 확장될 수 있음을 보여 준다.

3.2. 동사/형용사 구분 탐구 수업

품사는 그 대상이 의미 단위인 단어라는 점에서 학생들이 능동적으로 언어적 사실을 탐구하기가 쉬운 주제이다. 이러한 이유로 탐구활동의 또 하나의 주제로 품사를 선정하였다. 여기서는 품사 중에서도 분석적 탐구가 용이한 동사와 형용사를 구분하는 내용을 대상으로 하여 탐구활동 수업을 구안하여 실제 수업 진행 후, 학생들의 반응 및 평가를 분석하였다.

3.2.1. 탐구활동의 관점에서 교과서 학습활동의 적절성

『국어』 교과서[16] 품사 단원, 품사 단원 중에서도 용언에 대한 학습활동을 대상으로 이들 학습활동 자체의 적절성, 그리고 탐구활동으로 적절한지 여부를 분석하였다.[17] 3.1.에서 이미 언급했듯이 교과서의 학습활동이 탐구활동의 성격에 부합한다면, 교과서만으로도 탐구활동 수업이 가능할 수 있다. 그러나 그렇지 못하다면 교과서 중심으로 수업이 이루어질 경우 탐구활동과 거리가 있게 된다. 그래서 교과서 학습활동이 탐구활동으로 적절한지 여부를 분석하는 것은 본고의 논의와 관련하여 필요한 작업이다.

교과서의 학습활동이 탐구활동으로 적절한지에 대한 판단은 1.2.2.의 (23)에서 제시한 문법 탐구활동의 요건을 기준으로 이루어진다. 논의의 편의상 다시 가져온다.

16) 분석 대상 교과서는 2015 교육과정 중학교 『국어』 교과서 9종이다.

17) 권경일(2013)은 2009 교육과정 『독서와 문법』을 대상으로 교과서 학습활동을 탐구학습 자료로 전제하고 탐구학습으로 적절한지를 비판적으로 분석하였다. 그런데 교과서 학습활동이 탐구학습 자료라는 전제부터 검증되어야 한다.

(18) 문법 탐구활동의 요건

a. 문법적 직관(내재화된 문법 지식)을 활성화할 수 있는 활동이어야 한다.

b. 학습자가 스스로 예를 찾는 활동이 있어야 한다.

c. 왜 그 예를 찾게 되었는지에 대해 즉, 활성화한 문법적 직관을 표현할 수 있는 활동을 포함해야 한다.

품사 중에서도 특별히 용언을 대상으로 한 것은 동사와 형용사가 가지고 있는 공통점과 차이점이 탐구를 하기에 좋은 소재이고, 또 학생들로 하여금 호기심을 유발하기에도 좋기 때문이다.

품사 단원의 첫 활동은 9종 교과서 모두 가변어 불변어를 구분하는 활동이다. 그리고 (19)에서 보듯이 9종 모두 이미 단어를 제시해 주고, 분류 틀 안에 주어진 단어를 넣는 활동으로 구성되어 있다. 문제는 이러한 학습활동은 '형태가 변하는 단어는 동사와 형용사이다.'라는 암기된 선지식이 없는 상태에서는 불가능한 활동이다. 즉 직관을 활성화해서 할 수 있는 활동이 아니다.

(19)[18] ㉠ 미래앤

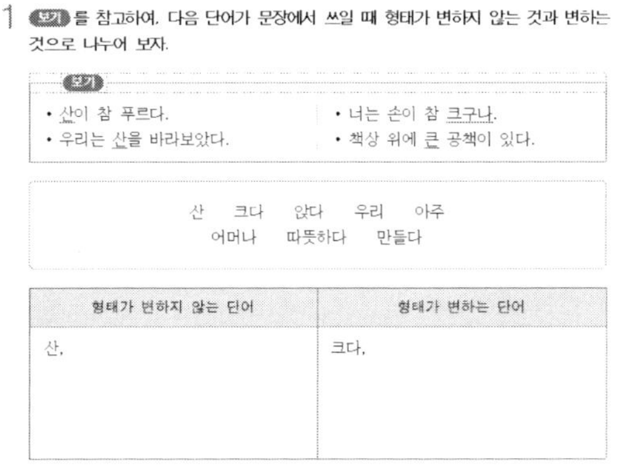
1 보기 를 참고하여, 다음 단어가 문장에서 쓰일 때 형태가 변하지 않는 것과 변하는 것으로 나누어 보자.

보기
• 산이 참 푸르다.
• 우리는 산을 바라보았다.
• 너는 손이 참 크구나.
• 책상 위에 큰 공책이 있다.

산 크다 앉다 우리 아주
어머나 따뜻하다 만들다

형태가 변하지 않는 단어	형태가 변하는 단어
산,	크다,

18) 지면의 제약으로 중복되거나 비슷한 경우는 일부 교과서만 제시한다.

ⓛ 천재(박)

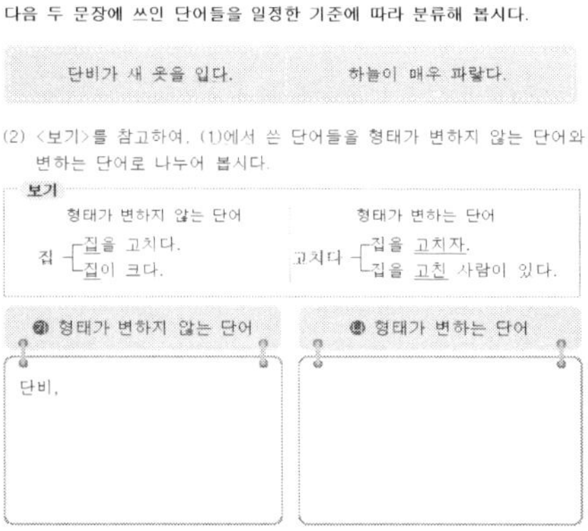
다음 두 문장에 쓰인 단어들을 일정한 기준에 따라 분류해 봅시다.

단비가 새 옷을 입다. 하늘이 매우 파랗다.

(2) <보기>를 참고하여, (1)에서 쓴 단어들을 형태가 변하지 않는 단어와 변하는 단어로 나누어 봅시다.

보기

형태가 변하지 않는 단어	형태가 변하는 단어
집 ─ 집을 고치다. / 집이 크다.	고치다 ─ 집을 고치자. / 집을 고친 사람이 있다.

㉮ 형태가 변하지 않는 단어

단비,

㉯ 형태가 변하는 단어

학교문법에서 가변의 개념은 용언의 활용을 단순히 굴절어의 특성인 가변에 대응시킨 것에 지나지 않는다. 즉 학교문법에서 가변어는 '용언(동사, 형용사) = 가변어'라는 아주 단순한 등식화이다. 그렇기 때문에 학생들이 직관을 통해서 형태가 변하는 단어를 찾을 수는 없다. 교착어인 국어에는 굴절어인 영어의 동사 변화 'go-went-gone'과 같이 진짜 형태가 변하는 단어는 없기 때문이다. 활용은 어간에 어미가 결합하는 것이지, 어간의 형태가 변하는 것은 아니다. 그렇기 때문에 가변어 유무, 즉 형태가 변하느냐 아니냐를 학습활동으로 구성하는 것은 근본적으로 국어 동사와 형용사의 특성을 관찰하고 분석하는 탐구활동과는 거리가 있다고 하겠다.19)

(19)의 활동들은 단지 활용의 개념과, 활용하는 단어를 형태가 변하는 단어라고 한다는 것을 지식 차원에서 전달하는 것이나 별반 다르지 않다. 그러니까 배운 지식을 적용하는 활동에 해당한다. 또한 (19)는 이미 주어진 단어를 대상으로 분류 틀의 빈칸에 단어를 단순히 넣는 활동에 지나지 않는다. 그런 점에서 (19)와 같은 활동은 탐구활동이 될 수 없다. 직관을 활성화하는 활동도 아니고, 학습자

---

19) 최형용(2016:105)도 한국어의 품사 분류를 위해서 그 기준으로 형태 변화 유무를 따로 도입할 필요를 느끼지 못한다고 하였다.

스스로 예를 찾아보는 활동도 아니다.

품사 분류에서 가장 핵심이 되는 기준은 해당 단어가 문장에서 어떤 기능을 하느냐, 그리고 다른 단어 또는 형태소와의 결합 관계에서 보이는 특성이다. 후자를 따로 형태적인 특성이라고 하는데, 전자와 후자를 묶어서 기능이라고 하기도 한다.[20] 품사 분류는 기능(형태적인 특성 포함)을 기준으로 하는 것이 일차적이고, 의미 기준은 이를 보완하기 위한 것이다. 이는 최현배(1930)에서부터 지금까지 일관되게 견지되어 온 관점이다.[21] 그런데 교과서의 학습활동들을 보면, 기능 및 형태적인 특성이 부차적이고 오히려 의미가 중심이 되게 구성되어 있다. 2015 교육과정 9종의『국어』교과서 품사 단원에서 용언과 관련된 학습활동을 개괄적으로 분석해서 정리하면 (20)과 같다.

(20)

<table>
<tr><th colspan="2">활동 내용</th><th>교과서</th></tr>
<tr><td colspan="2">㉠ 의미로 용언을 단순 분류하는 활동
· 동사: 움직임을 나타내는 단어
· 형용사: 상태나 성질을 나타내는 단어</td><td>9종 교과서 모두: 교학사, 금성, 동아, 미래엔, 비상, 지학사, 창비, 천재(노), 천재(박)</td></tr>
<tr><td rowspan="3">㉡ 문장에서 서술어 기능을 한다는 것을 확인하는 활동</td><td>이러한 활동이 아예 없음</td><td>교학사, 비상, 창비, 천재(노), 천재(박)</td></tr>
<tr><td>이러한 활동이 있기는 하지만, '품사의 분류 기준' 부분에서 단순 연결하기 수준</td><td>금성, 동아, 지학사</td></tr>
<tr><td>이러한 활동이 있기는 하지만, '품사의 종류와 특성' 부분에서 활용을 시킨 후 용언의 기능이 무엇인지를 묻는 단순 질문 형태</td><td>동아, 미래엔</td></tr>
<tr><td colspan="2">㉢ 동사와 형용사의 차이점에 대한 활동
· '-고 있다/명령형/청유형'의 가능 유무 등 확인</td><td>금성, 비상, 지학사, 천재(노), 천재(박), 미래엔</td></tr>
</table>

---

20) 임홍빈 · 장소원(1995:111)이 이에 해당하는데, 그래서 기능을 통사적인 성질로 바꾸어 말할 수 있다고 하였다.

21) 최현배(1930)는 기능을 주로 하고, 형식과 의미를 종으로 하여 품사를 결정해야 한다고 하였고, 이익섭 · 채완(1999:119)에서도 품사 분류 기준 중에서 의미는 보조적인 기준일 뿐 결정적 기준이 될 수 없다고 하였다.

(20㉠)에서 보듯이 의미를 기준으로 동사와 형용사를 구분하는 활동은 9종 교과서 모두에 있고, 학습활동 중에서도 중심적으로 배치되어 있다. 하지만 동사와 형용사가 의미에 의해서는 객관적으로 구분될 수 없다. 그렇기 때문에 의미를 중심으로 학습활동을 하게 되면 동사와 형용사를 구분하기 어렵게 된다.

의미를 중심으로 활동이 구성된 것도 문제지만, 단순히 빈칸 채우기 형식의 활동들도 문제이다.

(21) ㉠ 미래엔

1 동사와 형용사에 관해 알아보자.

(1) 다음 문장에서 대상의 움직임 또는 상태나 성질을 나타내는 단어를 찾아보자.

- 날씨가 맑다.
- 새가 하늘을 난다.
- 연수가 달린다.
- 연수가 매우 빠르다.

(2) 위 활동에서 찾은 단어를 다음과 같이 나누어 보자.

대상의 움직임을 나타내는 단어	대상의 상태나 성질을 나타내는 단어

㉡ 금성

활동 2 | 용언인 동사, 형용사의 특성을 탐구합니다.

1 다음 동시를 읽고 동사와 형용사의 차이를 이해해 봅시다.

골목길 걷는 동안
내 등에 업힌 가을볕
동생 숨결처럼
따뜻하게 느껴지고
아랫목 할머니 품처럼
시린 어깨 감싸 주고

– 정진아, <가을볕>, 《정진아 동시 선집》

(1) 밑줄 친 단어를 기준에 따라 두 종류로 구분해 봅시다.

움직임을 나타내는 단어	상태나 성질을 나타내는 단어

활동의 구성 측면에서 (21)은 이미 주어진 단어를 빈칸에 넣는 활동이다. 이러한 활동은 학습자가 주체적으로 직관을 활용하여 예를 찾아보는 활동이 아니라,

단순히 분류하는 활동에 지나지 않는다. 즉 탐구활동의 요건 중에서 학습자가 스스로 예를 찾아보는 (18b)가 없다.

초등학교 수준에서는 학습자 수준을 고려해서 어쩔 수 없이 '움직임'과 '상태나 성질'이라는 의미 기준으로 동사와 형용사를 구분하는 활동을 할 수밖에 없는 측면이 있다. 그러나 중학교 수준에서 의미로 동사와 형용사를 구분하는 활동은 적절하지 않다. 움직임을 나타내는지, 상태나 성질을 나타내는지는 직관을 통해 어느 정도까지는 구분이 가능하다. 하지만 이는 객관적으로 적용 가능한 기준이 아니기 때문이다.

예컨대 '나는 세종대왕에 대해서 안다.'라는 문장에서 세종대왕을 아는 것을 움직임이라고 할 수 있는가? 세종대왕을 아는 것은 움직임이 아니라 아는 상태의 지속이다. 이처럼 상태가 지속될 때에도, 우리는 보통 안다고 말한다. 이때 '알다'가 움직임이라고 하면 직관적으로 애매해지게 된다.

(20㉢)에서 확인할 수 있듯이 6종의 교과서에는 어미 결합 유무를 통해 동사와 형용사를 구분하는 학습활동이 실려 있기는 하다. 그러나 학습활동의 내용이 탐구활동과는 거리가 있다.

(22) ㉠ 〈비상〉

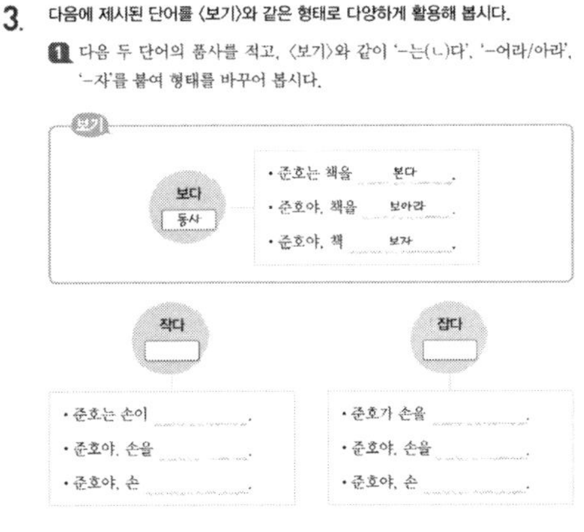
3. 다음에 제시된 단어를 〈보기〉와 같은 형태로 다양하게 활용해 봅시다.

1 다음 두 단어의 품사를 적고, 〈보기〉와 같이 '-는(ㄴ)다', '-어라/아라', '-자'를 붙여 형태를 바꾸어 봅시다.

보기

보다 / 동사

- 준호는 책을 본다.
- 준호야, 책을 보아라.
- 준호야, 책 보자.

작다

- 준호는 손이 ＿＿＿.
- 준호야, 손을 ＿＿＿.
- 준호야, 손 ＿＿＿.

잡다

- 준호가 손을 ＿＿＿.
- 준호야, 손을 ＿＿＿.
- 준호야, 손 ＿＿＿.

ⓛ 〈지학사〉

2 다음 활동을 통해 동사와 형용사의 형태 변화에 어떤 차이가 있는지 알아보자.

(1) 다음 두 낱말을 보기와 같이 '-는다/-ㄴ다', '-어라/-아라', '-자'를 붙여 활용해 보고, 활용이 어색한 낱말이 무엇인지 말해 보자.

보기: 앉다 [동사] → 앉는다 / 앉아라 / 앉자

치우다 [동사]	깨끗하다 [형용사]
방을 ( )	방이 ( )
방을 ( )	방이 ( )
방을 ( )	방이 ( )

(22)의 활동은 학습자가 탐구하고, 분석하게 하는 활동이 아니라, 주어진 보기를 따라 기계적으로 적용하는 활동이다. 주어진 안내대로만 하면 되기 때문에 학생이 주체적으로 탐구할 수 있는 사고 과정 자체가 차단될 수밖에 없다.

탐구활동이 되려면 학습자가 직접 활용을 시키면서 동사와 형용사의 차이를 스스로 찾아낼 수 있도록 활동이 구성되어야 한다. 그럴 때 학습자의 내재된 문법 지식, 즉 문법적 직관이 활성화될 수 있다. 자신이 알고 있는 용언을 가지고 여러 어미들을 결합시키다 보다 보면 자연스럽게 단어들이 두 부류의 집합으로 나뉘게 되는 것을 깨달을 수 있다. 이런 방식으로 분류를 한 뒤에, 두 집합의 특성을 찾게 하면 동사와 형용사의 차이를 학습자가 스스로 깨달을 수 있다.

3.2.2. 탐구활동을 통한 교수-학습

3.2.1.에서 교과서의 학습활동이 지식을 단순히 적용하는 활동으로 이루어져 있어서 문제라는 것을 확인하였다. 이러한 비판을 바탕으로 여기서는 실제 탐구활동을 설계하고 이를 수업에 적용하여 그 결과를 분석하였다. 수업의 목표는 '동사와 형용사의 차이를 구분할 수 있다.'이다.

동사와 형용사를 구분하는 탐구활동에서는 동사와 형용사를 구분하는 기준 자체가 탐구의 대상이 되어야 한다. 이미 동사와 형용사를 구분하는 기준을 제시해 놓고, 그 기준에 따라 주어진 단어를 적용하는 것은 탐구가 아니다. 그것은 지식의 적용에 더 가깝다. 탐구는 귀납적으로 문법 현상에 내재된 사실을 찾는 것인데, 이미 제시된 기준에 맞춰 단어를 집어넣는 것은 단순 분류 활동에 지나지 않는다.

동사와 형용사의 특성을 탐구하는 탐구활동이 되기 위해서는 무엇보다 학생들 스스로 많은 예의 용언을 찾게 한 후, 이들 용언에 다양한 어미를 결합시킬 수 있게 안내하는 것이 중요하다. 그러고 나서 활용에서 같은 패턴을 보이는 두 집합을 분류하게 한다. 이때 학생들이 자신의 직관을 믿고 직관을 활성화하여 적용할 수 있게 교사가 적절하게 개입할 필요가 있다. 분류가 끝나면 두 집합의 단어들이 결합하는 어미에서 어떤 차이가 있는지를 찾게 한다. 이러한 활동을 통해 자연스럽게 동사와 형용사의 차이를 스스로 도출할 수 있게 된다. (23)은 이러한 일련의 탐구활동을 도식화한 것이다.

(23)

<table>
<tr><th></th><th>단계</th><th>활동</th><th>구체적인 활동 내용</th></tr>
<tr><td rowspan="5">동사와
형용사를
구분하는
탐구활동</td><td>1단계:
직관
활용
단계</td><td>용언을
찾아
활용하기</td><td>1. 학생들 스스로 서술어로 쓰이는 용언 찾아보기
2. 찾은 용언에 다양한 어미를 결합시켜 활용해 보기</td></tr>
<tr><td>⬇</td><td colspan="2">⬇</td></tr>
<tr><td>2단계:
직관을
활용한
분석
단계</td><td>동사와
형용사
구분하기</td><td>3. 특정 어미와 결합이 되는 것과 되지 않는 것 두 집합으로 분류하기
4. 두 집합으로 구분하게 하는 특정 어미 찾아 정리하기
5. 용언을 두 집합으로 구분하는 판단 기준 발표하기
6. 분류한 두 집합의 의미적인 특성 파악하기</td></tr>
<tr><td>⬇</td><td colspan="2">⬇</td></tr>
<tr><td>3단계:
확장
단계</td><td>판단 기준
적용하기</td><td>7. 서술어로 쓰이는 용언을 추가로 더 찾아, 2단계의 '5'를 적용하여 동사인지 형용사인지 확인하기</td></tr>
</table>

특히 탐구활동이 될 수 있느냐 없느냐의 성패를 가를 수 있는 단계가 1단계이다. 그렇기 때문에 1단계에서 용언의 예를 찾는 활동, 그리고 찾은 용언에 다양한 어미가 결합된 활용형을 생성하는 활동이 학생들 스스로에 의해 주체적으로 일어나야 한다. 만일 교사가 활용형을 먼저 제시하게 되면 학생이 스스로 직관을 활용한 예 생성이 되지 못하기 때문에 주체적인 탐구가 될 수 없다. 일상에서 늘 하는 말들 속에서 활용형을 찾는 것이기 때문에, 자신이 사용한 말들 속에서 직관을 활성화하여 찾을 수 있도록 하는 것이 중요하다.

1단계 활동이 학생들에 의해 주체적으로 수행되었으면, 2단계부터는 분석하고 분류하는 작업이므로 이를 수행하는 데 특별히 어려움을 겪지 않는다. 개인보다는 모둠으로 활동하게 했을 때 서로 직관을 비교하면서 활발하게 활동이 수행되었다. 그리고 (23)에 따라 학생들이 스스로 예를 찾고, 찾은 예를 분석하고, 이를 통해 귀납적인 사실을 도출하는 활동 속에서 수업에 대한 흥미도 및 참여도도 제고되었다.

실제 수업 후에 설문 조사한 결과를 보면, 학생들이 직관을 활성화해서 스스로 예를 찾고, 활용형을 생성하고, 결과를 분석할 수 있다는 것을 확인할 수 있다. (24), (25)는 2021년 7월 대구시 소재 ○○고등학교 1학년 3개 반 60명을 대상으로 (23)의 절차에 따라 수업한 후에 학생들에게 사후 설문 조사를 한 결과이다. 설문 조사에 참여한 학생은 47명이다.

(24) ㉠

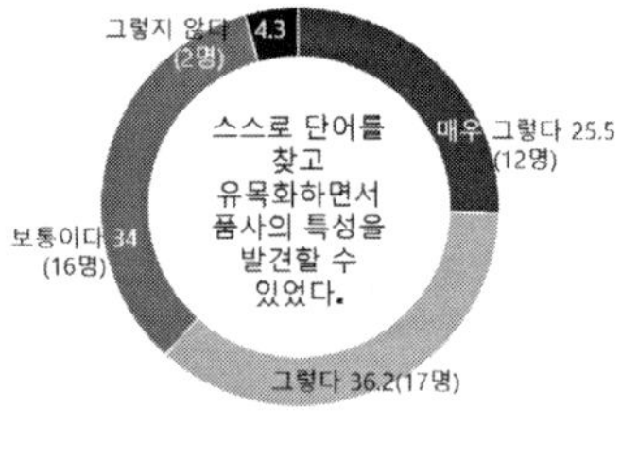

㉡

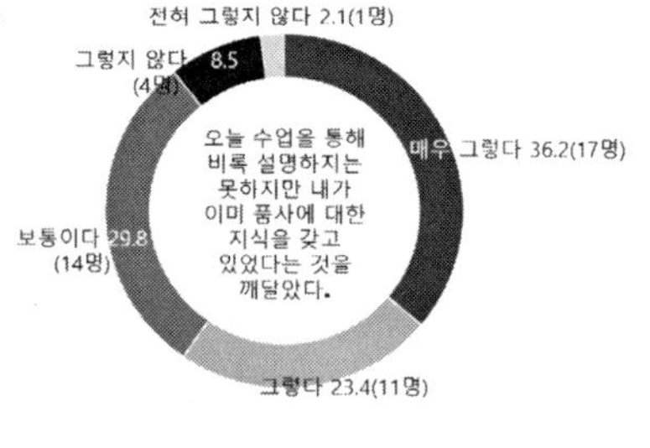

(24㉠)에서 보듯이 61.7(29명)%의 학생들이 무리 없이 스스로 단어를 찾고, 찾

은 단어를 분석하여 품사의 특성을 귀납적으로 찾아내는 데 큰 어려움을 겪지 않았다. 그리고 (24㉡)에서 보듯이 59.6%(28명)의 학생들은 탐구활동을 통해 의식하지 못했지만, 이미 자신이 문법 지식을 가지고 있다는 사실을 자각하게 되었다.

그리고 (25)에서 보듯이 수업에 대한 흥미도와 참여도도 높았다.

(25) ㉠

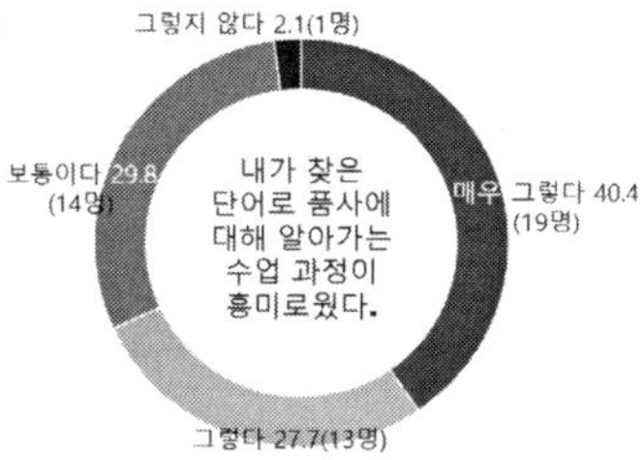

㉡

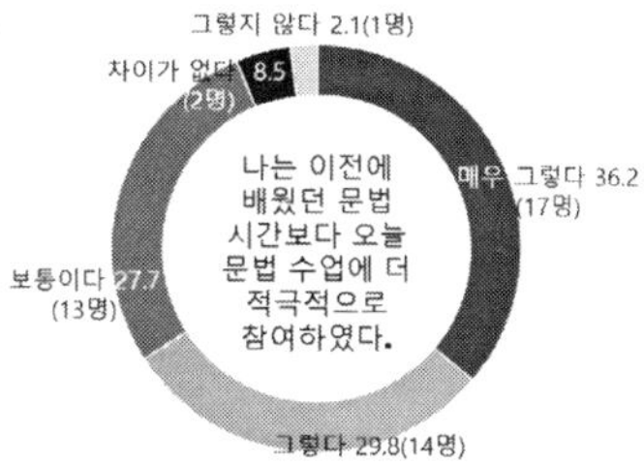

(25ㄱ)에서는 68.1%(32명), (25ㄴ)에서는 66%(31명)의 학생들이 각각 흥미도와 참여도에서 긍정적인 답변을 하였다.

학생들이 활동을 낯설어하거나 온전히 이해하지 못해서 제대로 수행하지 못할 때는 활동이 원활하게 수행될 수 있도록 교사가 간접적으로 개입할 필요가 있다. 이때 단어는 학생들이 찾은 단어를 활용해야 한다.

(26)은 학생들이 찾은 '먹다'와 '예쁘다'를 대상으로 학생들이 다양한 활용형을 말할 수 있게 교사가 간접적으로 맥락을 제공한 사례이다.

(26)

맥락 제시	먹다	착하다
그러고 있을 때	먹고 있다	*착하고 있다
그러고 있는 게 현재이면	먹는다	*착한다
그러고 있는 게 과거이면	먹었다	착했다
그러고 있는 게 미래이면	먹겠다	착하겠다
조건의 의미일 때	먹으면	착하면
이유의 의미일 때	먹어서	착해서
그러려고 할 때	먹으려 한다	*착하려 한다
그리고 있는 중이면	먹는 중이다	*착한 중이다
⋮	⋮	⋮

교사의 안내에 따라 (26)처럼 한 번 하고 난 이후부터는 학생들이 스스로 알아서 다양한 활용형을 생성해 내었다.

1단계, 2단계 활동을 수행하고 나면, 학생들 스스로 동사와 형용사를 구분하는 기준을 귀납적으로 도출할 수 있게 된다. 이때 활동 전체를 전적으로 학생에게 맡길 수도 있지만, 탐구 결과를 정리하는 과정에서 교사가 함께 참여하여 정교화해 주는 것도 좋다.

2단계가 마무리된 후에는 새로운 단어를 찾아 2단계에서 찾은 기준을 적용해 보게 한다. 2단계가 자료를 관찰하고 분석하여 동사와 형용사를 구분하는 기준을 발견하는 사고라면, 3단계는 그렇게 발견한 지식을 확장하여 적용하는 사고이다. 3단계 활동을 통해 이해를 넘어 수용 단계로까지 나아가게 된다.

제2부

학교문법 내용 구성에 대한 비판적 고찰

Ⅰ. 비음화 설명의 문제점과, 비음화와 '/ㄹ/ → /ㄴ/ 교체'의 탐구 순서

1. 서론

학교문법은 학문문법과 같지 않다. 그러나 그렇다고 학문문법과 다른 별개의 문법은 아니다. 학교문법의 내용은 학문문법의 내용 중에서 교육적으로 필요하다고 판단되는 내용을 취사선택한 것이다. 그리고 그 내용은 학문문법에서 일반화된 것이거나, 일반적으로 수용되고 있는 것으로 이루어지는 것이 바람직하다.[1)]

그런데 논쟁이 되는 내용인 경우에는 검정 체제를 고려할 때 어느 한쪽의 의견을 중심으로 기술할 수 있다. 그렇지만 이 경우는 어느 정도 서로 대등한 상태의 논쟁 중의 한 의견이어야지, 학문문법에서 논의된다는 것만으로 학교문법의 내용으로 가져오는 것은 바람직하다고 볼 수 없다. 어떤 경우이든 소수 견해나 편향된 주장을 학교문법의 내용으로 가져오는 것은 지양해야 한다. 학문문법에서 일반화된 내용이 아니거나, 일반적으로 수용되고 있지 않은 소수 의견을 교과서에 포함하는 것은 어떤 면에서는 국어학계의 학문적인 성과를 왜곡하는 일이 될 수도 있다. 또한 경우에 따라서는 언어적 사실관계를 왜곡하는 것일 수도 있다.

본고는 이러한 관점에서 2015 교육과정 고등학교 『국어』 12종 교과서를 대상

1) 현재의 『국어』 교과서 및 『언어와 매체』 교과서의 문법 내용은 명시적이지는 않지만, 대체로 국정 『문법』(2002년) 교과서의 내용을 기본으로 하고 있다고 알려져 있다. 1963년에 학교문법 통일안이 확성, 공포되긴 하였지만, 그 당시 통일안은 9품사와 용어 통일 정도에서 그쳤고, 세부 내용까지 통일한 것은 아니었다.

으로 '음운의 변동' 단원에서 비음화를 어떻게 기술하고 있는지를 분석할 것이다. 교과서들 중에는 단순히 검정 체제의 특성이라고 이해해 줄 수 없는, 국어학계에서 일반적으로 통용되는 사실관계와 어긋나는 내용을 포함한 것들이 있다. 그중에서 본고에서는 '종로[종노], 협력[혐녁]'에서의 '/ㄹ/ → /ㄴ/ 교체'를 '국물[궁물]'의 비음화와 같은 음운 변동으로 기술하고 있는 부분에 대해 논의할 것이다.

우선 2장에서 국어 음운론학계에서 '비음화'와 '/ㄹ/ → /ㄴ/ 교체'를 어떻게 설명하고 있는지를 종합적으로 살펴볼 것이다. 이를 토대로 3장에서 현재 2015 교육과정 『국어』 교과서 중에서 비음화 기술에 문제가 있는 교과서들의 내용을 비판적으로 고찰할 것이다. 나아가 4장에서 비음화와 '/ㄹ/ → /ㄴ/ 교체' 두 음운 변동의 차이를 탐구할 수 있게 하는 수업 방안을 제안할 것이다.

2. 비음화와 '/ㄹ/ → /ㄴ/ 교체'

국어 음운론에서 (1)의 음운 변동, 즉 비음화에 대한 설명에는 특별히 이견이 없다. (1)은 선행 음절 종성 /ㅂ, ㄷ, ㄱ/가 후행 음절 초성인 비음 /ㅁ, ㄴ/에 동화되어 각각 동일 조음 위치의 비음 /ㅁ, ㄴ, ㅇ/으로 바뀌는 전형적인 조음방식 동화이다.[2)]

(1)[3)] ㄱ. 국물[궁물], 닥나무[당나무], 동녘만[동녕만]

ㄴ. 입말[임말], 앞날[암날], 입는다[임는다]

ㄷ. 낱말[난말], 콧노래[콘노래], 닫는다[단는다]

---

2) '비음화'와 함께 '비음동화'도 많이 쓰이는 용어이다. 2015 교육과정 고등학교 『국어』 교과서 12종에서는 '비음화'로 명명이 통일되어 있다.

3) '동녘만[동녕만]', '앞날[암날]', '낱말[난말]', '콧노래[콘노래]'의 비음화는 불파에 의한 중화의 결과, 즉 학교문법의 용어로 음절의 끝소리 규칙이 먼저 적용되고 난 뒤에 이어서 비음화가 계기적으로 적용된 것이다.

이에 비해 (2)는 (1)과 조건환경도 다르고, 그 원인도 다르다. 또한 교체의 방향도 (1)은 후행 음절 초성 때문에 선행 음절 종성이 바뀌는데 반해, (2)는 선행 음절 종성에 의해 후행 음절 초성이 바뀐다는 점에서 방향도 반대이다. 무엇보다 (1)은 동화이지만, (2)는 동화가 아니라는 점에서 완전히 별개의 현상이다.[4)]

(2) ㄱ. 남루[남누], 종로[종노]

ㄴ. 생산량[생산냥], 음운론[으문논], 신라면[신나면]

ㄷ. 독립[동닙], 협력[혐녁]

(2ㄴ)의 경우 [으문논~으물론], [신나면~실라면]처럼 예에 따라서는 '/ㄹ/ → /ㄴ/ 교체'와 유음화가 수의적으로 공존하는데, 아무튼 '/ㄹ/ → /ㄴ/ 교체'가 적용된 (2ㄴ)은 (2ㄱ)과 같은 원인에 의해 야기된 음운 변동이다. (2ㄷ) 역시 선행 음절 종성 자음 뒤에서 '/ㄹ/ → /ㄴ/ 교체'가 적용된 것이라는 점에서 (2ㄱ)과 같다. 다만 (2ㄷ)은 '/ㄹ/ → /ㄴ/ 교체' 후 바뀐 /ㄴ/에 의해 선행 음절 종성 /ㄱ, ㅂ/가 비음화되는 음운 변동이 추가로 일어났다.

원인과 조건환경을 고려하지 않고 단지 표피적으로 결과된 사실만 본다면, (2)도 /ㄹ/가 비음 /ㄴ/로 바뀐다는 점에서 (1)과 표면적인 유사성이 있다. 그렇기 때문에 많은 국어 음운론 개론서들에서 (1)과 (2)를 비교·대조하여 설명하고 있다. 이는 (2)가 (1)과 같은 현상이어서가 아니라, 표면적 결과에 현혹되어 (2)를 (1)과 같은 현상으로 잘못 이해하는 것을 방지하기 위해서이다.

비음화는 동화의 하나이고, 동화는 반드시 동화주가 있어야만 성립하는 개념이다. 동화주가 없는데 동화가 일어날 수는 없기 때문이다. 비음화의 동화주는 당

4) 어휘적인 차원에서도 (2)는 거의 한자어에서만 나타나는 현상이어서 (1)과 구분된다. 〈표준발음법〉에서 (2ㄱ,ㄴ)을 '제5장. 음의 동화' 안에서 제시하고 있는데, 이로 인해 이를 비음 /ㅁ, ㄴ/에 의한 순행 동화처럼 오해할 수 있는 여지를 주고 있다. 그러나 학문문법에서 이를 동화라고 보지 않는 것이 일반적이고, 소수 의견으로 동화로 해석하는 경우가 있지만 이 경우에도 이를 (1)의 비음화와 동일하게 보지는 않는다.

연히 비음이다. 그런데 (2ㄱ)의 경우 표면적으로 어쨌든 비음 뒤에서 /ㄹ/가 /ㄴ/로 바뀐 것이니까 비음이 동화주일 가능성을 생각해 볼 수는 있다. 하지만 (2ㄷ)을 함께 고려하면, 예컨대 '/독립/ → 독닙 → [동닙]', '/협력/ → 협녁 → [혐녁]'의 중간 도출형 '독닙', '협녁'을 함께 고려하면, (2ㄱ)에서 '/ㄹ/ → /ㄴ/' 교체'가 일어나는 원인이 비음 때문이 아님을 알 수 있다.

'독립[동닙]'에 적용된 음운 변동의 순서에 대해서는 국어학의 초창기에 잠시 논쟁이 된 적이 있었는데, 곧 이어 바로 사실관계가 정리되었다. 당시 김두봉(1916:45-47)은 '독립 → 독닙 → 동닙'의 순서를, 小倉進平(1923)은 '독립 → 동립 → 동닙'의 순서를 제기하였다. 이후 국어 음운론 연구에서 김두봉(1916)의 주장 즉, '독립 → 독닙 → 동닙'의 순서가 타당하다는 것이 논증되었고, 현재 이에 대해서는 특별히 이견이 없다.[5)]

'독립 → 독닙'의 경우 /ㄹ/가 /ㄴ/로 바뀌는 동화주를 상정할 수 없다. 동화주로 상정될 수 있는 유일한 음운은 /ㄱ/인데, /ㄱ/는 비음이 아니므로 /ㄹ/를 비음 /ㄴ/로 동화시킬 수 없다. 따라서 '독립 → 독닙'은 동화가 아니며, 당연히 비음에 의한 동화 즉, 비음화일 수 없다. '독립 → 독닙'과 평행하게 '남루[남누]'에서도 /ㄹ/가 /ㄴ/로 교체하는 원인은 /ㅁ/ 때문이 아니다. '남루[남누]'만을 대상으로 /ㅁ/에 동화되어 /ㄹ/가 /ㄴ/로 바뀌었다고 하는 것은 말 그대로 '남루[남누]'만

---

5) 특이하게 신지영 · 차재은(2003:206-208)에서는 小倉進平(1923)의 '독립 → 동립 → 동닙'의 순서를 상정하고 있다. 이렇게 보는 근거는 '독립 → 독닙 → 동닙'으로 보아야 할 필연적인 근거가 없다는 것이다. 이는 거꾸로 '독립 → 동립 → 동닙'으로 보아야 할 필연적인 근거는 더 희박하다는 점에서 근거가 될 수 없다. '독립 → 동립'처럼 /ㄹ/ 앞에서 /ㄱ/가 /ㅇ/으로 교체한다고 하는 것은, 음성학적으로도 음운론적으로도 비음과는 전혀 관련이 없는 /ㄹ/ 앞에서 폐쇄음 /ㄱ/가 비음 /ㅇ/으로 바뀐다고 해야 하는데, 이것이야말로 음성학적으로도 음운론적으로 아무런 동기가 없는 가정이다. 신지영 · 차재은(2003:207-208)에서 현상적인 근거로 제시한 것은 '옷로비', '핫라인'의 발음이 [온노비~올로비], [한나인~할라인]으로 나타나는데, 이를 설명하기 위해서는 '옷로비 → 온로비 → 온로비'로 보아야 한다는 것이다. 이에 대해 이진호(2008:205)는 이러한 논거가 '독립[동닙], 협력[혐녁]'에는 적용될 수 없다는 점, 그리고 'ㄴㄴ~ㄹㄹ' 공존이 반드시 'ㄴㄹ'의 연쇄에서만 나오는 것이 아니라, [천년~철련], [손녀~솔려] 등에서도 나타난다는 사실을 들어 타당하지 않다고 하였다. 실제 [온노비], [한나인]이 주로 나타나고, [올로비], [할라인]이 유표적인 발음이다. 이는 [천년], [손녀]가 주로 나타나고, [철련], [솔려]가 유표적인 것과 평행하다.

을 위한 설명이다. (2ㄷ)을 함께 고려할 때 '남루[남누]'는 /ㅁ/에 의해 /ㄹ/가 비음화된 것이라고 할 수 없다. '남루[남누]'만 보고 /ㅁ/에 의해 /ㄹ/가 비음화되어 /ㄴ/로 교체했다고 하는 것은 단지 현상을 피상적으로만 보는 것이고, 현상의 원인에 대한 고찰이 결여된 것이다.

현재까지 (2)의 원인과 관련하여는 크게 2가지 정도의 설명이 제안되었다.[6] 하나는 음절연결제약(또는 음절배열제약)으로 설명하는 것이고(허웅 1985, 서보월 1995, 배주채 2015, 신승용 2013 등), 다른 하나는 강도 원리[7]로 설명하는 것이다(김차균 1990, 오정란 1995, 이동석 2005, 이진호 2008 등).[8] 강도 원리는 음절연결제약과 무관하지 않다. 그런 점에서 초성에서 /ㄹ/가 제약되는 원인에 대한 두 견해가 서로 다른 것이 아니라 공통의 분모를 공유하고 있다고 할 수 있다.

(2)의 '/ㄹ/ → /ㄴ/ 교체'의 원인을 음절연결제약이라고 할 때 음절연결제약은 선행 음절 종성이 있을 때 후행 음절 초성에서 /ㄹ/가 제약되는 것을 이른다. 즉 국어에서 /ㄹ/는 어두에서도 제약이 되고, 비어두인 경우에도 종성이 있는 음절 뒤의 초성에서는 제약된다는 것이다. 단 선행 음절 종성 자음이 자신과 같은 /ㄹ/일 때는 제약이 적용되지 않는다. 그래서 결과적으로 국어에서 /ㄹ/는 비어두이면서 선행 음절이 모음으로 끝난 경우, 그리고 선행 음절 종성이 자신과 같은 /ㄹ/일 때에만 실현될 수 있다.[9]

이처럼 (2)가 비음에 의한 동화가 아니라는 것은 국어 음운론에서 별다른 이견이 없는 사실이다. 그래도 혹시나 국어 음운론 개론서들에서 다르게 기술하고 있

---

6) 일찍이 이희승(1955:148)은 '독립 → 독닙'에서 /ㄹ/가 /ㄴ/로 교체하는 이유를 두음법칙으로 설명하였는데, 이는 이진호(2008:204)의 지적처럼 비어두에서 두음법칙이 적용되었다고 해야 하기 때문에 설득력이 떨어진다.

7) 강도 원리는 '선행 음절 종성의 강도가 후행 음절 초성의 강도보다 작거나 같아야 한다.'이다.

8) 이문규(2015)는 공명도 제약으로 설명하고 있다. 김차균의 경우 김차균(1981)에서는 공명도 제약으로 설명하였으나, 김차균(1990)에서는 강도 제약으로 설명하였다. 강도는 대체로 공명도의 역순이라는 점에서 공명도로 설명하든, 강도로 설명하든 실제 사실에는 큰 차이가 없다.

9) (2ㄴ)은 /ㄹ/의 초성 제약이 선행 음절 종성이 /ㄴ/일 때도 유효하다는 것을 말해 준다. (2)의 또 다른 수의적인 표면형 [으물론], [실라면]은 선행 음절 종성을 자신과 같은 /ㄹ/로 바꿈으로써 선행 음절 종성이 있을 때 초성의 /ㄹ/가 제약되는 것을 회피한다.

는 경우가 있을지 몰라서 개론서들을 확인해 보았다.[10] 현재까지 필자가 검토한 국어 음운론 개론서들에서 (1)과 (2)를 동일한 음운 변동으로 기술하고 있는 것은 없었다.[11] 모든 개론서가 (1)과 (2)가 다른 음운 변동이라는 것을 명확하게 구분하여 설명하고 있다. 음운론적으로 (1)과 (2)가 서로 다른 음운 변동이라는 사실이 분명하기 때문에 특별히 이견이 거의 없다.

(1)과 (2)가 다른 음운 변동이기 때문에 대부분의 음운론 개론서와 논문에서 어떻게든 그 명칭에서도 이 둘을 다른 용어를 사용하여 구분하고 있다. (1)의 비음화와 구분해서, (2)를 지칭하는 명명은 크게 3가지 정도인데, 그중 가장 많이 사용되는 용어는 '/ㄹ/(의) 비음화'이다.

(3)[12] ㄱ. /ㄹ/의 /ㄴ/ 되기(또는 /ㄹ/ → /ㄴ/ 교체): 허웅(1985), 신승용(2013)
ㄴ. 치조 비음화[13]: 김성규 · 정승철(2005)
ㄷ. /ㄹ/(의) 비음화(또는 유음의 비음화, 설측음의 비음화)[14]: 강옥미(1994), 구현옥(2019), 김무림 · 김옥영(2009), 배주채(2015b), 신성철(2017), 오정란(1995), 이문규(2015), 이진호(2021), 임석규(2021)

---

10) 확인한 개론서는 다음과 같다(제시 순서는 가나다순). 구현옥(2019), 김무림 · 김옥영(2009), 김성규 · 정승철(2005), 배주채(2015b), 백두현 외(2013), 신승용(2013), 신지영 · 차재은(2003), 이문규(2015), 이진호(2021), 임석규(2021), 최명옥(2004), 허웅(1985). 여기서 제시하는 음운론 개론서들은 현재 필자의 연구실과 영남대학교 도서관에 있는 개론서들일 뿐 특별히 선정 기준이 있는 것이 아님을 밝혀 둔다.

11) 신지영 · 차재은(2003:187-210)에서도 상위어에 비음화를 두고, 그 아래에서 (1)과 (2)를 구분하여 설명하고 있다. 신지영 · 차재은(2003)은 입력, 조건환경, 원인이 무엇이든 일단 결과적으로 비음이 된 것은 비음화라고 추상적으로 설정한 뒤에, 그 하위에서 현상을 구분하는 방식이다. 그렇기 때문에 신지영 · 차재은(2003)에서는 '낙원(<락원)'처럼 두음법칙도 설측음의 비음화라고 하여 비음화의 하위 한 종류로 분류하였다. 이처럼 신지영 · 차재은(2003)의 비음화는 학계에서 일반적으로 통용되어 온 비음화와는 이미 그 정의 자체가 다른 비음화이다.

12) 서보월(1995), 김경아(2004), 백두현 외(2013)은 (1)은 '비음동화'로, (2)는 '비음화'라고 하여 어쨌든 (1)과 (2)를 구분하여 명명하고 있다. 이때의 '비음화'는 학교문법 용어의 '비음화'와는 그 내포 의미가 전혀 다르다. 비음동화가 학교문법의 비음화와 같다.

13) '치조 비음화'에서 '치조'는 /ㄹ/를 지칭하는 것이므로 '/ㄹ/ 비음화'와 크게 보면 같은 식의 명명이라고 할 수 있다.

14) 박선우(2006)는 (2ㄴ)을 대상으로 '/nl/의 비음화'라는 명칭을 사용하였다.

(3)에서 보듯이 어떻게든 '비음화'와는 구별되는 명명으로 (2)를 지칭하고 있다. 또한 설명에서도 (2)는 (1)과 다른 현상이라는 것을 명확히 적시하고 있다. 그 중에서 일부만 소개한다.

(4) ㄱ. "형태소의 첫소리 /ㄹ/는 /ㄹ/ 아닌 다른 닿소리에 이어나지 못한다(감로[감노], 종로[종노]). /ㄱ, ㄷ, ㅂ/ 끝소리에 이어날 때에도 역시 같은 규칙이 적용된다(백리(뱅니], 압력[암녁])." —허웅(1985:270)

ㄴ. "'국민 → [궁민]'의 비음동화와 '심로 → [심노]'처럼 비음 아래의 설측음이 비음화되는 경우가 엄격하게 구별되어야 함에도 불구하고 동류로 뭉뚱그려 설명되어지고 있다." —오정란(1995:148)

ㄷ. "/ㄴㄹ/ 연쇄가 [ㄹㄹ]로 유음화되기도 한다는 점에서 '음운론[으문논]'을 동화로 처리할 수 없다." —서보월(1995:6)

ㄹ. "음절 연결제약에 따라 폐쇄음이나 비음 뒤에 [ㄹ]이 뒤따를 수 없기 때문에 일어난다. 이것은 동화가 아니다." —배주채(2015b:158)

(4ㄱ~ㄹ)에서 (2)가 동화가 아니라는 것을 분명히 확인할 수 있다. 동화가 아니기 때문에 당연히 (1)의 비음화와는 전혀 성격이 다른 음운 변동이다.

그런데 용어는 자의적이니까 누군가가 일반적으로 통용되는 비음화의 정의가 아닌 다른 의미로 비음화를 사용할 수도 있다. 그러니까 (1)과 (2)를 모두 아울러서 비음화라고 하겠다고 할 수는 있다. 그러나 이미 기존에 일반적으로 사용되는 개념어를 자의적으로 사용하는 것은 학술적으로 정당화될 수는 없다. 3장에서 자세히 살펴보겠지만, 2015 교육과정 『국어』 교과서 중 일부 교과서의 경우 비음화를 조건환경에 대한 기술도 없고, 동화라는 교체의 속성도 밝히지 않은 채 "비음이 아닌 소리가 비음으로 바뀌는 것"으로 두루뭉술하게 정의하고서 (1)과 (2)를 구분하지 않고 비음화라고 설명하고 있다.[15] 학교문법이 학문문법에서 일반적으로 받아들여지고 있는 내용이 아니라, 소수 견해나 특이한 견해를 채택하는 것은 일단 문제가 있다고 할 것이다. 이 부분은 3장에서 자세히 논의하기로 하겠다.

언어학적 분석은 결과적 사실에 대한 분석과 함께 그러한 결과가 도출된 원인에 대한 분석, 그리고 그러한 결과가 도출된 조건환경에 대한 분석이 함께 이루어져야 한다. 당연히 표면적으로 보이는 결과가 같다고 모두 같은 현상이라고 하지는 않는다. 원인이 같아야 하고, 조건환경도 같을 때 비로소 같은 현상이라고 할 수 있다. 비음화를 '비음이 아닌 소리가 비음으로 바뀌는 음운 변동'으로 정의하는 것은 원인과 조건환경을 무시한 채 단순히 결과만 같으면 같은 현상이라고 하는 것과 같다. 비음화를 이렇게 정의하게 되면, (5)도 /ㄹ/가 비음 /ㄴ/로 바뀐 것이므로 비음화 안에 포함되어야 한다. 하지만 (5)가 비음화가 아니라는 것은 굳이 설명이 필요하지 않으리라고 본다.

(5) 노인(<로인(老人)), 내일(<래일(來日)), 남색(<람색(藍色))

(5)는 소위 두음법칙의 예인데, (6)을 두고 비음화라고 하지는 않는다. (5)가 비음화 즉, 비음에 의한 동화가 아니라는 것은 따로 언급할 필요가 없다. /ㄹ/가 비음 /ㄴ/로 바뀌었지만 그것은 동화와는 무관한 현상이기 때문이다. 마찬가지로 (2) 역시 /ㄹ/가 /ㄴ/로 바뀌었지만, 그것이 동화에 의한 것은 아니므로 당연히 비음화라고 해서는 안 된다. 흥미롭게도 Hyman(1975:117-118)은 국어의 자료를 소개하면서 (2)는 자음 뒤에서 'r → n' 현상으로, (5)는 어두에서의 'r → n' 현

15) 학술적으로 비음화를 이렇게 정의하는 경우는 없다. 예외적으로 필자가 검토한 논문 중에서 유일하게 이동석(2005:122-123)의 경우 비음화를 "비비음(非鼻音)이 비음(鼻音)으로 동화되는 현상"으로 정의하였다. 이 정의에는 동화라는 특성은 밝히고 있지만, 조건환경에 대한 요소가 누락되어 있다. 그렇기에 이 정의는 동화라는 특성과 조건환경을 모두 밝히고 있는 일반적인 비음화의 정의는 아니다. 이동석(2005)은 이러한 비음화 정의 하에 '남루[남누]'를 순행 비음화, '협력[혐녁]'을 상호 비음화로 설명하고 있는데, 이 역시 학계의 일반적인 설명과는 다른, 독특한 설명이다. 앞서 살펴본 것처럼 '남루[남누]'는 동화가 아니며, '협력[혐녁]' 역시 상호 비음화일 수 없다. 논리적으로 상호 비음화는 성립하지 않는다. '협력[혐녁]'이 상호 비음화 즉, 상호 동화가 아니라는 것에 대한 자세한 논증은 이진호(2008:208)을 참조할 수 있다.

상으로 소개하였다. Hyman(1975)에서도 (2)와 (5)가 동화가 아니라는 것을 분명히 하고 있다.

비음화를 표면적 결과만 보고 '비음이 아닌 소리가 비음으로 바뀌는 음운 변동'이라는 식으로 정의해서는 안 된다는 것은 (6)~(7)을 통해서 다시 한 번 확인할 수 있다. 이런 식으로 음운 변동을 정의하게 되면 (6)은 결과적으로 /ㄹ/로 바뀌었으니까 유음화, (7)은 결과적으로 후설모음이 전설모음으로 바뀌었으니까 움라우트라고 하는 것도 가능해진다.

(6) 천년 → 철련, 만년 → 말련, 손녀 → 솔려

(7) 가마 → 가매, 이마 → 이매, 소주 → 쇠주

그러나 누구도 (6)을 유음화라고 하지 않고, (7)을 움라우트라고 하지 않는다. 그 이유는 결과적 사실만 표면적으로 같을 뿐이지 그 원인이 다르고, 조건환경도 다르기 때문이다. 마찬가지로 (8ㄱ~ㄴ)에서 표면적으로만 보면 둘 다 '/ㄹ/ 탈락'이라는 음운 변동이 일어났지만, 그렇다고 (8ㄱ)과 (8ㄴ)을 동일한 현상으로 보지 않을뿐더러 명명도 다르게 부른다.

(8) ㄱ. 아니(← 알- + -(으)니)
　　ㄴ. 읊다[읍따]

(8ㄱ)은 음소연결 관계에서 즉 'ㄹ-ㄴ' 연쇄에서 후행하는 /ㄴ/ 때문에 /ㄹ/가 탈락한 것인데 비해, (8ㄴ)은 종성에 하나의 자음만 허용되는 국어의 음절구조제약에 의해 /ㄹ/가 탈락한 것이다. 그래서 (8ㄱ)과 (8ㄴ)은 단지 탈락된 음운이 /ㄹ/로 같을 뿐이지 서로 관련이 없는 별개의 현상이며, 그래서 (8ㄱ)과 (8ㄴ)을 동일한 명명으로 묶지 않는다. (8ㄴ)은 일반적으로 '어간말 자음군 단순화'로 명명하

고, 그 하위에서 탈락한 자음이 무엇인지를 분석한다. 어간말 자음군은 필수적으로 둘 중에 하나가 탈락하는데, 그중 (8ㄴ)은 자음군 중에서 /ㄹ/가 탈락한 것일 뿐이다.

3. 『국어』 교과서에서 '비음화' 설명의 실태와 문제점

2015 교육과정 고등학교 『국어』 12종 교과서의 비음화 기술의 문제점을 말하기 위해서 먼저 12종 교과서에서 비음화가 어떻게 기술되어 있는지부터 분석해 보기로 하자.[16]

(9)[17]

	(1)과 (2ㄱ)을 비음화	(1)과 (2ㄱ,ㄷ)을 비음화	(1)만 비음화, (2)는 없음	(1)은 비음화, (2ㄱ,ㄷ)은 '유음의 비음화'
〈교학사〉		○		
〈금성〉			○	
〈동아〉				○
〈미래앤〉		○		
〈비상(박1)〉[18]	○			
〈비상(박2)〉	○			
〈신사고〉		○		
〈지학사〉			○	
〈창비〉			○	
〈천재(박)〉	○[19]			

16) 논의의 편의상 (1), (2)를 다시 언급하면, (1)은 비음화이고, (2ㄱ~ㄷ)은 '/ㄹ/ → /ㄴ/ 교체'이다. 각각의 대표형을 하나씩 언급하면, (1)은 '국물[궁물]', 그리고 (2ㄱ)은 '남루[남누]', (2ㄴ)은 '생산량[생산냥]', (2ㄷ)은 '독립[동닙]'이다.

〈천재(이)〉			○	
〈해냄에듀〉			○	

(9)에서 확인할 수 있듯이 (1)과 (2ㄱ)을 묶어서 비음화로 기술한 교과서가 3종이고, (1)과 (2ㄱ,ㄷ)을 묶어서 비음화로 기술한 교과서가 3종이다. (1)의 비음화와 (2)의 '/ㄹ/ → /ㄴ/ 교체'를 제대로 구분해서 설명한 것은 〈동아〉 1종뿐이다. 〈동아〉는 날개에서 (2ㄱ,ㄷ)을 '유음의 비음화'라고 하여 (1)의 비음화와 구분하여 설명하고 있다. 12종 중에서 5종의 교과서는 (2)를 아예 하나도 제시하지 않고 있다.

(10)은 (1)과 (2ㄱ,ㄷ)을 구분하지 않고, 묶어서 같은 비음화로 설명한 6종 교과서 중에서 두 교과서의 기술 내용을 그대로 옮긴 것이다. (10)에서 보듯이 (1)의 비음화와 (2)의 '/ㄹ/ → /ㄴ/ 교체'를 아울러 동일한 비음화로 기술하고 있다. 나머지 네 권의 교과서 모두 평행한 방식으로 기술되어 있다.

(10)[20] ㄱ. 〈미래앤〉: "… 'ㄱ, ㄷ, ㅂ'이 비음 'ㄴ, ㅁ'의 영향을 받아 비음 'ㅇ, ㄴ, ㅁ'으로 바뀌어 소리 나는 현상을 '비음화'라고 한다. 이 외에 '종로[종노]', '섭리[섭니 → 섬니]' 등에서도 비음화 현상이 일어난다."

ㄴ. 〈교학사〉: "음절의 끝소리 'ㄱ, ㄷ, ㅂ'이 비음 'ㄴ, ㅁ' 앞에서 각각 비음 [ㅇ, ㄴ, ㅁ]으로 바뀌어 발음되는 현상을 비음화라고 한다. 또한 '담력[담ː녁]', '종로[종노]', '독립[독닙→동닙]', '협력[협녁→혐

17) 제시 순서는 '가다다'순임.

18) 〈금성(박1)〉은 '박인수', 〈금성(박2)〉는 '박영민'이다.

19) 〈천재(박)〉은 비음화를 '/ㅂ,ㄷ,ㄱ/가 /ㄴ, ㅁ/ 앞에서 [ㅁ,ㄴ,ㅇ]으로 바뀌되는 것'으로 제대로 설명하고 있지만, 비음화의 예에 '능력[능녁]'이 포함되어 있다. 그래서 결과적으로는 (1)과 (2)를 구분하지 않고 묶어서 비음화로 설명한 것과 같다.

20) 6권 모두의 본문 내용을 옮길 필요가 없어, 임의로 두 권만 옮긴 것뿐이다.

녁]'처럼 'ㅁ, ㅇ'이나 'ㄱ, ㅂ' 뒤에 오는 유음 'ㄹ'이 비음 [ㄴ]으로 바뀌어 발음되는 현상도 비음화에 해당한다."

2장에서 이미 자세히 논증하였듯이 (1)과 (2)는 그 원인이 다르고, 조건환경도 다르고, 교체의 방향도 다르다. 교체의 성격도 (1)은 동화이지만 (2)는 동화가 아니다. 그럼에도 이를 동일하게 비음화라고 설명하는 것은 단순히 설명의 오류를 넘어 사실에 대한 왜곡이다. 뿐만 아니라 교과서의 설명 자체에 이미 논리적으로도 문제가 있다. (10ㄱ)에서는 '섭리 → 섭니 → 섬니', (10ㄴ)에서는 '독립 → 독닙 → 동닙' 및 '협력 → 협녁 → 혐녁'의 계기적 음운 변동 적용 순서를 제시하고 있는데, 여기서 '섭리 → 섭니', '독립 → 독닙', '협력 → 협녁'의 경우 /ㅂ, ㄱ/ 뒤에서 /ㄹ/이 /ㄴ/으로 바뀐다. 그러니까 /ㄹ/이 /ㄴ/으로 바뀌는 것이 비음과 아무런 관련이 없다. 그럼에도 불구하고 이를 비음화라고 설명하는 것이므로 논리적으로도 맞지 않다.

그러면 왜 12종 검정 교과서 중에서 6종이나 되는 교과서에서 (1)과 (2ㄱ,ㄷ)을 같은 비음화로 설명했을까? 신지영(2006), 신승용(2017) 등에서 지적했듯이 검정 체제의 『국어』, 『독서와 문법』 교과서 음운론 영역에서 그 내용이 잘못 기술된 것은 많은 경우 2002년 국정 『문법』(2002) 교과서에 그 기원이 있다. 그런데 2002년 국정 『문법』 교과서에서도 (1)과 (2ㄱ,ㄷ)을 같은 비음화로 처리하고 있지는 않다. 교사용 지도서에서는 "비음 'ㅁ, ㄴ'의 앞에서 파열음 'ㅂ, ㄷ, ㄱ'이 비음 'ㅁ, ㄴ, ㅇ'으로 바뀌는 현상과, 'ㅁ, ㅇ'의 뒤에서 'ㄹ'이 비음 'ㄴ'으로 바뀌는 현상(p.96)"으로 명확히 구분하여 설명하고 있다. 또한 자음 동화의 단계 파악하기에서 '백로'가 '백로 → 백노 → 뱅노'의 단계로 적용된다고 설명하고 있어, 국어 음운론학계의 일반적인 견해를 따르고 있다. 그럼에도 불구하고 왜 갑자기 2015 교육과정 『국어』 교과서 일부에서 갑자기 (2ㄱ,ㄷ)을 (1)의 비음화와 같은 비음화로 설명하고 있는지 딱히 그 이유를 알 수는 없다. 그 이유가 무엇이든 국어 음운론 학계에서 이미 일반화된 사실과 배치되는, 유표적인 설명을 학교문법의 내용으로 가져오는 것은 결코 바람직하다고 할 수 없다.

이는 자칫 악화가 양화를 구축하는 상황을 초래할 수도 있다는 점에서 문제가 크다고 하겠다. 이렇게 잘못 기술된 교과서의 비음화 정의를 가지고 제대로 된 비음화의 정의가 틀렸다는 논문이 발표되기도 하였다. 학교의 정기고사 문항 분석을 통해 오개념을 다룬 이관희 · 조진수(2015:124)의 경우에는 “파열음이 뒤에 오는 비음에 동화되어 비음으로 바뀌는 현상”이라는 교사의 설명에 대해, ‘남루, 종로’를 비음화 안에 포함할 수 없게 불필요한 조건을 과잉으로 적용하여 문제가 있다고 말하고 있다. 학교의 정기고사 문항이 정확한 비음화의 정의를 말하고 있음에도, 오히려 연구자가 잘못된 비음화의 정의를 들어 제대로 된 비음화의 정의가 오개념이라고 말하고 있는 것이다. 교사의 오개념을 연구 주제로 다루면서 오히려 연구자가 오개념을 가지고 있는 다소 당황스러운 상황이라고 할 수밖에 없다.[21]

검정 체제의 취지를 고려할 때 학문문법에서 논쟁이 되는 주제의 경우, 그중의 하나를 선택적으로 채택할 수는 있다. 그러나 유표적이거나 소수 견해를—비록 학문문법에서 중요한 견해일 수 있다 하더라도—학교문법에 그대로 가져오는 것은 곤란하다. 더군다나 언어적 사실을 왜곡할 수 있는 것까지 허용될 수 있는 것은 아니라고 할 것이다.

4. 비음화와 ‘/ㄹ/ → /ㄴ/ 교체’의 탐구 순서

‘/ㄹ/ → ㄴ/ 교체’가 한자어에만 나타나는 음운 변동이기는 하지만, 교체가 적용되는 어휘 중에는 빈도가 높은 것들이 많고, 또한 표준 발음이기도 하다.[22] 그

21) 2장에서 언급했듯이 적어도 ‘남루[남누]’, ‘종로[종노]’를 ‘국물[궁물]’의 비음화와 같다고 기술한 음운론 개론서는 없다. 그렇기에 연구자가 말하는 비음화는 음운론 개론서의 정의가 아니라 아마도 문제가 되고 있는 교과서의 정의를 수용한 것이 아닐까 싶다. 학술적인 판단의 근거가 학술적인 연구나 학술서가 아니라 교과서라는 것은 문제이다.

리고 비음화와 그 양상이 비슷하고 일부는 유음화와 관련되어 있는데, 음운 변동들 간의 상호 관련성을 관찰하고 분석하는 것은 분석적 사고와 논리적 사고 함양이라는 측면에서 도움이 된다. 이러한 사실은 '/ㄹ/ → /ㄴ/ 교체'가 학교문법의 내용에 포함되어야 할 이유로 부족하지 않다.

논리적 사고의 흐름을 고려할 때 탐구의 절차적 순서는 먼저 비음화와 유음화를 탐구하게 한 후에 (2)의 '/ㄹ/ → /ㄴ/ 교체'를 제시하는 것이 바람직하다. 표면적인 관찰만으로 보면, (2ㄱ)은 /ㅁ, ㅇ/ 때문에 /ㄹ/가 /ㄴ/로 교체한 것처럼 보이기 때문에 비음에 의한 동화인 비음화와 다르다는 것을 탐구할 수 있게 하는 것이 필요하다. 그러기 위해서는 먼저 비음화를 탐구하게 해야 한다. 그러고 나서 (2ㄴ,ㄷ)이 (2ㄱ)과 동일한 원인에 의해 일어난 현상이라는 것을 탐구하게 한다. 그런데 (2ㄴ)은 유음화의 조건 환경에서 유음화되지 않고 /ㄹ/가 /ㄴ/로 교체하는 현상이므로 유음화와 비교하여 탐구할 수 있게 해 주어야 한다. 그러기 위해서 (2ㄴ)을 탐구하기 전에 유음화를 먼저 탐구하게 하는 것이 바람직하다.

이러한 절차적 사고를 종합적으로 고려할 때, 탐구를 수행하는 순서는 (11ㄱ) → (11ㄴ) → (11ㄷ) → (12) → (13)의 순서이다.

(11) ㄱ. 국물[궁물], 입말[임말], 닫는다[단는다]
ㄴ. 남루[남누], 종로[종노]
ㄷ. 독립[동닙], 협력[혐녁]

(12) ㄱ. 설날[설랄], 달님[달림], 물난리[물랄리], 달나라[달라라]
ㄴ. 전력[절력], 진리[질리], 광한루[광할루], 대관령[대괄령]

22) 'ㄴ-ㄹ' 연쇄의 경우 전체적으로는 유음화된 발음이 표준 발음인 경우가 많기는 하지만, '음운론[으문논], 생산량[생산냥], 회전력[회전녁]' 등 3음절어 이상에서는 '/ㄹ/ → /ㄴ/ 교체'가 적용된 발음이 표준 발음인 경우도 꽤 많다.

(13) 생산량[생산냥], 의견란[의견난], 회전력[회전녁]

탐구를 통한 수업의 절차를 구체적으로 제안하면 아래와 같다. 먼저 (11ㄱ~ㄷ)의 탐구부터 살펴보자.

1	(11ㄴ)에서 /ㄹ/가 /ㄴ/로 교체한 조건 환경을 찾게 한다.
	→ **탐구 결과** : 비음 /ㅁ, ㅇ/ 뒤

⬇

2	(11ㄱ)의 비음화와 (11ㄴ)의 '/ㄹ/ → /ㄴ/ 교체'의 차이점을 찾게 한다.
	→ **탐구 결과** : (11ㄱ)은 비음 앞에서 비음이 아닌 음운이 비음으로 바뀌었는데, (11ㄴ)은 비음 뒤에서 /ㄹ/가 /ㄴ/로 바뀌었다.

⬇

3	(11ㄷ)에서 일어난 음운 변동을 모두 찾게 한다.
	→ **탐구 결과** : '독립[동닙]'에서 비음화(/ㅂ → /ㅁ/), '/ㄹ/ → /ㄴ/ 교체' 두 음운 변동이 일어났다.

⬇

4	(11ㄷ)에서 두 음운 변동의 적용 순서가 "'/ㄹ/ → /ㄴ/ 교체' → 비음화'의 순서이고, 그 반대인 '비음화 → '/ㄹ/ → /ㄴ/교체''의 순서일 수 없는 이유를 찾아본다.
	→ **탐구 결과** : 유음 /ㄹ/ 앞에서 /ㄱ/가 비음 /ㅇ/으로 비음화될 음운론적, 음성학적 이유가 없다.

⬇

5	(11ㄴ)과 (11ㄷ)의 유사점을 찾아보게 한다.
	→ **탐구 결과** : ⓐ /ㄹ/가 /ㄴ/로 교체하였다. ⓑ /ㄹ/에 선행하는 음절이 자음으로 끝났다.

'**1**~**5**'의 활동이 끝나면 다음과 같이 교사가 학생과 함께 **6**과 같이 정리를 한다.

❻ 교사 정리	(11ㄴ)과 (11ㄷ)이 같은 원인에 의한 현상 즉, 선행 음절이 자음으로 끝났을 때 /ㄹ/가 /ㄴ/로 교체한다는 사실을 설명하면서, (11ㄴ)이 비음에 의한 동화가 아님을 이해시킨다. 그래서 (11ㄴ)이 (11ㄱ)과 같은 현상이 아니라, (11ㄷ)과 같은 현상임을 설명한다.

이렇게 (11)에 대한 탐구가 끝나고 나면, 그 다음에는 (12) → (13)의 순서로 탐구를 수행하게 한다.

❼	(12)에서 유음화의 조건환경을 찾게 한다.
	→ **탐구 결과** : 'ㄹ-ㄴ', 'ㄴ-ㄹ' 연쇄일 때 유음화가 일어난다.

⬇

❽	(12ㄴ)과 (13)의 공통점과 차이점을 찾게 한다.
	→ **탐구 결과** : 공통점은 'ㄴ-ㄹ' 연쇄로 같다. 차이점은 (12ㄴ)은 유음화되었고, (13)은 /ㄹ/가 /ㄴ/로 교체하였다.

'❼~❽'의 활동이 끝나고 나면 교사가 학생과 함께 ❾와 같이 정리를 한다.

❾ 교사 정리	'ㄴ-ㄹ' 연쇄일 때는 (12ㄴ)처럼 유음화되는 경우도 있고, (13)처럼 '/ㄹ/ → /ㄴ/ 교체'가 일어나는 경우도 있다. (13)에서 /ㄹ/가 /ㄴ/로 교체하는 것은 (11ㄴ,ㄷ)과 같은 원인에 의한 음운 변동, 즉 선행 음절 종성에 자음이 있을 때 초성 /ㄹ/가 제약되어 /ㄹ/가 /ㄴ/로 교체하는 음운 변동이다.

'ㄴ-ㄹ' 연쇄일 때는 유음화가 '/ㄹ/ → /ㄴ/ 교체'보다는 일반적이다. 이러한 사실을 제대로 포착하기 위해서는 유음화를 먼저 탐구하게 한 후, 역행 유음화인 (12ㄴ)과 (13)을 비교 · 대조하게 하는 순서가 바람직하다.[23] 그리고 나서 (13)을

---

23) '음운론[으문논~으물론], 온라인[온나인~올라인], 신라면[신나면~실라면]'처럼 '/ㄹ/ → /ㄴ/ 교체'가 적용된 형과 유음화가 적용된 형이 수의적으로 공존하는 현상까지 제시할지 여부는 학습자 수준이나 교수-학습 상황을 고려해서 판단하면 될 것이다.

(11ㄴ,ㄷ)과 함께 묶어서 세 경우 모두 선행 음절 종성이 채워져 있을 때 초성 /ㄹ/의 실현이 제약되어 /ㄴ/로 교체하는 현상임을 이해시킨다. 이렇게 할 때 비음화, 유음화, '/ㄹ/ → /ㄴ/ 교체'에 대해 종합적으로 이해할 수 있게 된다.

무엇보다 중요한 것은 이렇게 함으로써 표면적으로 같아 보인다고 해서 같은 현상이 아니라는 것과, 현상적으로 보이는 것 너머에 있는 언어적 질서를 찾는 것이 중요하다는 것을 알 수 있게 된다. 표면적 관찰에서 머무는 것은 제대로 된 탐구라고 할 수 없다. '1~9'의 탐구 절차를 거치면서 문법 탐구가 분석적 사고와 논리적 사고와 직접적으로 연결되어 있다는 것도 자연스럽게 체득할 수 있다.

그럼에도 여전히 왜 선행 음절 종성이 채워져 있으면 /ㄹ/가 /ㄴ/로 바뀌는가에 대한 의문을 제기하는 학생이 있을 수 있다. 이때는 (14)를 통해서 /ㄹ/가 /ㄴ/로 교체하는 것이 어두에서의 제약과 평행하게 음절연결상의 제약이라는 것을 이해시킨다.

(14) 노인(<로인(老人)), 내일(<래일(來日)), 남색(<람색(藍色))

(14)는 두음법칙의 예로 흔히 제시되는데, 공시적인 음운 변동은 아니다. 즉 어두에서 /ㄹ/가 제약되는 현상이 적용되어 이미 어두 초성이 /ㄴ/로 재구조화되었다. (14)를 통해서 어두에서 /ㄹ/가 제약되어 /ㄴ/가 된 것과, (11ㄴ,ㄷ) 및 (13)에서 선행 음절 종성이 있을 때 /ㄹ/의 실현이 제약되어 /ㄴ/로 교체하는 것 사이에 상관성이 있는 현상임을 이해시킨다. (11ㄴ,ㄷ), (13), (14)를 함께 탐구함으로써 (11ㄴ,ㄷ) 및 (13)의 '/ㄹ/ → /ㄴ/ 교체'가 비음에 의한 동화가 아니라, 국어의 /ㄹ/가 가진 제약이라는 사실을 다시 한 번 명확하게 인식할 수 있다.

5. 결론

국어 음운론에서 비음화와 '/ㄹ/ → /ㄴ/ 교체'는 조건환경도 다르고, 원인도 다른 음운 변동이다. 비음화는 비음 앞에서 불파된 폐쇄음 /ㅂ, ㄷ, ㄱ/가 각각 동일 조음 위치의 비음인 /ㅁ, ㄴ, ㅇ/로 교체하는 동화이다. 반면 '/ㄹ/ → /ㄴ/ 교체'는 선행 음절 종성이 자음으로 끝나면 그 자음이 무엇이든지 간에 후행 음절 초성 /ㄹ/가 /ㄴ/로 교체하는 현상으로 동화가 아니다.

이러한 학문문법의 논의를 바탕으로 2015 교육과정『국어』교과서 12종 중에서 비음화와 '/ㄹ/ → /ㄴ/ 교체'를 동일한 하나의 현상으로 설명하고 있는 교과서의 문제점을 고찰하였다. 검정 체제라는 사실을 고려할 때, 학문적으로 논쟁이 되는 내용일 경우 양쪽을 다 보여 주거나 어느 한 쪽의 견해를 선택적으로 따를 수도 있다. 그러나 비음화와 '/ㄹ/ → /ㄴ/ 교체'를 동일한 현상으로 기술하는 것은 단순히 논쟁이 되는 해석 중의 하나를 선택적으로 기술한 것이 아니다. 왜냐하면 이 문제는 학문문법에서 논쟁이 되는 부분이 아니기 때문이다. 비음화와 '/ㄹ/ → /ㄴ/ 교체'를 동일한 현상으로 기술하는 것은 지금까지의 학문문법의 연구 성과와는 다른, 매우 유표적인 것이다. 이러한 해석을 학교문법 교과서에 가져오는 것은 학교문법의 성격상 바람직하다고 볼 수 없다. 무엇보다도 비음화와 '/ㄹ/ → /ㄴ/ 교체'를 같은 현상으로 기술하는 것은 지금까지 음운론 연구의 성과를, 그리고 음운론적 사실을 왜곡한다는 점에서 심각한 문제이다.

이러한 비판을 토대로 비음화와 '/ㄹ/ → /ㄴ/ 교체'의 차이와 특성을 탐구할 수 있는 교수-학습 방안을 제시하였다. 표면적으로 유사해 보이지만 그 조건환경과 원인이 다르다는 것을 분석하게 함으로써 두 현상의 차이를 탐구하고, 나아가 유음화와의 관계를 종합적으로 이해할 수 있는 탐구 순서를 제안하였다.

Ⅱ. 음운 교육 내용으로서 〈표준발음법〉이 적합한가

1. 서론

국어 화자가 표준 발음이 필요한 상황에서 표준 발음을 할 수 있는 능력을 갖추는 것이 의무까지는 아니라 하더라도 필요한 것임을 부인할 수 없다. 그런 점에서 국어과 교육과정에서 표준 발음 교육이 포함되는 것은 자연스러운 일이라고 할 수 있다. 그러나 표준 발음 교육과 〈표준 발음법〉[1] 규정에 대한 교육은 층위가 다른 문제이다. 〈표준 발음법〉 규정을 잘 안다고 해서 표준 발음을 잘 할 수 있는 것도 아니고, 〈표준 발음법〉 규정을 모른다고 해서 표준 발음을 할 수 없는 것도 아니다. 그래서 국어 교육에서 표준 발음 교육이 필요하다는 것과 〈표준 발음법〉 교육이 필요하다는 것은 다른 차원의 문제이다. 다시 말해 표준 발음 교육과 〈표준 발음법〉 교육은 별개 차원의 문제이다.

〈표준 발음법〉 규정 조항의 내용들은 음운론에서의 국어의 음운 변동 기술과 일치하는 내용들이 많다. 그러나 국어 음운론과 〈표준 발음법〉 역시 그 내용이나 성격에서 서로 다르다. 〈표준 발음법〉에는 이미 소리대로 적은 것은 설명 대상에 제외되어 있다.[2] 그래서 '아니(알- + -으니)'처럼 음운 변동이 적용되었지만, 표기가 이미 음운 변동이 적용된 대로 된 경우에는 당연히 〈표준 발음법〉에 포함되

1) 〈표준어 규정〉은 2부로 구성되어 있으며, 제1부가 〈표준어 사정 원칙〉이고, 제2부가 〈표준 발음법〉이다.

2) 표준어의 표기 중에는 〈한글맞춤법〉 제1장 제1항 '표준어를 소리대로 적되, 어법에 맞도록 함을 원칙으로 한다.'는 규정에 따라 소리대로 적은 표기들이 많다.

어 있지 않다. 그러나 표면형 [아니]의 도출 과정에 적용된 '/ㅡ/ 탈락', '/ㄹ/ 탈락'은 국어 음운론에서 중요한 음운 변동들이다. 여기서 국어 음운론과 〈표준 발음법〉은 그 내용이나 성격에서 다르다는 것을 확인할 수 있다.

표준 발음, 〈표준 발음법〉, 국어 음운론은 유사한 면을 공유하고 있기는 하지만, 본질적으로는 각각 다른 층위의 사안들이다. 그럼에도 현재 문법 과목의 음운 단원에는 '표준 발음에 맞게 발음한다.'는 학습 목표 하에 〈표준 발음법〉이 음운 단원의 학습 내용으로 버젓이 포함되어 있다. 이는 음운 교육의 목표와 관련하여 여러 가지 문제를 야기한다. 본고에서는 이러한 문제점에 대해 고찰해 보고자 하는 것이다.

2. 음운 교육과 〈표준 발음법〉, 표준 발음

〈표준 발음법〉 규정은 국어에 실재하는 음운 변동 중에서 표준인 것과 비표준인 것을 정해 놓은 것이기 때문에 해당 조항의 기술 내용들은 음운론적 사실을 담고 있다. 그렇기 때문에 국어 음운 체계 및 음운 변동에 대한 이해는 〈표준 발음법〉 규정의 이해에 도움이 된다. 그러나 그 역은 성립하지 않는다. 물론 인과관계의 역순이기는 하지만, 〈표준 발음법〉 규정의 기술이 음운론의 내용을 기반으로 하고 있다는 점에서 역으로 〈표준 발음법〉 규정의 이해를 통해 국어 음운 체계 및 음운 변동을 이해하는 것이 불가능하지는 않다. 그러나 그것은 사실의 이해라는 측면에서도, 교육적인 측면에서도 결코 바람직한 방향이라고 할 수 없다.[3)]

3) 남가영(2014:38)은 어문 규범을 '문법 체계에 대한 지식이 종합적으로 응축된 총화이자 종합 과학으로서 그 자체로 탐구의 대상이다.'라고 하고 있는데, 이는 문법과 어문 규범의 관계를 완전히 전도시킨 왜곡된 해석이다. 이는 그 성격이 전혀 다른 '문법'과 '어문 규범'을 등치시켜야만 가능한 해석인데, 상식적으로 문법과 어문 규범은 전혀 다른 두 차원이다. 어문 규범은 필요에 의해 만들어진, 말 그대로 인위적인 규범집일 뿐, 그것이 결코 문법일 수 없다. 단지 문법을 고려했을 뿐, 문법은 아니다. 그렇기 때문에 어문 규범을 대상으로 그 자체 내적 조항들을 탐구할 수는 있다 하더라도, 굳이 그렇게 해야 할 가치를 찾기 어렵다. 탐구 대상인 실제하는 언어를 두고,

그것은 마치 영어 문법을 통해 국어 문법을 가르치는 것과 다를 바 없다고 할 것이다.

〈표준 발음법〉 규정에 있는 기술 내용들은 국어에 실재하는 음운 변동의 전체 외연 중의 일부분이다. 또한 서론에서 잠깐 언급했듯이 음운 변동이 일어났지만 표기가 음운 변동이 일어난 형태일 경우에도 〈표준 발음법〉에서 다루지 않는다. 무엇보다 표준 발음 자체가 실재하는 발음이 아니라 실재하는 발음들 중에서 표준이라고 인위적으로 정한 발음이다.[4] 표준어가 인공어이므로 표준어에 대한 발음을 규정한 표준 발음 역시 당연히 인공적인 발음이다. 이러한 사실을 고려한다면, 인공어의 발음을 규정한 〈표준 발음법〉을 통해 실재하는 언어의 음운 변동을 이해한다는 것이 얼마나 본말이 전도된 방향인지 명확히 이해할 수 있을 것이다. 더욱이 〈표준 발음법〉은 발음의 정오를 규정해 놓은 규정집이다. 규정집은 지켜야 하는 대상이지 탐구나 이해의 대상으로서는 적절하지 않다. 탐구나 이해 이전에 지켜야 하는 대상이라는 성격이 더 강하다.[5] 탐구와 이해의 대상은 실재하는 음운 변동이어야 하며, 탐구나 이해의 대상이 인위적으로 정한 발음일 수는 없다.

음운 교육의 제1목표는 국어 음운 체계 및 음운 변동에 대한 탐구와 이해이다. 그동안의 교육과정에서 어문 규범이 포함되긴 하였지만, 음운 교육에서 표준 발음이 제1목표로 설정된 경우는 없다는 점에서도 분명한 사실이다. 이는 제1차 교육과정에서부터 현재에 이르기까지 변화 없이 유지되어 온 관점이다. 개정 7차 교육과정부터 〈표준 발음법〉이 음운 교육 내용에 들어오기 시작하였지만(김진희

굳이 인위적으로 정해 놓은 규정을 탐구할 이유가 없다.

4) 〈표준 발음법〉 자체에 대한 비판은 허춘(2001), 차재은(2003), 김선철(2004a, b), 신지영(2006), 김봉국(2008), 안병섭(2010), 배주채(2015a), 이진호(2015) 등이 있고, 이에 대한 정리는 신승용(2016a)에서 이루어진 바 있다. 여기서는 〈표준 발음법〉 규정에 대한 비판이 아니므로 이에 대해 언급하지는 않는다. 관련된 내용은 신승용(2016a)를 참조할 수 있다.

5) 사람들이 법을 지켜야 하는 것은 맞지만, 법 조항을 이해해서 법을 지켜야 하는 것은 아니며 법 조항을 이해해야 하는 것도 아니다. 평행하게 표준 발음 역시 마찬가지이다. 사람들이 표준 발음을 할 수 있어야 한다는 주장은 가능하지만, 〈표준 발음법〉 조항을 이해해서 표준 발음을 해야 하는 것은 아니며 〈표준 발음법〉 조항을 이해해야 하는 것도 아니다. 단지 표준 발음을 해야 할 필요가 있다면 그럴 때 표준 발음으로 표준어를 사용할 수 있으면 되는 것이다.

2013:261-265)[6], 음운 교육의 제1목표가 국어 음운 체계 및 음운 변동에 대한 탐구와 이해라는 사실이 바뀐 것은 아니다. 2009 교육과정 '독서와 문법' 음운 단원의 세부 내용을 보면, (1)에서 확인할 수 있듯이 국어 음운 체계 및 음운 변동은 '독서와 문법' Ⅰ에서, 〈표준 발음법〉은 '독서와 문법' Ⅱ에서 분리하여 다룸으로써 음운 영역과 〈표준 발음법〉을 구분하고 있다.

(1) ㉠ '독서와 문법' Ⅰ

㉮ 국어의 음운 체계, 음운 규칙과 변동 현상을 이해하고 설명한다.

㉯ 음운과 표기의 관계를 탐구하고 정확하게 발음하고 적을 수 있다.

㉡ '독서와 문법' Ⅱ

① 표준 발음법의 원리와 규정을 이해하고 정확하게 발음한다.

② 각 지역 방언의 특징을 탐구하고 상황에 맞게 효과적으로 발음한다.

이는 적어도 2009 교육과정까지는 음운 교육과 〈표준 발음법〉 교육을 다른 차원의 문제로 인식하고 있었음을 보여 준다. 음운 교육이 탐구적 사고를 필요로 하는 것이라면, 〈표준 발음법〉은 정오를 판단하는 규범적 사고를 필요로 한다는 점에서 당연히 같은 단원에서 다루어질 수 없는 것이다.

그런데 2011 교육과정에서 돌연 '독서와 문법' Ⅰ, Ⅱ가 '독서와 문법' 하나로 통합되면서, 서로 융합할 수 없는 두 내용인 '국어 음운 체계 및 음운 변동에 대한 탐구'와 '표준 발음'이 융합된 상태로 제시되고 있다. 2011 국어과 교육과정 '독서와 문법' 음운 단원의 세부 내용은 (2)와 같다.

6) 주세형 · 신호철(2011:92)에서 언급했듯이 7차 교육과정까지는 〈표준 발음법〉이 음운 단원의 내용에 직접적으로 들어오지는 않았다.

(2)[7] ㉠ 음성, 음운의 세계를 탐구하고 올바르게 발음 생활을 한다.

㉡ 음운의 변동을 탐구하고 올바르게 발음하며 표기하는 생활을 한다.

(2)에서 '올바르게 발음'하는 것은 표준 발음을 말하고, '올바르게 표기'하는 것은 〈한글맞춤법〉에 맞게 표기하는 것이다. 음운 단원에서 발음 생성을 연습하는 것은 아니므로 표준 발음이 학습 내용으로 들어왔다는 것은 곧 〈표준 발음법〉 규정이 학습 내용으로 들어왔다는 것과 같다. (2㉠,㉡)의 문장 구조는 '-고'에 의해 접속되어 있지만, 초점은 '-고' 뒤의 문장에 놓여 있다. 즉 '올바르게 발음 생활을 한다.', '올바르게 발음하며 표기하는 생활을 한다.'에 있다. 이는 음운 단원에서 음운 체계 및 음운 현상에 대한 탐구와 이해가 중심이 아니라 어문 규범에 맞게 언어생활을 하게 하는 데 중심이 놓여 있는 진술이다.[8]

앞서도 언급했듯이 음성, 음운의 세계를 탐구하고 음운의 변동을 탐구하는 것과 표준 발음에 맞게 생활하는 것 사이에는 직접적인 상관관계가 없다. 음성, 음운의 세계와 음운의 변동을 탐구하는 것은 이해의 문제이고, 표준 발음에 맞게 생활하는 것은 생성의 문제이다. 생성은 이해를 바탕으로 하지만 이해가 곧 생성을 보장하지는 않는다. 결국 음운 단원에서 '표준 발음에 맞게 생활한다.'는 그러한 발음의 생성을 말하는 것이 아니라 〈표준 발음법〉 규정의 이해에 지나지 않는다. 실제 2011 교육과정에 따라 개발된 6종의 『독서와 문법』 검정 교과서 음운 단원에서 '표준 발음에 맞게 생활한다.'에 해당하는 부분의 교과서 기술 내용은 〈표준 발음법〉 규정에 대한 것이다.

〈표준 발음법〉은 실재하는 여러 발음 중에서 어떤 것을 표준이라고 규정해 놓

---

7) 교육과정에는 ㉠, ㉡이 아니라 (5), (6)으로 되어 있는데, 서술의 편의상 ㉠, ㉡으로 제시한다. 밑줄은 필자가 표시한 것이다. 이하 마찬가지.

8) 심사위원 중 한 분이 '-고'로 접속된 뒷부분에 중심이 있다고 한 것의 근거에 대해서 지적하였는데, 문장 구조상 대등하게 되어 있기 때문에 심사위원의 지적처럼 진술 자체만으로 '-고' 뒷부분에 중심이 있다고 말하기는 어려운 면이 있다. 다소간 필자의 주관적 판단이 들어가 있을 수 있는데, 이에 대한 부분은 3장의 내용으로 어느 정도 해소가 되지 않을까 한다.

은 것으로, 어떤 발음이 표준이냐 아니냐 즉, 정오의 이분법적 판단 이상의 사고를 필요로 하지 않는다. 왜 표준 발음이냐 표준 발음이 아니냐는 음운론적 설명의 대상이 될 수 없다. 왜냐하면 그것은 인공어인 표준어의 발음에 대한 단지 사회적 약속, 그것도 언중들에 의해 자연스럽게 이루어진 약속이 아니라 인위적으로 강제된 약속에 지나지 않기 때문이다. 왜 그렇게 정했느냐를 물을 수는 있겠지만, 표준 발음의 본질적 속성이 인위적으로 강제된 약속이기 때문에 물음에 대한 답변이 음운론적으로 의미 있는 내용일 수 없다. 이는 왜 표준 발음이냐 아니냐가 탐구와 이해의 대상이 될 수 없는지에 대한 명확한 이유이기도 하다.

반면 음운 체계 및 음운 변동에 대한 탐구에서는 정오의 이분법적 사고를 해서는 안 된다. 즉 표준 발음에 대한 정오의 인식이 음운 체계 및 음운 변동을 탐구하는 데 관여하게 되면 제대로 된 탐구 자체가 될 수 없다. 국어 음운 체계 및 음운 변동을 탐구하여 도출한 귀납적 사실들 중에는 〈표준 발음법〉 규정의 내용과 일치하는 것도 있지만, 일치하지 않는 것도 많다. 따라서 국어 음운 체계 및 음운 변동에 대한 탐구를 〈표준 발음법〉을 통해서 할 수 있다고 하는 것은 전형적인 과도한 일반화의 오류에 해당한다고 할 것이다.[9)]

표준어가 성문법으로 규정되어 있고, 이러한 표준어에 대한 〈표준 발음법〉이라는 성문화된 규정을 가지고 있는 현실에서 중등교육에서 표준 발음을 구사할 수 있는 능력을 갖출 수 있게 교육해야 한다는 것에 대해서 반론하기는 어렵다. 그리고 이러한 교육이 다른 교과보다는 국어과에서 이루어지는 것이 가장 낫다는 것 역시 마찬가지이다. 그런데 표준 발음과 관련한 내용이 문법 영역의 음운 단원에서 다루어져야 하느냐는 다른 차원의 문제이다. 어문규범 교육의 목표는 어문규범에 맞게 언어생활을 하는 것이지, 어문 규범 자체를 이해하는 것이 아니

9) 주세형 · 신호철(2011), 김진희(2013), 남가영(2014), 강보선(2014) 등에서처럼 음운 단원에서 〈표준 발음법〉 교육의 강화를 주장하는 입장들도 있다. 심지어 남가영(2014)은 문법 교육에서 어문 규범 교육의 강화를 넘어 문법 교육을 어문 규범으로 해야 한다는 주장까지 제기되기도 하였는데, 이는 어문 규범에 대한 몰이해라고 할 수밖에 없다. 이에 대해서는 조만간 후고를 통해서 논의하겠다.

다. 이러한 사실을 고려할 때 어문 규범 교육은 김진희(2013:258)에서 주장한 대로 국어과의 범 영역[10]에서 필요한 경우 적절하게 다루어지는 것이 타당할 것이다.

표준 발음, 〈표준 발음법〉을 왜 음운 단원에서 가르쳐야 하는지에 대해 특별히 언급된 논의를 찾기는 어렵다. 단순히 표준 발음에는 음운 변동이 일어나니까 음운 단원에서 가르쳐야 한다는 표면적 유사성을 당연한 것으로 받아들인 결과가 아닌가 한다. 2009 교육과정 해설에는 '여러 음운 변동 현상을 다룰 때에는 풍부한 실제 국어 자료를 학습자에게 제공하여, 그 원리나 규칙을 탐구할 수 있도록 함이 바람직하다(p.157).'고 기술하고 있다. 그런데 표준 발음에 맞게 발음하는 목표가 음운 영역의 목표로 들어와 있는 한 이러한 교육과정 해설의 진술은 의미가 없다. 규범적 사고가 들어오게 되면 풍부한 실제 국어 자료 중에 표준 발음이 아닌 것은 잘못된 발음의 사례로 전락해 버리기 때문이다.

표준 발음 중에는 실재하는 국어의 보편적 음운 변동이 적용된 발음을 표준으로 정한 것이 많다. 그렇기 때문에 음운 교육 내용 선정 시 표준 발음을 염두에 두지 않더라도 결과적으로 표준 발음과 관련된 음운 변동이 포함될 수밖에 없다. 그러나 표준 발음으로 정한 음운 변동만 음운 교육의 내용으로 선정하는 것은 음운 변동에 대한 탐구가 〈표준 발음법〉을 설명하기 위한 도구로 전락되는 결과를 낳는다는 점에서 결코 바람직하지 않다.

음운 교육에 포함될 음운 변동의 종류와 관련하여 이문규(2004:157)는 '표준 발음으로 인정되지 않는다 하더라도 다른 어떤 교육적 가치가 확보된다면 기술 대상으로 선택될 수 있다.'는 관점을 피력한 바 있다. 이러한 관점에서 학교문법에서 음운 변동의 기술 대상에 'ㅣ 모음 역행동화'는 포함하면서 위치동화를 배제하는 것은 불합리하다고 지적하였다. 그 이유는 위치동화가 방언과 세대에 관계없이 보편적으로 나타나며, 자음 동화의 대부분이 조음 방식 동화이므로 위치

10) 여기서 범 영역은 '말하기, 듣기, 읽기, 쓰기, 문학, 문법'을 말한다.

동화를 포함함으로써 동화를 이해하는 데도 적합하기 때문이라고 하였다. 이문규(2004)는 표준 발음에 무게 중심을 두긴 하지만, 그렇다고 표준 발음만을 고려해서 음운 교육 내용이 선정되어서는 안 된다는 입장을 보이고 있다. 이에 비해 이진호(2012:49)는 음운 교육 내용 선정과 관련하여 '예외 없이 적용되는 순수 음운 변동'이라는 기준을 제안하였다. 이러한 기준에 따라 음운 교육 내용에 포함되어야 하는 음운 변동으로 '중화(평폐쇄음화), 자음군 단순화, 경음화, 비음화, 유기음화' 5가지를 제시하였다.[11] 그러면서 여전히 이외 몇몇 현상이 추가될 수 있다는 여지를 남겨두었다. 이는 음운 교육에서 5가지 음운 변동만으로 충분한가 하는 비판을 염두에 둘 수밖에 없었기 때문으로 보인다.

교육적 가치가 있는 음운 변동과 예외 없이 적용되는 순수 음운 변동은 중첩되는 것도 있겠지만, 당연히 중첩되지 않는 것도 있다.[12] 어찌 되었건 표준 발음이 모두 음운 교육의 내용으로 교육적 가치가 있는 것일 수 없고, 표준 발음이 아니라고 해서 교육적 가치가 없다고 할 수 없다. 정리하자면 표준 발음이냐 아니냐가 음운 교육 내용을 결정하는 제1 기준이 될 수 없고, 되어서도 안 된다. 만일 그럴 경우 그것은 음운 교육을 〈표준 발음법〉 규정 조항 학습을 위한 도구로 전락시키는 우를 범하는 결과가 될 것이다.

---

11) 이 기준에 따르면 경음화 중에서 조건 환경이 순수 음운론적이지 않은 '안고[안꼬]'와 같은 용언어간말 비음 뒤 경음화, '물고기[물꼬기]'처럼 사이시옷 첨가에 의한 경음화 등은 포함되지 않는다. 유음화의 경우에는 '음운론[음울론~음운논]'과 같은 역행 유음동화는 예외가 있지만, '칼날[칼랄]'처럼 순행 유음동화는 예외가 없는데, 이 기준에 따르면 순행 유음동화는 선정되어야 한다. 그런데 유음동화를 설명하면서 역행 유음동화는 빼고 순행 유음동화만 설명한다는 것은 아무래도 언어 현상을 이해한다는 차원에서도, 교육적인 필요성이라는 측면에서도 어색하다고 할 수밖에 없다.

12) 이문규(2004)의 경우 교육적 가치의 유무를 판단하는 기준이 다시 문제가 될 수 있고, 이진호(2012)의 경우에는 예외 없이 적용되는 순수 음운 변동만 교육적으로 가치가 있느냐 하는 비판이 제기될 수 있다.

3. 음운 교육 내용으로서 〈표준 발음법〉의 문제점

음운 교육 내용에 표준 발음이 들어오게 되면, 직접적이든 간접적이든 〈표준 발음법〉도 따라 들어올 수밖에 없다. 음운 단원이 화법은 아니므로 실제 발음을 생성하는 방법이나 생성하는 훈련이 학습내용으로 구성될 수는 없다. 그렇기 때문에 음운 교육에 〈표준 발음법〉이 들어오게 되면 결국 〈표준 발음법〉 규정 조항이 학습내용으로 구성될 수밖에 없는 것이다.

음운 교육 내용에 표준 발음이 들어오게 되면 무엇보다도 학습자로 하여금 어떠한 발음이 맞냐 틀리냐와 같은 규범에 입각한 이분법적 사고를 조장하게 된다. 뿐만 아니라 학습의 초점이 실재하는 음운 변동에 대한 탐구보다는 표준 발음이냐 아니냐의 정오의 학습으로 옮겨질 가능성이 높아진다. 이렇게 될 경우 표준 발음은 아니지만, 학생들의 일상적인 발음들이 잘못된 발음으로 규정되어 버리는 문제가 발생한다.[13] 자신이 일상의 생활에서 말하는 발음이 틀렸다는 인식을 강화하는 것은 교육적인 관점에서 결코 바람직하지 않다. 더욱이 교육적인 관점을 떠나서 표준 발음이 아닌 발음이 틀렸거나 잘못된 발음이 아니다. 단지 표준 발음이 아닌 것일 뿐이고, 문화적인 관점에서는 인공적인 표준 발음보다 더 중요한 문화적 자산이다.

실제 우리의 일상적인 발화에는 비표준 발음들이 수두룩하고, 그런 비표준 발음들 중에는 분포상으로 보면 특정 방언이 아니라 대부분의 지역에서 일상적으로 나타나는 것들도 많다.

(3) ㉠ 낱말[남말], 감기[강기]

---

13) 배주채(2015a:59-60)에서도 표준어의 음소 체계, 음상이 학생 자신의 밀과 다르기 때문에 결국 암기할 수밖에 없고, 규범과 현실의 어긋남에 대한 깨달음은 사회에서 법과 현실이 어긋날 수밖에 없다는 비관적 가치관의 형성으로 이어질 수 있다고 지적한 바 있다.

ⓛ 기억[기역], 비어[비여] 있다

ⓒ 작다[짝따], 좁다[쫍따]

(3)의 발음들은 비표준 발음이지만, 발화에서 일상적으로 접하는 발음들이다. 〈표준 발음법〉이 학습 내용으로 들어와 정오의 판단을 가르치게 되면, 학생들로 하여금 (3)처럼 자신이 일상적으로 사용하는 발음이 잘못되고 틀렸다는 인식을 조장할 수밖에 없다.[14] 이는 교육적으로 결코 바람직하지 않다. 학생들이 사용하는 언어와 학생들의 발음은 그 자체로 탐구의 대상으로서 가치를 가지고 있다. 또한 교육적 관점에서도 언어의 우열 즉, 표준어가 방언에 비해 그리고 표준 발음이 비표준 발음에 비해 우수하다는 식의 생각은 결코 바람직하지 않을 뿐만 아니라 문화적인 관점에서 매우 위험한 태도이다. 또한 어떤 방언이 다른 방언에 비해 우수하다는 인식을 조장하는 것도 결코 바람직하지 않다.[15]

그럼에도 『독서와 문법』 교과서 본문의 기술을 보면, 표준 발음과 표준 발음은 아니지만 실재하는 발음을 우열의 관점에서 비교 기술한 경우들이 많다.

(4) ▸〈창비〉

㉠ 젊은 세대들은 본래 예사소리였던 것을 된소리로 발음하는 경우가 있는데 이는 바른 발음이 아니므로 주의해야 한다.(p.65)

ⓛ '밥그릇', '신문'을 각각 [박끄릇], [심문]으로 발음하는 것은 잘못된 것이다. 그리고 '아기'를 [애기]라고 발음하는 것도 규정에 어긋난다. 또한 '가시'를 [까시]와 같이 된소리로 발음하는 것도 역시 올바른 발음이 아

---

14) 표준 발음 정책의 목표는 언중들이 표준 발음을 요구하는 상황에서 표준 발음을 할 수 있는 능력을 갖추도록 하는 것이지, 일상의 언어생활을 표준 발음으로 하게 하는 것은 아니다.

15) 표준 발음이 법이나 사회적 규범처럼 일상생활에서 지켜야 하는 규정은 아니다. 단지 공적 상황에서 표준 발음을 구사할 수 있는 능력을 갖추면 되는 것이다. 자신이 실제 사용하는 발음이 틀렸다는 인식은 자신이 사용하는 언어를 상대적으로 고상하고 교양 있는 언어가 아니라고 생각하게 만들고, 이는 실재하는 언어를 고사시키고 인공적인 발음인 표준 발음이 득세하는 언어 상황을 초래할 수 있다는 점에서 위험하다.

니다.(p.73)'

▸ 〈미래앤〉

㉢ 음운의 체계를 잘 이해하고 표준어에 맞는 바른 소리를 내려고 노력하여 더 정확하고 편리한 언어생활을 해야 한다.(p.64)

㉣ 음운 변동의 결과가 표준 발음인지의 여부를 분명히 따져 발음함으로써 정확하고 효율적으로 의사소통을 해야 하며, 음운 변동에 대한 이해를 바탕으로 표준 발음과 한글 맞춤법에 맞는 정확한 발음과 표기를 해야 할 것이다.(p.75)

〈창비〉의 경우(4㉠,㉡)에서 보듯이 '표준 발음 = 바른 발음', '비표준 발음 = 잘못된 발음'이라는 이분법적 대립 구도를 명확하게 드러내고 있다. 이러한 기술들은 음운 현상의 탐구라는 목표 하에서는 절대로 나타날 수 없는 것들이다. 〈미래앤〉의 (4㉢) 역시 마찬가지이다. 표준 발음이 아니면 정확하지도 않고 그런 발음은 편리하지 못한 언어생활이라는 명확한 이분법적 구도로 기술되어 있고, (4㉣)에서는 더 나아가 표준 발음인지의 여부를 분명히 따져서 발음해야 한다는 당위론적 진술로 되어 있다. 이러한 상황에서 음운 변동을 탐구하는 것은 불가능하며, 제시되는 예들은 국어 음운 변동에 대한 이해를 위한 자료로서가 아니라 단순히 표준 발음이냐 아니냐를 보여주는, 정오 판단의 자료로 기능할 뿐이다.

표준 발음은 옳고, 표준 발음이 아닌 것은 잘못된 것이라는 이분법적 구도는 학습활동 구성에서도 그대로 드러나고 있다.

(5) 〈미래앤〉 학습활동(p.76)

1. 다음 밑줄 친 단어의 잘못된 발음을 바르게 고쳐 보고, 틀리게 발음한 이유를 써 보자.

가. 닭이[다기] 먼저인지 달걀이 먼저인지 단인[다닌] 선생님과 토론하였다.

나. 꽃무늬[꼼무니] 옷을 입고 꽃구경[꼭꾸경]을 하니 내가 마치 한 송이 꽃

이 된 기분이야.

표기	잘못된 발음	바른 발음	틀리게 발음한 이유
닭이	[다기]		
담임	[다님]		
꽃무늬	[꼼무니]		
꽃구경	[꼭꾸경]		

(5)의 학습활동을 보면 학생들이 일상적으로 사용하는, 실재하는 발음을 잘못된 발음으로 규정하고, 잘못 발음하게 된 이유까지 찾도록 구성되어 있다. 이는 일상의 언어 사용을 틀린 것으로 규정하게 함으로써 학생들 스스로 자신이 사용하는 언어를 틀리고 잘못된 것으로 비하하는 상황으로까지 연결될 수 있다는 점에서 결코 바람직하지 않은 활동이다.

남가영(2014:39 각주22))은 2009 교육과정에 따른 『독서와 문법 Ⅰ』 〈미래앤〉 교과서를 대상으로 음운 변동에 대한 지식을 활용하여 규범에 맞는 발음과 그렇지 않은 발음을 구별할 수 있음을 구체적 활동을 통해 명시하였다고 하고 있다.[16] 그런데 음운 변동에 대한 지식을 활용하여 표준 발음인지 아닌지를 구별할 수 있다는 것은 음운 변동과 표준 발음간의 관계에 대한 잘못된 이해에서 비롯되었다고 볼 수밖에 없다. 〈표준 발음법〉은 국어에 실재하는 음운 변동들을 대상으로 어떤 변동은 표준 발음이고, 어떤 변동은 표준 발음이 아니라고 인위적으로 규정해 놓은 것이다. 그렇기 때문에 논리적으로 음운 변동에 대한 지식이 표준 발음 유무를 구별하는 데 활용되는 일은 일어날 수가 없다. 당연히 음운 변동에 대한 이해가 표준 발음에 맞는 언어생활을 하는 데 도움을 준다는 것 역시 논리적으로 성립할 수 없다. 둘 간의 상관관계가 있다면 그것은 〈표준 발음법〉의 규정을 이해하는 데 음운 변동에 대한 지식이 도움이 된다는 것이다.

---

16) (5)의 활동이 이에 해당하는 전형적인 예에 해당할 것이다. 〈미래앤〉의 2009 『독서와 문법 Ⅰ』이 2011 『독서와 문법』으로 넘어오면서 학습활동도 많이 바뀌었지만, 음운 변동과 〈표준 발음법〉을 연계시키는 구조의 활동은 다른 교과서들에 비해 상대적으로 많다.

음운 교육에 표준 발음이 들어오게 되면서 발생하는 두 번째 문제는 제1 목표이어야 할 음운 체계 및 음운 변동에 대한 탐구와 이해가 〈표준 발음법〉 규정을 이해하기 위한 도구적 지식으로 종속될 가능성이 높아진다는 것이다. 실제 이러한 양상이 2011 교육과정에 따른 『독서와 문법』 6종의 교과서 여기저기에서 쉽게 확인된다.

『독서와 문법』 교과서 음운 단원의 내용은 음운 체계와 음운 변동으로 나뉘어져 있는데, 순서대로 음운 체계에 관련된 교과서 진술 및 학습활동을 살펴보고, 음운 변동에 관련된 교과서 진술 및 학습활동을 살펴보겠다. 먼저 음운 체계와 관련된 교과서 진술 및 학습활동을 살펴보자.

(6) ▸〈교학사〉 국어의 단모음은 'ㅏ, ㅐ, ㅓ, ㅔ, ㅗ, ㅚ, ㅜ, ㅟ, ㅡ, ㅣ'의 10개이며, 이 중에서 ㉠'ㅚ, ㅟ'는 이중 모음으로 발음할 수도 있다.(p.68)

▸〈창비〉 표준 발음법에서는 단모음 10개를 구별하는 것을 원칙으로 하지만 지역이나 세대에 따라서 구별되지 않는 모음이 있기 때문에 ㉡모음 체계를 고려하여 정확히 발음할 수 있게 노력해야 한다. …… 젊은 세대가 자주 혼동하는 'ㅔ'와 'ㅐ'는 혀의 높낮이로 구별되므로 입을 벌리는 정도를 달리해서 발음하여 ㉢두 모음을 구별하려는 노력을 해야 한다.(p.65)

▸〈미래앤〉 한 나라에 사는 사람들끼리 음운 체계가 달라 서로 의사소통이 안 된다거나 오해가 생긴다면 큰 문제가 아닐 수 없다. ㉣조음 위치를 정확하게 하거나 혀의 높낮이를 구분하면 정확하게 발음할 수 있으므로 방언 화자는 정확한 표준어를 발음할 줄 알아야 한다.(p.64)

(6㉠)의 밑줄 친 부분은 〈표준 발음법〉의 모음 체계를 그대로 가져온 뒤 역시 〈표준 발음법〉의 허용 규정을 그대로 진술하고 있다.[17] 즉 국어의 모음체계를 설

17) 'ㅚ, ㅟ'를 이중모음으로 발음할 수도 있는 것은 표준어의 관점이고, 실제 언어에서는 단모음으

명하는 자리에서 국어의 모음 체계를 이해할 수 있는 진술이 아니라 〈표준 발음법〉의 원칙과 허용이라는 규범적 설명을 그대로 가져온 것이다. 'ㅚ, ㅟ'는 단모음으로 발음하는 경우를 듣기가 어려운 것이 현재 국어의 현실이다. 이런 현실에서 'ㅚ, ㅟ'의 발음을 탐구하는 것이 아니라, 'ㅚ, ㅟ'가 단모음이라는 당위적 진술과 이미 이중모음으로 대부분 발음하고 있는 현실에서 이중모음으로 발음할 수 있다는 진술은 음운 체계의 탐구와 이해라는 관점에서는 나올 수 없는 진술이다. 그리고 (6㉡, ㉢)의 '모음 체계를 고려하여 정확히 발음할 수 있게 노력해야 한다.', '두 모음을 구별하려는 노력을 해야 한다.', (6㉣)의 '방언 화자는 정확한 표준어를 발음할 줄 알아야 한다.'를 보면 서술어 자체가 당위론적인 진술인 '~아/어야 한다'이다. '~아/어야 한다'와 같은 진술은 음운 체계나 음운 변동을 이해한다는 목표 아래서는 나올 수 없는 진술이다. 즉 이러한 진술은 〈표준 발음법〉에 따른 정오의 판정이라는 규범적 사고에서나 나올 수 있는 진술이다.

(6)의 진술들은 국어의 모음체계를 탐구하고 이해하는 목표 하에서는 결코 나올 수 없는 것이다. (6)의 진술들은 〈표준 발음법〉 제2장 '자음과 모음' 규정의 제4항 단모음 규정에 대한 해설을 그대로 옮겨 놓은 것에 지나지 않는다. 단지 〈표준 발음법〉 제2장 제4항의 해설 내용이 음운론적 사실을 기반으로 하고 있기 때문에 마치 국어 음운 체계에 대한 설명처럼 보이는 것일 뿐이다. 결국 〈교학사〉, 〈창비〉, 〈미래앤〉의 『독서와 문법』 교과서의 기술 태도는 국어 음운 체계에 대한 탐구와 이해가 중심이 아니라, 실질적으로는 〈표준 발음법〉의 단모음 체계—10모음 체계와 [붙임]의 8모음 체계—를 가르치는 것이 중심임을 확인할 수 있다.[18)]

탐구는 귀납적 사고를 통해 사실에 접근하는 활동이다. 그런 점에서 국어 음운

로 발음하는 지역과 세대가 일부 있을 뿐, 대부분의 지역과 세대에서 /ㅚ/, /ㅟ/는 이중모음이다.

18) 〈지학사〉, 〈비상〉은 다른 4종의 교과서에 비해 상대적으로 음운 체계 및 음운 변동에 대한 이해 중심으로 내용 및 학습활동이 구성되어 있다.

체계의 탐구와 이해라는 목표 하에서는 표준 발음이냐 아니냐의 정오를 판정하는 학습활동이 구성될 수 없다. 그렇기에 만일 이러한 학습활동이 구성된다면 그것은 〈표준 발음법〉 지식에 대한 학습활동일 수밖에 없다. 그리고 그러한 학습활동에서는 음운론적 지식이 〈표준 발음법〉을 가르치기 위한 도구적 지식으로 전락하게 된다. 실제 『독서와 문법』 교과서 중에는 이런 방식으로 학습활동이 구성된 경우들이 있다.

(7) 〈미래앤〉 학습활동(p.65)

2. 다음 자료를 읽고, '의'의 발음에 대해 탐구해 보자.

의사, 나의 조국, 민주주의의 의의

(1) 밑줄 친 '의'를 각자 발음해 보고 친구들과 그 발음을 비교해 보자.

(2) 다음 규정을 참고하여 정확한 발음이 무엇인지 말해 보자.

〈'표준어 규정'의 '표준 발음법' 제5항〉

다만 4. 단어의 첫음절 이외의 '의'는 [ㅣ]로, 조사 '의'는 [ㅔ]로 발음함도 허용한다.

(7)의 경우 활동 2-(1)은 음운 현상에 대한 탐구이지만, 이어서 활동 2-(2)가 바로 나오기 때문에 활동 2-(1)은 결국 활동 2-(2)를 위해 필요한 도구적 성격을 띠게 된다. 2-(2)의 '정확한 발음'은 당연히 표준 발음을 말한다. 따라서 2-(1)의 음운론적 지식은 결국 〈표준 발음법〉을 습득하기 위한 도구적 지식으로 전락하게 되는 것이다. '의' 발음에 대한 탐구가 목표라면, '의'의 발음이 왜 다양하게 나타나는지가 학습활동으로 구성되어야 한다. 그런 점에서 결국 (7)의 학습활동은 〈표준 발음법〉 규정을 가르치기 위한 학습활동일 뿐이다.

다음으로 음운 변동에 관련된 교과서 기술 및 학습활동을 살펴보자. 이 역시 음운 변동에 대한 탐구와 이해가 중심이 아니라, 음운 변동에 대한 지식이 〈표준 발음법〉 규정의 학습을 위해 필요한 도구적 지식으로 전락하고 있음을 확인할 수 있다. 다시 말해 음운 변동에 대한 이해와 탐구가 초점이 아니고, 〈표준 발음법〉 규정을 학습시키는 데 초점이 놓여 있다.

(8) ▸〈창비〉 국어는 음운의 변동이 다양하게 나타나기 때문에 ㉠변동의 규칙과 예를 잘 알아야 맞춤법에 맞게 표기하고 정확하게 발음할 수 있다.(p.73)
▸〈미래앤〉 우리 주변을 살펴보면 ㉡표기 규칙에 따르지 않고 소리 나는 대로 적거나, 음운 변동을 잘못 이해하여 한글 맞춤법과 괴리를 보이는 경우를 흔히 찾아볼 수 있다.('많이'를 마니, '좋은'을 '조은', '낫다'를 '낳다') …… 그런가 하면 ㉢음운 변동 현상을 잘못 적용해 표준 발음법에서 벗어난 발음을 하는 경우도 많다.('끝을'을 [끄츨], '월요일'을 [월뇨일]) (p.75)

(8)의 설명은 표현은 다르지만 요약하면, '음운 변동을 잘 이해해야 정확한 발음을 할 수 있고, 또한 정확한 표기를 할 수 있다.'이다. 여기서 '정확한 발음'은 〈표준 발음법〉에 따른 표준 발음을 말한다. 즉 음운 변동을 탐구하고 이해하는 것이 목표가 아니라, 표준 발음에 맞는 발음을 하는 것과 맞춤법에 맞는 표기를 하는 목표이다. 이러한 목표를 달성하는 도구적 수단으로 음운 변동을 이해하는 것이다. 이는 앞서도 언급한 것처럼 본말이 전도된 것이다. 이는 음운 교육이 아니라 어문 규범 교육이다. 〈표준 발음법〉에 맞게 발음하게 하고 〈한글맞춤법〉에 맞게 표기하게 하는 것이 목표인 교육을 음운 교육이라고 할 수는 없기 때문이다. 이러한 상황에서 음운 변동에 대한 이해는 단지 〈표준 발음법〉을 학습시키기 위해 필요한 도구에 지나지 않는다. 그렇기에 국어 음운 변동에 대한 탐구와 이해가 제대로 될 리가 없다. 이는 학습활동 구성에서도 확인할 수 있다.

(9) 〈교학사〉 학습활동(p.78)

1. 다음 단어의 실제 발음을 적어보고, 이들이 표준 발음법의 어떤 규정에

해당하는지와 어떤 음운 변동 현상이 적용되었는지를 알맞게 연결해 보자.

단어의 발음	표준 발음법 규정	음운 변동
많고[　]	제8항 …	비음화
⋮	⋮	⋮

(9)의 학습활동은 〈표준 발음법〉의 규정이 음운 변동의 어떤 현상과 관련되어 있는지를 이해하는 구조로 되어 있다. 음운 변동을 탐구하고 이해하기 위해 〈표준 발음법〉 규정에 대한 지식이 필요한 것은 아니므로 당연히 이 활동의 초점은 〈표준 발음법〉 규정의 습득에 있다고 볼 수밖에 없다.

음운 변동을 이해한다고 해서 표준 발음을 하고 〈한글맞춤법〉에 맞게 쓸 수 있는 것은 아니다. 표준 발음은 음운 변동의 이해 없이도 이미 정해져 있는 정오를 암기해도 된다. 특별히 음운 변동을 이해한다고 해서 표준 발음을 더 잘 하는 것도, 표준 발음을 더 많이 하는 것도 아니다.[19] 표준 발음을 가르치는 것이 주된 목표라면, 이는 굳이 음운 변동을 통해서 가르칠 필요는 없다. 앞서도 말했지만, 〈표준 발음법〉의 규정 조항을 알아야 표준 발음을 할 수 있는 것은 아니다. 표준 발음을 하는 화자에게 자신의 발음이 〈표준 발음법〉 몇 조 몇 항의 규정에 따른 것이냐고 물었을 때 대답할 수 있는 사람이 거의 없다는 사실에서 이를 쉽게 확인할 수 있다. 그렇기 때문에 표준 발음을 위해 〈표준 발음법〉 규정을 음운 단원에서 음운의 변동과 연계시켜 가르쳐야 할 이유는 없다.

표준 발음은 앎의 대상일 수는 있어도 탐구와 이해의 대상은 아니다. 왜냐하면 표준어가 인공어이고, 표준 발음 역시 인위적으로 이렇게 발음하라고 정한 인위

19) 표기와의 관계도 마찬가지이다. 음운 변동을 이해한다고 해서 맞춤법에 맞게 표기할 수 있는 것이 아니다. 맞춤법은 맞춤법대로 암기해야 하는 대상이다. 맞춤법 규정 조항을 이해하면 그렇지 못할 때보다 맞춤법에 맞게 더 잘 표기할 수는 있을 것이다. 그러나 맞춤법을 잘 이해하는 것과 국어 문법에 대한 탐구나 이해를 잘 하는 것 사이에 실질적인 인과관계는 없다.

적 발음이기 때문이다. 그렇기에 표준 발음은 그렇게 발음해야 하는 의무가 부과된 대상일 뿐, 탐구의 대상으로서는 부적절하다. 이미 답이 정해져 있고 다른 가능성이 완전히 봉쇄된 것을 굳이 탐구해야 할 필요도 없거니와, 어차피 표준 발음의 목표는 표준 발음을 하는 것이지 〈표준 발음법〉을 이해하는 것은 아니다. 그렇기에 〈표준 발음법〉을 음운 변동에서 음운 변동의 탐구 및 이해와 함께 제시하는 것은 전혀 이질적인 두 성격을 것을 억지스럽게 기계적으로 병합시켜 놓은 것에 지나지 않는다.

4. 결론

언어학은 언어 현상을 탐구하는 것이고, 이를 통해 궁극적으로는 인간을 이해하는 것이다. 이러한 사실을 부정하지 않는 한 문법 교육의 제1 목표가 국어 문법 현상에 대한 탐구와 이해여야 하는 것은 자명하다.[20] 평행한 맥락에서 문법의 하위 분야인 음운 교육의 제1 목표 역시 국어 음운 체계 및 음운 변동에 대한 탐구와 이해여야 한다.

그런데 개정 7차 교육과정에서부터 표준 발음이 음운 교육 안으로 들어오기 시작하여 2011 교육과정에서는 표준 발음, 〈표준 발음법〉이 음운 단원의 학습 내용 안으로까지 들어와 버렸다. 표준 발음은 정오의 지식을 필요로 하는 것인 반면, 음운 체계 및 음운 변동은 분석과 탐구적 사고를 필요로 하는 것이다. 이런 점에서 표준 발음 교육과 음운 교육은 본질적으로 서로 다르다. 그럼에도 〈표준 발음법〉이 음운 체계 및 음운 변동과 하나의 단원 안에서 함께 다루어지는 것은 서로 통합될 수 없는 이질적인 두 사고를 억지스럽게 우겨 봉합한 것과 다르지 않다.

20) 일상적으로 교육과정에서 '문법'이라고 할 때의 문법은 국어학을 가리키는 개념으로 사용하고 있다. 국어학의 하위 분야로서 문법이 아니다.

표준 발음을 설명하는 〈표준 발음법〉 규정의 기술은 음운론적 지식으로 이루어져 있다. 하지만 〈표준 발음법〉이 국어 음운 현상을 탐구하기 위한 재료일 수는 없다. 〈표준 발음〉이 실재하는 발음이 아니라 인위적으로 제정한 인공적인 발음이기 때문이다. 그것은 진짜를 두고 가짜를 탐구하는 것과 다르지 않다. 국어 음운 체계 및 음운 변동의 탐구와 이해라는 음운 교육의 목표와 '~해야 한다.'로 진술될 수밖에 없는 표준 발음 교육의 목표는 상호 합일될 수 없는, 본질적으로 다른 성격의 것이다. 그렇기에 음운 교육에서 표준 발음과 관련된 부분이 분리되어 나와야 한다. 그리고 그럼으로써 탐구와 이해라는 제대로 된 음운 교육이 가능해질 수 있다.

Ⅲ. 학교 문법에서 /ㅎ/ 기술의 문제점과 /ㅎ/의 음운론적 성격

1. 서론

학교 현장에 있는 교사들로부터 자주 받는 질문 중의 하나가 /ㅎ/가 평음이냐 유기음이냐 하는 문제이다. 처음에는 왜 이런 질문을 하는지 의아했지만, 문법 교과서에서의 /ㅎ/에 대한 기술을 검토하면서 이런 질문이 제기될 수밖에 없다는 것을 알게 되었다. 국어 음운론 개론서에서조차도 /ㅎ/가 자음체계에서 유기음으로 분류된 경우도 있고, 평음으로 분류된 경우도 있다. 이런 상황에서 학교 문법 기술에서 /ㅎ/의 음운론적 성격에 대한 혼란은 지극히 당연한 결과일 수도 있다.

국어에서 마찰음 /ㅎ/는 음성학적으로 유기성의 정도가 유기음 /ㅍ, ㅌ, ㅊ, ㅋ/에 비해 상대적으로 약하다.[1] 이러한 /ㅎ/의 음성적인 특성에만 초점을 두게 되면 /ㅎ/를 평음으로 볼 여지가 생기기도 한다. 그러나 /ㅎ/가 평음인 /ㅂ, ㄷ, ㅈ, ㄱ/보다 유기성이 강한 것 또한 분명한 사실이다.[2] /ㅎ/의 이러한 특성으로 인해 학교 문법에서의 /ㅎ/에 대한 기술도 다른 자음들과 달리 명료하지 않을 뿐만 아니라 검정 교과서별로 차이가 있다. 학교 문법에서 /ㅎ/가 평음이냐 유기음이냐

1) 유 · 무성으로 대립하는 언어에서는 무성음만이 유기성을 가지지만, 평음 · 경음 · 유기음으로 대립하는 국어의 경우 평음과 유기음 모두 유기성이 있다. 그래서 국어에서 평음과 유기음의 유기성은 상대적인 개념이다. 즉 평음에 비해 유기음의 유기성이 더 강하다.

2) 국어에서 /ㅎ/는 다른 자음에 비해 상대적으로 복잡한 특성을 가진 음소이다. 조음위치상으로 다른 자음에 비해 변이음의 영역이 양순 위치에서부터 후두까지 넓게 걸쳐 있다. 즉 가장 앞쪽의 양순 위치의 [ɸ]('휘파람'의 'ㅎ')에서부터 경구개 [ç]('힘'의 'ㅎ'), 연구개 [x]('흙'의 'ㅎ'), 후두 [h]('하늘'의 'ㅎ')까지 넓게 분포해 있다. 물론 음운론적으로는 모두 /h/로 인식한다.

하는 문제는 그 자체도 문제이지만, 설명의 일관성이라는 측면에서도 문제가 될 수 있다.[3] /ㅎ/를 평음이라고 할 때는 /ㅎ/가 보이는 음운 현상 중에서, 특히 /ㅎ/ 축약을 설명할 때 문제를 야기하기 때문이다.

본고에서는 먼저 학교 문법 내용에서 /ㅎ/가 어떻게 기술되고 있는지 2009 교육과정을 반영한 『국어』 11종, 2011 교육과정을 반영한 『독서와 문법』 6종을 대상으로 그 실상을 분석할 것이다. 그리고 학문 문법에서 /ㅎ/가 어떻게 기술되고 있는지도 살펴볼 것이다. 이를 통해 국어 음운론에서 /ㅎ/의 음운론적 성격을 다시 한 번 분명히 확인하고자 한다.

2. /ㅎ/에 대한 학교 문법 기술의 문제점

2017년 현재 사용되고 있는 고등학교 『국어』 11종, 『독서와 문법』 6종 교과서의 자음체계 분류에서 /ㅎ/는 평음으로 분류되어 있다. 이는 교육을 전제한 학교 문법의 관점에서 볼 때 내용이 통일되어 있어서 바람직하다고 할 수도 있다.[4] 실제 이것이 학문 문법의 일반적인 견해에 기반한 것이라면 특별히 문제 삼을 만한 것이 못 된다. 그러나 만일 그렇지 못하다면 이는 문제가 된다.

학문 문법에서 /ㅎ/가 평음이냐 유기음이냐 하는 것은 갈등이 있는 문제이다. 국어 음운론 개론서의 경우에도 개론서에 따라 자음체계에서 /ㅎ/를 평음으로 분류한 것도 있고, 유기음으로 분류한 것도 있다. 따라서 2017년 현재 사용되고 있는 『국어』 11종, 『독서와 문법』 6종 교과서가 자음체계 분류에서 /ㅎ/를 모두 평음으로 기술하고 있는 것이 적어도 학문 문법의 정설에 기반한 것이라고 할 수는 없다. 3장에서 자세히 살펴보겠지만, 학문 문법에서 /ㅎ/의 음운론적 특성에 대

3) 국어 어문 규정에서 /ㅎ/와 관련된 내용의 문제점에 대해서는 이상신(2013)에서 전반적으로 다룬 바 있다.

4) /ㅎ/를 평음으로 분류함으로써 발생하는 문제에 대해서는 3장에서 자세히 다루기로 하겠다.

한 일반론적인 견해는 평음이 아니라 오히려 유기음이라고 보아야 한다. 이러한 상황에서 검정 교과서임에도 불구하고 모든 교과서가 획일적으로 /ㅎ/를 자음체계에서 평음으로 분류하고 있다는 것은 여기에 어떤 외부적인 요인이 작용했을 가능성을 의심하게 한다.

물론 교육을 전제로 한 학교 문법의 특성상 학문 문법에서 갈등이 있는 주제를 교육 내용으로 선정해야 할 경우 갈등 양상 자체를 기술할 수도 있겠지만, 어느 한 쪽의 견해를 취사선택하여 기술할 수도 있다. 『국어』 11종, 『독서와 문법』 6종 교과서 모두에서 /ㅎ/를 자음체계에서 평음으로 분류한 것을 이런 관점에서 봐 줄 수도 있다. 그러나 /ㅎ/가 자음체계상에서 평음으로 분류된 이유가 학문적인 관점이 아닌 다른 곳에 있다면 얘기는 달라진다. 앞서도 언급했지만 학문적으로 /ㅎ/를 자음체계에서 평음으로 분류한 경우도 있지만, 그 경우에도 /ㅎ/ 축약을 설명할 때는 한결같이 /ㅎ/를 유기음으로 설정하고 있다. 이러한 사실을 종합해서 볼 때 음운론적으로는 /ㅎ/를 유기음으로 보는 것이 일단 내용 기술의 정합성이라는 측면에서는 낫다고 하겠다.[5]

그렇다면 왜 국어』 11종, 『독서와 문법』 6종 모두가 /ㅎ/를 자음체계에서 평음으로 분류하고 있는 것인가? 그 이유를 분석해 보면, 그것은 국정 체제의 교과서에서 잘못 기술된 내용을 검정 체제의 교과서에서 수정하지 않고 그대로 가져다 쓴 결과임을 확인할 수 있다. 여기서 국정 체제의 교과서는 제7차 교육과정에 따라 2002년에 서울대학교 국어교육연구소에서 개발된 고등학교 『문법』에서의 자음체계 분류를 말한다.[6] 『문법』(2002)의 자음체계에서 /ㅎ/와 관련된 마찰음 부분만 옮기면 (1)과 같다(p.61).

5) 이에 대해서는 3장에서 구체적으로 설명하고 있으므로 3장의 내용을 참고하기 바람.
6) 이하에서부터는 『문법』(2002)으로 칭함.

(1)

		윗잇몸, 혀끝	……	목청 사이
마찰음	예사소리	ㅅ		ㅎ
	된소리	ㅆ		

(1)의 표에서 /ㅎ/는 절대로 유기음으로 해석될 수는 없다. 본문 내용을 보면, /ㅎ/를 후음의 마찰음이라고는 명시적으로 기술하고 있지만, 그렇다고 /ㅎ/가 평음이라는 명시적인 기술은 없다. 다시 말해 『문법』(2002)에서는 /ㅎ/를 유기음으로 분류하지는 않았지만, 그렇다고 명시적으로 평음이라고 기술하지도 않음으로써 사실상 평음이냐 유기음이냐 하는 판정을 회피하고 있다. (1)에서 예사소리와 된소리의 구분선을 두지 않으면서 시각적으로 예사소리의 위치에 /ㅎ/를 둔 것은 회피의 결과적 반영이면서, /ㅎ/를 유기음보다 평음으로 분류하고자 하는 의도가 반영된 시각적 속임수와 같다. 아무튼 음성학적으로든 음운론적으로든 /ㅎ/가 결코 된소리일 수는 없다. 따라서 비록 『문법』(2002)에서 /ㅎ/가 평음인지 유기음인지에 대한 명시적인 판단을 회피하긴 했지만, 맥락상으로는 유기음이라는 명시적인 판정을 하지 않았으므로 평음(예사소리)으로 분류한 것으로 보는 게 맞을 것이다.

그런데 자음체계에서 /ㅎ/를 평음으로 분류한 것은 이어서 나오는 음운의 변동 단원에서 축약을 설명할 때의 내용과 정합성에 문제를 일으킨다. 『문법』(2002)에서 "'ㅂ, ㄷ, ㅈ, ㄱ'과 'ㅎ'이 서로 만나면 'ㅍ, ㅌ, ㅊ, ㅋ'이 된다. 이와 같이 두 음운이 합쳐져서 하나의 음운이 되는 것을 축약(縮約)이라고 한다(『문법』(2002) p.71)."라고 기술되어 있는데, /ㅍ, ㅌ, ㅊ, ㅋ/은 유기음이다. 앞서 자음체계에서 /ㅎ/를 평음으로 분류한 것에 입각해서 이 기술을 해석하면, 평음인 /ㅎ/와 평음인 /ㅂ, ㄷ, ㅈ, ㄱ/가 결합하여 유기음이 된다는 이상한 설명이 된다. 평음과 평음이 결합하여 유기음이 되는 것은 음성학적으로도, 음운론적으로도 기이한 일이기 때문이다. 이러한 상황은 『국어』, 『독서와 문법』 교과서 모두에서 벌어지고 있다.[7] 평음인 /ㅂ, ㄷ, ㅈ, ㄱ/가 어떤 소리 x와 축약되어 유기음이 되려면, 물리적으로 x는 유기음이어야만 하며, 당연히 논리적으로도 x는 유기음이어야 한다. 따라서 자음체계에서 /ㅎ/를 평음으로 분류하고, /ㅎ/ 축약을 유기음화(거센소리되기)로 설명하는 것은 전후 내용이 서로 정합적이지 않은 문제를 야기할 수밖에 없다.

『문법』(2002)에서 /ㅎ/와 관련된 일련의 내용 기술에서 이러한 문제가 야기된 원인으로 음운 영역의 내용이 음운론 전공자에 의해 집필되지 않은 사실을 들지 않을 수 없다. 신지영(2006:32-33)에서 이미 지적한 바 있듯이, 이유는 알 수 없지만 『문법』(2002)의 집필진에는 음운론 전공자가 한 명도 포함되어 있지 않았다. 또한 교육 과정 및 교육 과정 해설서 역시도 비전공자에 의해 음운 부분이 집필되었다. 당연히 이로 인해 부적절하거나 잘못된 것들이 여기저기에서 발견된다.

한 예만 들어보면,『문법』(2002) 자음체계에 대한 탐구활동에 "2. 영어의 자음 [g], [d], [b]를 위의 표에 넣으려면 위의 표를 어떻게 고쳐야 하는지 함께 생각하여 보자(p.61)."가 있다. 그런데 음운론 전공자가 집필했다면 적어도 이런 활동을 구성하지는 않았을 것이다. 왜냐하면 '예사소리-된소리-거센소리'로 구분된 국어 자음체계 표를 본문에서 학습한 학생들에게 전혀 인식할 수도 없는 유성 자음 [b, d, g]를 넣기 위해 자음체계 표를 고치는 활동을 한다는 것은 국어 음운 체계에 대한 이해와는 전혀 상관이 없기 때문이다. 더군다나 영어의 유성 자음 배열 순서도 [g] - [b] - [d]로 제시되어 있는데, 음운 체계를 말할 때는 조음위치 순서인 [b] - [d] - [g]로 제시하는 것이 상식이다.

평행한 문제가 7차 교육과정 해설서에서도 발견된다(p.276).

---

7) '거센소리(유기음)인 'ㅍ, ㅌ, ㅊ, ㅋ'이 된다'처럼 명시적으로 거센소리(유기음)를 적시하지 않고 'ㅂ, ㄷ, ㅈ, ㄱ'이 'ㅎ'과 만나 'ㅍ, ㅌ, ㅊ, ㅋ'으로 된다는 식으로 기술한 경우도 있다.

(2) (가) 음운의 체계와 변동

① 음성과 음운에 대하여 이해한다.

…… 개별 언어를 발음하는 음성은 무수히 많지만 음운은 한정되어 있다. 음운은 말의 지적 의미를 구별하여 주는 기능을 가진 소리의 단위이다. 음운은 음소와 운소로 구분된다. 음소는 분절 음소를 말하고, 운소는 소리의 길이나 높이, 또는 세기와 같이 분절 음소에 얹히는 덧음소(비분절 음소)를 말한다.

상식적인 얘기이지만 '음운'이나 '음소'나 둘 다 영어 'phoneme'의 번역어일 뿐이다. 그럼에도 '음운'과 '음소'를 구분하면서, '음운'을 '음소'와 '운소'의 상위로 기술하고 있다. 더 문제는 (2)의 정의에 따른 '운소'는 '음운'의 하위어이므로 변별적 기능을 가진 단위이어야 한다. 그런데 정작 운소로 제시하고 있는 것 중에 '높이', '세기'도 있는데, '높이', '세기'는 국에서 변별적 단위가 아니다. 변별적 단위가 아니므로 정의상 음운이 아니다. 운소가 음운의 하위어이므로 (2)의 설명에 따르면 운소로 분류된 것들은 모두 음운이 되어야 함에도 음운이 아닌 '높이', '세기'를 운소로 설명하고 있는 것이다. 당연히 앞뒤의 내용이 정합적이지 않다.[8)]

운소는 영어 suprasegmental phoneme의 번역어로 '초분절 음소'로 번역하기도 하는데, suprasegmental phoneme은 suprasegmental units 중에서도 변별적 기능을 하는 것을 말한다. 따라서 (3)의 운소의 정의는 suprasegmental phoneme이 아니라 suprasegmental units에 대한 설명이고, 국어의 운소에는 음장과 성조(방언에 따라)만 있으므로 국어의 음운의 정의에 맞지 않다. 이러한 문제 상황과, 집필 과정에 음운론 전공자가 참여하지 않았다는 사실 간에 관련성이 없다고 보기 어려울 것이다.

---

8) 음운의 하위어 음소를 분절 음소라고 한 것은 분절음 중에서 변별적 기능을 하는 것을 가리키므로 문제가 없다.

/ㅎ/와 관련된 『문법』(2002)의 내용은 이후 검정 교과서들에 수정되지 않은 채 대체로 그대로 이어진다. 2009 교육과정 『국어』 11종[9], 2011 교육과정 『독서와 문법』 6종에서의 /ㅎ/가 자음체계상에서 어떻게 분류되고 있는지를 보이면 (3)과 같다.

(3) 『국어(상)』(2009 교육과정) 11종에서 /ㅎ/의 분류[10]

가. (1)처럼 분류 : 교학사, 미래앤, 해냄에듀, 두산동아, 천재(김종철 외), 신사고, 비상(우한용 외), 천재(박영목 외)[11]

나. 명시적으로 예사소리로 분류 : 지학사, 비상(한철우 외), 창비

(4) 독서와 문법』(2011 교육과정) 6종에서 /ㅎ/의 분류

가. (1)처럼 분류 : 미래엔, 비상, 지학사

나. 명시적으로 예사소리로 분류 : 교학사, 천재, 창비

(3가), (4가)에서 '(1)처럼 분류'했다는 것은 평음인지 유기음인지에 대해 명시적으로 언급하지는 않았지만, 실질적으로는 평음으로 해석되게 분류했다는 의미이다. 명시적으로 /ㅎ/를 평음으로 기술한 경우는 『국어(상)』에서 3종, 『독서와 문법』에서 3종이다.[12]

---

9) 음운 체계는 11종 모두 『국어』(상)에서 다루고 있다.

10) 2007 개정 교육과정을 반영한 9학년 『국어』 검정 교과서들은 여기서 포함하지 않았지만, /ㅎ/가 평음인지 유기음인지에 대한 판단은 마찬가지로 대부분 유보하고 있다. 2007 개정 교육과정을 반영한 9학년 『국어』 검정 교과서들에 대한 전반적인 검토는 이상신(2014:219-221)에서 이루어진 바 있으므로 이를 참조할 수 있다.

11) 해냄에듀, 천재(박영목 외) 2종의 경우에는 본문에 자음체계 표가 없어서 정확히 (1)과 일치한다고 단언할 수는 없다. 예사소리로 규정한 기술이 전혀 없으면서, 목청소리의 마찰음이라는 것만 명시적으로 밝히고 있어 (1)의 유형에 해당하는 것으로 분류하였다.

12) 2009 교육과정에 따른 『독서와 문법 Ⅰ』에서는 〈천재〉, 〈비상〉, 〈지학사〉에서 /ㅎ/를 명시적으로 평음으로 기술하였다. 그런데 2011 교육과정에 따른 『독서와 문법』에서는 〈천재〉는 똑같이 평음으로 분류한 기술한 반면, 〈비상〉과 〈지학사〉는 (1)처럼 판단 유보로 전환하였다. 이러한 사실도 /ㅎ/의 음운론적 성격에 대한 혼란의 단면을 그대로 보여주는 사례라고 할 수 있다.

문제는 이렇게 된 이유가 『문법』(2002)와 무관하지 않다는 점이다. 즉 『문법』(2002)에서의 문제가 수정될 수 없는 구조적인 문제가 있었다. 주지하다시피 검정 교과서에서 문법 영역의 경우 국정이었던 『문법』(2002)과의 일치 여부가 암묵적으로 검정의 기준이 되었다. 물론 공식적으로 『문법』(2002)와의 내용 일치 여부가 당시 검정의 기준임을 명시적으로 밝히거나 적시한 적은 없다. 그렇지만 이는 이진호(2012:38-39)에서도 지적한 바 있듯이 이 분야에 있는 사람이라면 누구나 알고 있는 사실이다. 실제 검정 체제의 『국어』, 『독서와 문법』 교과서의 문법 영역 내용이 국정이었던 『문법』(2002)과 대체로 일치하며, 『문법』(2002)의 틀을 벗어났다고 할 만한 내용을 찾기 어렵다.

여기서 검정으로 개발된 『국어(상)』 11종, 『독서와 문법』 6종의 교과서가 모두 똑같이 /ㅎ/를 유기음으로 분류하지 않은, 다시 말해 평음으로 분류하고 있는 이유를 확인할 수 있다. 즉 그것은 이들 검정 교과서들이 모두 검정 기준을 충족하기 위해 『문법』(2002)의 내용을 그대로 준용했기 때문이다. 그렇지 않고서는 이렇게 많은 검정 교과서들이 모두 똑같이 /ㅎ/를 유기음으로 분류하지 않은 이유를 설명할 방법이 없다. 왜냐하면 3장에서 자세히 살펴보겠지만, 학문 문법에서 /ㅎ/는 유기음으로 해석하는 것이 더 일반적이기 때문이다. 결론적으로 1차적으로는 『문법』(2002)에서 /ㅎ/의 분류가 잘못된 것이었고, 이러한 잘못된 내용이 수정되지 않고 오히려 검정의 기준이 되면서 잘못된 기술이 반복 재생산되었다고 하겠다.

검정 교과서들에서 /ㅎ/를 유기음으로 분류하지 않은 또 다른 이유에는 검정의 기준이 된 교육과정 자체의 내용도 한 몫을 하고 있다. (5)는 2009 및 2011 선택 교육과정 〈국어 Ⅰ〉에서 국어 음운 체계의 특징을 기술한 부분이다.

(5) [문법] (10) 음운과 음운 체계를 이해하고 교양 있는 발음 생활에 대해 알아본다.

국어 음운 체계의 특징을 다른 언어와 비교하여 자음은 파열음과 파찰음에

'예사소리-된소리-거센소리'의 구분이 있고, 유·무성의 대립이 없다든지 하는 것도 알아볼 수 있다.

이 부분은 앞서 이상신(2014:221)에서도 지적한 바 있듯이 (5)의 내용만 보면 '예사소리-된소리-거센소리'의 구분이 파열음과 파찰음에만 있는 것으로 읽힌다. 마찰음이 빠져 있으므로 마찰음에는 '예사소리-된소리-거센소리'의 구분이 없는 것으로 해석될 수 있다. 그러나 마찰음에도 예사소리 /ㅅ/, 된소리 /ㅆ/, 거센소리 /ㅎ/의 구별이 있다. 다만 /ㅅ, ㅆ/와 /ㅎ/는 조음방식에서는 같은 마찰음이지만, 조음위치가 서로 다르다. 그래서 동일 조음위치 내에서 '예사소리-된소리-거센소리'의 구별이 있는 파열음 /ㅂ, ㄷ, ㄱ/, 파찰음 /ㅈ/와 차이는 있다. 이러한 사실이 (5)와 같은 기술을 하게 했을 여지는 있다. 그러나 설령 (5)의 기술을 관대하게 해석해서 동일 조음위치 내에서의 대립을 말한 것으로 봐 준다고 하더라도 /ㅅ/와 /ㅆ/의 대립은 동일 조음위치 내에서 '예사소리-된소리'의 구분이므로 문제가 된다. 어찌 되었건 (5)의 기술은 국어의 음운 체계에 대한 사실 관계를 제대로 기술하지 못했다는 비판을 피할 수는 없다. 나아가 국어 음운 대립에 대한 사실 관계가 왜곡되어 받아들여질 수 있는 여지를 제공하고 있기도 하다.

교과서 검정이 경쟁 구조에서 이루어지는 상황에서 검정 교과서 집필자들에게 검정 기준의 준수 여부는 매우 민감한 문제이다. 이러한 상황에서 검정 기준과 다른, 소신 있는 집필을 하기는 현실적으로 어렵다. 『문법』(2002)와의 내용 일치 여부가 암묵적이지만 검정 교과서 집필자들에게 실질적으로 검정의 기준이 된 상황에다, 교육 과정에서도 (5)처럼 안내하는 상황에서 /ㅎ/에 대한 처리는 『문법』(2002)의 내용을 준용하는 방향으로 결정하는 것이 안전하다고 판단할 수밖에 없었을 것으로 보인다. 2009, 2011 교육과정에 따른 검정 교과서들에서 /ㅎ/를 자음체계 분류에서는 평음으로, 음운의 변동에서는 유기음으로 기술하는, 정합적이지 않은 상태가 초래된 것은 바로 이러한 이유 때문이었다고 하겠다.

3. 유기음 /ㅎ/의 정립과 내용 기술의 정합성

일반언어학의 음운론 개론서에서 /h/는 조음위치상으로는[13] 후음, 조음방식상으로는 무성 마찰음으로 기술되어 있다. 그런데 /h/가 유기성(aspiration)을 가지고 있는 음소냐 아니냐에 대해서는 특별히 언급하지 않은 경우가 대부분이다. 예컨대 음운론 개론서인 Chomsky & Halle(1968)[14], Hyman(1975), Lass(1984)[15], Spencer(1996) 등에서 보면 후음의 마찰음이라는 기술은 있지만, 유기성 유무에 대한 언급은 없다. 음성학에서도 Clark & Yallop(1990)의 경우 자질 분류 체계에서 유기성과 관련된 자질이 아예 설정되어 있지 않다. 영어 음성학을 다룬 전상범(1995:174)에서도 무성 성문 마찰음으로만 기술하고 있을 뿐 유기성 유무에 대해서는 언급하고 있지 않다.[16]

/h/를 명시적으로 [+aspirated]라고 기술한 경우로는 Shane(1973:32), 김영석(1993:105) 등을 들 수 있다. 이처럼 /h/를 유기음이라고 명시적으로 기술한 경우도 많지 않지만, 또한 명시적으로 유기음이 아니라고 한 경우도 찾기 어렵다. 그러나 일반언어학의 음운론 개론서에서 /h/를 명시적으로 유기음이라고 하

13) 조음위치와 관련해서는 기본적으로 후음이면서 변이음의 조음역이 넓은 것으로 보는 입장과, 송하균(1995), 이문규(1999)처럼 조음위치가 정해져 있지 않다고 보는 입장으로 나뉜다.

14) Chomsky & Halle(1968:301-303)에서는 /h/를 활음 /y, w/와 함께 [-consonantal]로 분류하였기 때문에 유기성 유무에 대한 기술이 당연히 없다. 이 영향으로 한때 국어 음운론에서도 /ㅎ/를 활음으로 분류하기도 하였다(이승재 1980, 최명옥 1982 등). 하지만 이후 /h/가 /y, w/와 자연부류를 이룰 수 없다는 비판이 제기되면서 [+consonantal]로 분류하는 것이 일반적이다.

15) Lass(1984:91)는 유기성(aspiration)을 'tenseness'와 관련되어 있는 것으로 설명하고 있다.

16) 정국(1994:71)은 [aspirated] 자질과 [spread glottis] 자질을 구분하고 있다. 즉 [+spread glottis]는 [+aspirated]보다 범위가 넓다는 것이다. 그래서 [+aspirated]가 강한 기음성을 가진(strongly aspirate) 자음—폐쇄음 및 폐찰음—만을 가리키는 데 비해, [+spread glottis]는 강한 기음성뿐만 아니라 약한 기음성을 가진(slightly aspirate) 음들(예: 국어의 ㅂ, ㄷ, ㄱ, ㅈ) 및 [h]음을 가리킨다.'고 기술하고 있다. 이러한 기술은 /h/를 평음에 가깝게 해석하고 있는 경우라 할 수 있다.

지 않았다고 해서 /h/를 평음이라고 하는 것은 아전인수격 해석이다. 왜냐하면 '평음 : 경음 : 유기음'의 3지적 상관속을 가지고 있는 국어와 달리, '유성 : 무성'의 2지적 상관속을 가진 영어를 비롯한 인구어의 경우, 유기성이 변별 자질이 아니기 때문에 유기성 유무에 대한 설명은 굳이 중요한 문제가 아니기 때문이다.

국어 음운론 개론서에서 /ㅎ/는 평음으로 기술된 경우도 있고, 유기음으로 기술된 경우도 있다. 일반언어학에서의 기술과 달리 어쨌든 국어 음운론, 음성학 개론서에서는 /ㅎ/에 대한 유기성 유무, 즉 평음인지 유기음인지에 대해 언급을 하고 있다. 이는 비록 후음 위치에 음소가 /ㅎ/ 하나밖에 없지만, 각 조음위치별로 '평음 : 경음 : 유기음'의 대립이 있기 때문에 /ㅎ/에 대해서도 평행하게 평음인지, 경음인지, 유기음인지를 판정한 것으로 보인다.

국어 음운론 개론서에서의 /ㅎ/의 분류 양상을 정리하면 (6)과 같다. 기본적으로 /ㅎ/를 평음으로 분류하는 견해와 유기음으로 분류하는 견해가 정확한 비율을 낼 수는 없지만 대체로 양분되어 있는 상황이다.[17)]

(6) 가. /ㅎ/를 평음으로 분류 : 허웅(1993:204), 최명옥(2004:39), 배주채(2013:91)[18)], 백두현 외(2013:63) 등

나. /ㅎ/를 유기음으로 분류 : 이기문 외(1984:97), 김무림 · 김옥영(2009:66), 신승용(2012:60), 이진호(2014:65) 등

그런데 중요한 사실은 /ㅎ/를 평음으로 분류한 (6가)의 개론서들에서도 (7)의 자음 축약을 설명하는 자리에서는 /ㅎ/를 평음이 아닌 유기음으로 기술하고 있다는 것이다. 다시 말해 /ㅎ/를 평음이 아니라 유기음화를 일으키는 요소로 기술하

17) 여기서 제시된 개론서들은 특별한 기준에 의한 것이 아님을 밝혀 둔다. 제시되지 않은 개론서들에는 양해를 구한다.

18) 배주채(2013:91)는 /ㅎ/를 평음으로 분류하면서, 국어음운론에서 평음이 아닌 유기음으로 분류하는 견해도 있다고 덧붙이고 있다.

고 있다. /ㅎ/가 유기음이 아니라면, 유기음이 아닌 평음과 결합하여 유기음화가 일어날 수 없다. 따라서 /ㅎ/가 유기음화를 일으키는 요소라고 한 것은 /ㅎ/가 유기음임을 전제한 기술이다.

(7)[19] ㄱ. 놓고 → [노코], 놓지 → [노치]
　　ㄴ. 입학 → [이팍], 축하 → [추카]

즉 (6가)의 경우에도 (7)의 음운 현상을 설명할 때는 거센소리되기(허웅 1993:280), 유기음소화(최명옥 2004:121, 배주채 2013:278, 백두현 외 2013:284)로 명명하고 있다. 음성학 개론서인 이호영(1996:146)의 『국어음성학』에서도 자음 체계에서는 /ㅎ/를 평음으로 분류하고 있지만, (7)의 현상을 설명할 때는 /ㅂ, ㄷ, ㅈ, ㄱ/가 /ㅎ/와 결합하여 유기음화(격음화)된다고 기술하고 있다. 여기서 거센소리되기, 유기음소화, 유기음화 모두 /ㅎ/가 유기음이라는 것을 전제해야만 가능한 이름들이다. 유기음화를 유발한 동인이 /ㅎ/라는 것은 부정할 수 없는 사실이다. /ㅎ/가 평음인데 평음인 /ㅂ, ㄷ, ㅈ, ㄱ/를 유기음화한다는 것은 논리적으로 있을 수 없고, 물리적으로도 있을 수 없는 일이다. 결국 (6가)처럼 /ㅎ/를 자음체계상에서 평음으로 분류한 경우는, 음운 현상을 설명하는 자리에서는 /ㅎ/를 유기음으로 전제함으로써 음운론적으로 일관되지 않은 설명을 하고 있는 셈이다. 이는 당연히 정합적이지 않은 것이고, 정합적이지 않게 된 잘못은 자음체계에서 /ㅎ/를 평음으로 분류한 것에서 찾을 수밖에 없다.

국어 음운론 개론서에서와 달리 직접적으로든 간접적으로든 /ㅎ/를 다룬 대부분의 논문에서는 /ㅎ/를 명시적으로 유기음으로 규정하거나, 유기음임을 전제하고서 논의를 진행하고 있다.[20] 즉 /ㅎ/를 유기음(격음)으로 명명하거나 유기성

19) (7ㄱ)을 순행 유기음화, (7ㄴ)을 역행 유기음화로 구분하기도 하는데, 여기서는 유기음화의 양상이 논점은 아니므로 구분하지 않는다.

20) 박창원(1982:139), 김차균(1991:13), 송하균(1995), 송철의(1996), 김경아(1997:37), 양순임

(aspiration)을 가지고 있다거나, [+aspirated]의 자질을 가지고 있다거나 하는 식으로 /ㅎ/를 유기음으로 규정하고 있다. 다시 말해 국어 일부 국어 음운론 개론서에서는 자음체계에서 /ㅎ/를 평음으로 분류한 경우도 있지만, /ㅎ/를 주제로 한 거의 대부분의 논문에서는 /ㅎ/가 명확히 유기음으로 분류되고 규정되어 있다.

유기성은 절대적 특성이 아니라 상대적 특성이다. 손형숙 · 안미애(2011:154)는 국어의 /ㅍ, ㅌ, ㅊ, ㅋ/은 강한 유기성(strongly aspirated)을, /ㅂ, ㄷ, ㅈ, ㄱ/은 약한 유기성(slightly aspirated)을 띠고 있다고 하였는데, 이러한 표현 자체가 유기성이 상대적 특성이기에 가능하다. 국어의 평음 /ㅂ, ㄷ, ㅈ, ㄱ/은 /ㅍ, ㅌ, ㅊ, ㅋ/에 비해서는 유기성이 약하지만 경음 /ㅃ, ㄸ, ㅉ, ㄲ/에 비해서는 유기성이 강하다. 그리고 /ㅎ/의 유기성은 /ㅍ, ㅌ, ㅊ, ㅋ/에 비해 약하지만, 그러나 /ㅂ, ㄷ, ㅈ, ㄱ/보다는 강하다. 이러한 음성학적인 특성을 평음이라고 할 것이냐 유기음이라고 할 것이냐는 음운론적 해석의 문제이다. 그리고 음운론적으로 /ㅎ/를 평음으로 보든 유기음으로 보든 /ㅎ/의 음성학적 특성이 달라지지는 않는다. /ㅎ/의 음운론적 해석은 음성학적 특성과 함께 /ㅎ/가 보여 주는 음운 현상에 대한 분석을 기반으로 해야 한다. 이 두 가지 특성을 모두 고려할 때 음운론적으로 /ㅎ/는 유기음이라는 결론에 도달할 수밖에 없다.

소신애(2015:249)는 /ㅎ/를 유기음으로 규정할 경우, 유기음화의 동인은 자연스럽게 설명할 수 있는 반면, /ㅎ/ 탈락을 설명하는 데에는 문제가 따른다고 하였다.

(8) 놓아 → [노아], 놓으니 → [노으니]

(8)에서 /ㅎ/는 모음 사이에서 필수적으로 탈락한다.[21] 소신애(2015)에서 /ㅎ/

(1998:66), 이문규(1999:385), 차재은(2001), 김신철(2012:35) 등.

21) 작위적으로 /ㅎ/를 발음하려고 하지 않는 이상 /ㅎ/가 탈락한다는 사실에서 일반적으로 필수적인 현상으로 해석해 왔다.

를 유기음으로 보면 /ㅎ/ 탈락을 설명하는 데 문제가 있다고 할 때의 /ㅎ/ 탈락은 (8)을 두고 한 것이다. 그런데 소신애(2015)에서 /ㅎ/를 유기음으로 볼 때 /ㅎ/ 탈락을 설명하기 어렵다고 한 것은 /ㅎ/ 탈락의 원인을 /ㅎ/의 유성음화 때문이라고 전제하기 때문에 발생하는 문제이다. 그러나 (8)의 /ㅎ/ 탈락이 /ㅎ/의 유성음화로 인해 야기되었다는 증거는 현재까지 제시된 것이 없으며, 소신애(2015)에서도 /ㅎ/ 탈락의 원인이 /ㅎ/의 유성음화라는 증거를 제시하지는 못하고 있다. 유성음화를 탈락의 원인으로 보는 것은 개연적 가능성 중의 하나일 수는 있지만, 말 그대로 개연적 가능성 중의 하나일 뿐이다. 만일 (8)에서의 /ㅎ/ 탈락이 /ㅎ/의 유성음화에 따른 것이라고 한다면, 유성음 사이의 평음 /ㅂ, ㄷ, ㅈ, ㄱ/가 /ㅎ/와 마찬가지로 유성음화됨에도 전혀 탈락이 일어나지 않는 것에 대해서 설명할 수 있어야 한다. 국어에서도 /ㅂ, ㄷ, ㅈ, ㄱ/은 모음 사이에서 유성음화되지만, 탈락하는 일은 없다.

(8)의 /ㅎ/ 탈락이 /ㅎ/ 유성음화와 관련이 없다는 것은 (9)~(10)을 통해서도 쉽게 확인할 수 있다.

(9) 기회, 보호, 소화, 구현, 시행

(10) 복학생[보각쌩], 곱하기[고바기], 입학식[이박씩]

(9)의 경우 모음 사이임에도 (8)처럼 /ㅎ/ 탈락이 일어나지 않는다.[22] 즉 모음 사이에서 /ㅎ/ 탈락은 음운론적으로 용언어간말 /ㅎ/에 국한되는 현상이다. 이 말은 /ㅎ/ 탈락이 순수히 음성학적 동인에 따른 현상이 아니라 음운론적 현상임을 증언하는 것이다. (10)은 전라도 방언의 예인데, 주지하다시피 전라도 방언의

22) 물론 빠른 발화에서는 수의적으로 /ㅎ/가 탈락하기도 한다. 하지만 (8)과 달리 탈락이 수의적이고, 빠른 발화가 아니라면 탈락하지 않는 것이 일반적이다.

경우 선행 음절말 종성이 /ㅂ, ㄷ, ㄱ/일 때에도 후행 음절 초성의 /ㅎ/가 탈락한다. (10)에서의 /ㅎ/ 탈락은 /ㅎ/의 유성음화 조건이 성립되지 않기 때문에 /ㅎ/의 유성음화와는 전혀 상관이 없다. 이러한 사실 역시 /ㅎ/ 탈락을 /ㅎ/의 유성음화라는 음성학적인 사실에서 찾는 것이 타당하지 않음을 말해 준다.

/ㅎ/ 탈락이 필수적으로 일어나는 것은 용언어간말 /ㅎ/에 국한된 현상이다. 이는 /ㅎ/ 탈락의 원인을 /ㅎ/의 유성음화라는 음성학적인 사실이 아니라, 음운론적 사실에서 찾아야 함을 말해 준다. /ㅎ/가 유성음화된다는 것과 그 결과 탈락한다는 것은 별개 차원의 문제이다. 전자는 음성학적인 사실이고, 후자는 음운론적 사실이기 때문이다. (9)는 이를 명백히 보여준다. (10) 역시 음성학적인 사실과 음운론적 사실이 다를 수 있음을 보여준다.

상식적인 얘기이지만, 음성학이 음성의 물리적인 특성 자체를 다룬다면, 음운론은 물리적 사실인 음성학적 사실에 대한 인식을 다룬다. 그렇기에 음성학적 사실이 곧 음운론적 사실과 항상 일치하지 않으며, 항상 일치할 수도 없다. 이러한 일반론적인 사실을 다시 들먹이지 않더라도 유기성에 대한 국어 화자의 인식을 유기성의 물리적인 특성만으로 결론지을 수 없으며, 그렇게 하는 것은 음운론적인 분석이 아니다. 음성학적인 사실이 곧 음운론적 인식 세계와 일치한다면 음성학과 음운론이 구분될 이유도 없다. 개론적인 사실이어서 굳이 예를 들 필요를 느끼지 않지만, 논의의 필요상 한두 예만 들어 보기로 하자. 영어에서 /p, t, k/는 특정 환경 즉, 어두에서 유기음화된다(Shane 1973:34). 즉 유기성의 정도가 모음 사이일 때보다 강해진다. 그러나 영어에서 유기음화된 /p, t, k/가 영어 화자들에게 유기음으로 인식되지는 않는다. 또 다른 예로 국어에서 음성 [스]의 경우 모음 /으/가 음향분석 프로그램상에서 거의 실현되지 않는다. 그러나 국어 화자의 인식에서 [스]의 모음은 명확히 /ㅡ/이다.

국어의 /ㅎ/가 음성학적으로 /ㅍ, ㅌ, ㅊ, ㅋ/에 비해 유기성이 약하다고 하더라도 /ㅎ/에 대한 인식, 즉 음운론적 특성은 평음 /ㅂ, ㄷ, ㅈ, ㄱ/가 아닌 유기음 /ㅍ, ㅌ, ㅊ, ㅋ/와 같은 계열의 자음으로 인식하고 있다고 보는 것에 의심의 여지가 없다. 무엇보다도 (7)처럼 평음 /ㅂ, ㄷ, ㅈ, ㄱ/가 /ㅎ/와 결합하여 유기음 /ㅍ, ㅌ, ㅊ, ㅋ/가 되는 현상이 이를 실증해 준다. /ㅂ, ㄷ, ㅈ, ㄱ/가 음성학적으로 약한 유기성이 있다고 해서, '평음 : 경음 : 유기음'의 3지적 상관속을 가진 국어에서 /ㅂ, ㄷ, ㅈ, ㄱ/가 결코 음운론적으로 유기음이 될 수는 없다. 다시 말해 음성적인 유기성의 정도성이 곧 음운론적 대립의 변별성으로 연결되는 것은 아니다. 따라서 자질 분류에서도 [+aspirated]인지 [-aspirated]인지는 순수히 음성학적인 특성이 아니라, 음운론적인 행동 방식과 특성을 동시에 고려해서 결정되어야 한다. 이러한 사실을 종합했을 때 국어 음운론에서 /ㅎ/는 분명 [+aspirated]의 유기음이다. 그리고 (7)은 국어의 /ㅎ/가 유기음이어야 함을 분명히 말해 주는 음운 현상이다.23)

4. 결론

국어 음운론 개론서 중에도 자음체계에서 /ㅎ/를 평음으로 분류한 경우가 없지는 않다. 그러나 이들 개론서 모두 /ㅎ/ 축약을 설명할 때는 /ㅎ/가 유기음이라는 것을 전제하고 있다. 음성학적으로 /ㅎ/는 /ㅍ, ㅌ, ㅊ, ㅋ/보다는 유기성이 약하고, /ㅂ, ㄷ, ㅈ, ㄱ/에 비해서는 유기성이 강하다. /ㅎ/가 /ㅍ, ㅌ, ㅊ, ㅋ/에 비해 음성학적으로 유기성이 약하다는 것이 곧 음운론적으로 /ㅎ/가 유기음이 아니라는 결론에 도달할 수 없다. 음운론적 사실이 음성학적 사실과 유리되어 있지는 않지만, 음성학적 사실이 곧 음운론적 사실은 아니다. '놓고[노코], 입학[이팍]'과

23) /ㅎ/가 나타내는 음운 현상 중에서 설명하기 어려운 것이 '놓소 → [노쏘]'이다. 그런데 이는 /ㅎ/를 유기음으로 볼 때 설명하기 어려운 문제가 아니라, /ㅎ/를 평음으로 보더라도 /ㅎ/가 /ㅂ, ㄷ, ㅈ, ㄱ/와 결합할 때와 달리 /ㅅ/와의 결합에서만 유독 다른 행동을 보이는 이유를 설명할 수 없기 때문에 똑같이 문제가 된다. 이와 관련하여 이승재(1980:38)는 /ㅅ/의 격음이 음운 체계상 빈칸이고 유기음과 경음이 [+tense] 자질을 공유한다는 점에서 경음으로 실현되었지만 'ㅎ + ㅅ → ㅆ'은 원칙적으로 다른 장애음과 마찬가지로 유기음화를 겪은 것으로 해석하였다.

같이 'ㅎ'이 평음 /ㅂ, ㄷ, ㅈ, ㄱ/와 만나 유기음 /ㅍ, ㅌ, ㅊ, ㅋ/가 되는 축약 현상에서 음운론적으로 /ㅎ/가 유기음이라는 것을 분명히 확인할 수 있다.

학교 문법이든 학문 문법이든 기본적으로 문법의 내용 체계는 정합적이어야 한다. 그런 점에서 보면 현재 학교 문법 『국어』 11종, 『독서와 문법』 6종에서 /ㅎ/와 관련된 일련의 기술은 정합적이지 않다. 이들 모두 자음체계에서는 /ㅎ/를 묵시적으로 평음으로 분류해 놓고서 음운 변동에서 /ㅎ/ 축약을 설명할 때는 /ㅎ/를 유기음으로 설명하고 있기 때문이다. 학교 문법의 내용 기술이 이렇게 비정합적이게 된 이유는 『문법』(2002)의 잘못된 기술이 수정되지 못한 채 검정의 준거로 작용했기 때문이다.

국어 음운론에서 /ㅎ/가 보이는 현상을 종합적으로 검토할 때 음운론적으로 /ㅎ/는 결코 평음일 수 없다. 단순히 음성학적으로 /ㅎ/의 유기성이 /ㅍ, ㅌ, ㅊ, ㅋ/에 비해 약하다는 이유로 평음으로 분류하는 것은 음운론적 사실을 왜곡하는 것이다. 학교 문법의 내용도 학문 문법의 일반적 사실에 입각하여 /ㅎ/에 대한 성격을 모호하게 기술할 것이 아니라 유기음으로 분명히 기술해야 할 것이다.

Ⅳ. 학교문법에서 품사 분류 기준 '가변어/불변어'의 문제점

1. 서론

품사를 분류하는 일반적인 기준은 기능, 형태, 의미 이렇게 3가지이다. 이 중에서 가장 핵심적인 기준은 기능이다. 품사 분류에서 기능이 가장 핵심적이라는 것에 대해서는 국어학의 초창기인 최현배(1930)부터 지금까지 변함없이 유지되어 온 관점이다.[1] 단어를 그 갈래로 나누는 핵심적인 기준이 기능이라는 사실에 대해서는 이후로도 변함이 없다. 의미는 품사 분류 기준 중에서 보조적인 기준일 뿐 결정적 기준이 될 수 없다.[2] '형태(form)'와 '의미(meaning)'는 '기능(function)'을 보완하는 것이다.

그런데 현재 2015 교육과정 『국어』 9종의 교과서의 품사 단원에서는 품사 분류 기준으로 '형태'와 '의미'가 매우 중요한 기준처럼 기술되어 있다. 반면 '기능'이 오히려 상대적으로 부차적인 기준처럼 되어 있다.[3] 무엇보다 문제는 '형태'

---

1) 최현배(1930:60)는 "씨(品詞)의 가름(分類)은 그 말법에서의 구실(役割, 職能) 곧 씨 서로의 關係와 월(文)을 만드는 作用의 關係를 주장(主)으로 삼고, 그에 따르는 形式과 意義를 붙힘(從)으로 삼아서, 이 네 가지가 서로 關係하는 狀態를 標準으로 삼아 決定하여야 한다(최현배 1930:60)."라고 하였는데, 여기서 구실이 '기능'이며, 씨 서로의 관계는 품사들 간의 관계를 말하며, 월을 만든 작용의 관계는 문장에서의 기능을 의미한다.

2) 이익섭 · 채완(1999:119), 이광정(2001:4), 최웅환(2009:66) 등. Tallerman(2005)의 품사 분류 기준에는 '의미'가 아예 제시되어 있지 않기도 하다.

3) 한 예로 〈미래앤〉의 동사, 형용사에 대한 설명을 제시하면 다음과 같다.

"대상의 움직임을 나타내는 단어를 동사라고 하고, 대상의 상태나 성질을 나타내는 단어를 형용사라고 한다. 동사와 형용사는 문장에서 쓰일 때 형태가 변하며 문장에서 주로 서술어로 쓰이므로, 이들을 묶어 용언(用言)이라고 한다."

위에서 보듯이 의미가 제일 앞에 나오고, 그리고 형태가 다음, 마지막으로 기능이 나온다. 글의 기준이 가정 먼저 제시되고, 또한 이를 학습활동으로 구성하면서 품사 분류 기준에서 '형태'가 가장 중요한 것처럼 서술되어 있다는 점이다. 더 큰 문제는 이때 '형태' 기준은 결국 가변어이냐 불변어이냐를 구분하는 것인데, 이러한 '가변어/불변어' 기준은 국어의 단어를 이해하는 데 학생들은 물론이고 교사들조차도 혼란을 초래하고 있는 것이 현실이다. 용언의 어간은 홀로 쓰일 수 없고 어미와 결합하여 쓰인다고 하면서, 동시에 용언의 어간을 가변어라고 하기 때문이다. 어간에 어미가 결합하는 것은 결합관계이고 가변어라는 것은 말 그대로 형태가 변하는 것인데, 결합관계와 형태 변화는 양립할 수 있는 개념이 아니다.

본고는 2015 교육과정 『국어』 교과서의 품사 분류 기준 중에서 형태 기준 즉, '가변어/불변어' 기준이 굳이 필요한지에 대해 비판적으로 살펴보고자 한다.[4] '가변어/불변어'라는 기준을 국어 품사 분류 기준으로 굳이 학교문법에 도입하는 것이 타당한지, 어떤 유용성이 있는지에 초점을 맞춰 비판적으로 살펴보고자 한다.[5] 이를 통해 품사 분류 기준 중의 '형식' 즉, '가변어/불변어'라는 기준이 품사 분류를 이해하는 데 도움이 되는 것이 아니라, 학교문법 내용 체계 전체를 고려할 때 오히려 정합성을 해치는 것임을 고찰할 것이다.

제시 순서상 의미가 가장 초점을 많이 받기 때문에 제일 중요한 것으로 인식될 가능성이 높다.

4) 그러니까 본고는 '품사 분류' 자체에 대한 논의는 아니다. 품사 분류 기준 중의 하나인 '형태'라는 기준의 필요성 또는 타당성에 초점을 맞춘 논의이다. 품사론 자체에 대한 2011년 이전까지의 연구 경향 및 주요 쟁점에 대해서는 최웅환(2011)을 참고할 수 있다. 학문문법에서 품사 분류는 최근까지도 합의에 이르지 못하고 논쟁 중인 주제이다. 박진호(2010:281-284)는 어미도 품사 분류의 대상이 되어야 한다고 하여 국어학의 초기 품사 논쟁을 다시 끌고 왔다.

5) 그래서 조사나 어미가 단어인지 아닌지, 관형사를 품사로 설정하는 것이 타당한지, 몇 개의 품사로 분류하는 것이 타당한지 등, 품사와 관련된 또 다른 일련의 문제들은 본고에서 다루지 않는다.

2. 교육과정별 '가변어/불변어'에 의한 단어 분류 양상

'가변어/불변어'는 형태가 변하는 단어이냐 아니냐에 따른 단어 분류 기준이다. 그러니까 품사 분류의 일반적인 세 가지 기준인 '기능, 형태, 의미' 중에서 형태(form) 기준이다. 그런데 '가변어/불변어'에 의한 단어 분류는 7차 국어과 교육과정, 개정 7차 국어과 교육과정, 2009 개정 국어과 교육과정, 이렇게 세 교육과정마다 차이가 있다.[6] 세 교육과정 사이의 시간적 간격이 그리 크지 않다는 점에서, 이는 학문적인 결과의 반영이라기보다는 단지 교육과정 내용을 집필한 집필진의 차이에 따른 결과로 보는 것이 맞을 것이다. 각 교육과정에서 딱히 그 이유를 설명하고 있지 않기 때문에, 어떠한 이유에서 세 차례의 교육과정마다 국어 품사 분류 체계가 바뀌었는지 알 방법은 없다.

먼저 〈7차 국어과 교육과정 해설서〉(p.279)에서 제시한 통일 학교문법의 품사 분류 체계에서는 (1)에서 보듯이 가변어가 없다.[7] 국어의 9품사에 해당하는 단어 모두 불변어로 제시되어 있다. 이는 국어에는 굴절어의 단어처럼 진짜 형태가 변하는 단어가 없다는 사실을 반영했다고 할 수 있다.

---

6) 2015 교육과정은 2009 교육과정의 분류와 같다.

7) '학교문법통일안' 제정 과정에서의 쟁점과 배경에 대해서는 이광정(1997), 성낙수(2010)을 참고할 수 있다.

(1)

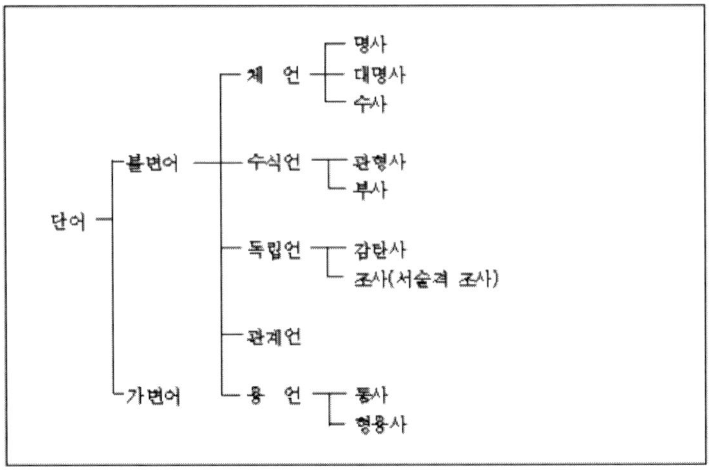

<통일 학교 문법의 품사 분류 체계>

(1)에서 보듯이 7차 국어과 교육과정에서는 '가변어/불변어'라는 형태 기준을 제시하기는 하였지만, 가변어가 없기 때문에 '가변어/불변어' 기준이 실질적으로는 국어 단어를 분류하는 데 딱히 역할을 하지 않는다.

그러면서 7차 국어과 교육과정에서는 (2)와 같은 설명을 덧붙이고 있다.

(2) 현재 통일 학교 문법에서 제시하고 있는 체계를 유일하고 완전한 정답으로 제시하지 않는 것이 학습자로 하여금 국어 현상에 대해 흥미를 가지게 할 수 있을 것이다. 수학 문제의 해답을 찾는 경로가 개인의 관점과 방법에 따라 여러 가지가 존재하듯이 국어의 품사도 국어 분석의 관점과 기준에 따라 여러 가지 방식으로 분류할 수 있다는 점을 알 수 있게 해 주어야 한다.

(2)에서 언급하고 있듯이 실제 품사 분류는 연구자의 관점과 기준에 따라 다를 수 있다. 당연히 (1)이 절대적인 것은 아니다. 그래서인지 얼마 지나지 않아 개정 7차 국어과 교육과정에서는 품사 분류 체계를 (3)처럼 수정하였다.[8]

(3)

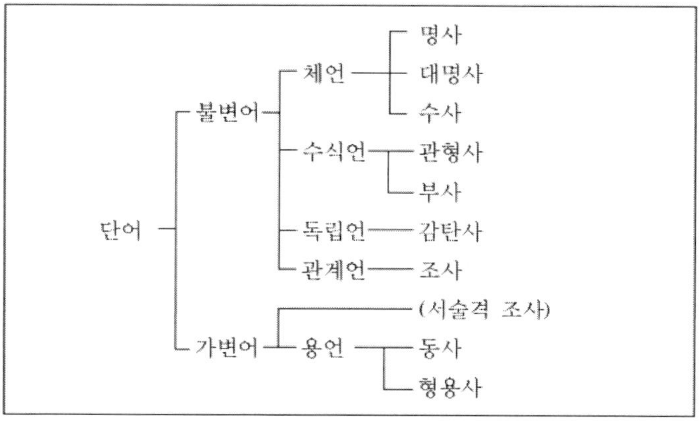

(3)에서 보면 (1)에서는 공란으로 비어 있던 가변어에 갑자기 동사, 형용사가 포함되고, 거기에다 서술격 조사까지—물론 모호하게 괄호 안에 처리하긴 하였지만—포함되어 있다.[9] 사실 이것은 단순히 가변어가 비어 있다가 채워진 것이 아니라, 무척이나 큰 변화이다. 가변어가 없는 언어에서 갑자기 가변어가 있는 언어로 바뀐 것이기 때문이다. 더군다나 국어가 교착어라는 사실을 고려할 때 가변어가 없다가 생긴 형국이니까, 이것은 엄청나게 큰 변화이다. 3장에서 자세히 언급하겠지만, 교착어의 정의와 가변어는 서로 양립하기 어렵기 때문이다.

얼마 지나지 않은 2009 개정 국어과 교육과정에 오면 다시 (4)처럼 국어 품사 분류 체계가 바뀐다. 이 변화는 서술격 조사의 위치가 바뀐 것을 빼면 개정 7차와 같으므로 큰 변화는 아니다.

---

8) 품사 분류에 대해 설명된 내용은 다음과 같다. "형태 변화를 기준으로 하면 가변어와 불변어로 나뉘고, 여기에 기능을 더한 기준으로 하면 체언, 용언, 수식언, 관계언, 독립언으로 나뉘며, 다시 의미를 더한 기준으로 하면 명사, 대명사, 수사, 동사, 형용사, 관형사, 부사, 조사, 감탄사로 나뉜다(《개정 7차 교육과정 해설서》 p.345)."

9) 서술격 조사는 그 자체로 논란이 되는 문제이기도 하고, 본고의 논의의 초점은 아니어서 서술격 조사의 처리 방식에 대해서 따로 언급하지는 않는다.

(4) 〈2009 개정 국어과 교육과정 해설서〉(p.159)

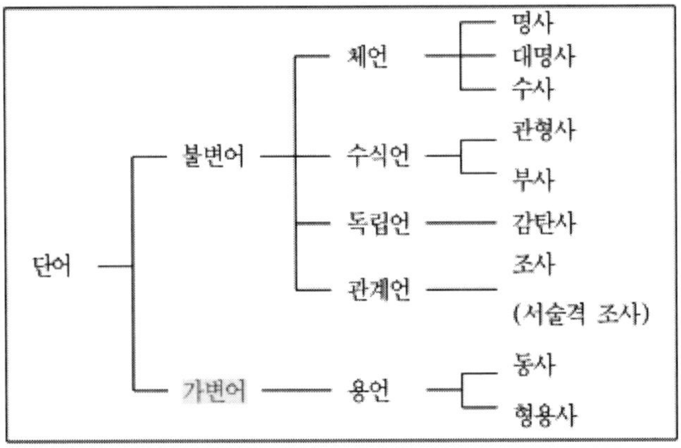

동사, 형용사를 가변어로 분류하고 있는 점은 개정 7차 국어과 교육과정과 같은데, 다만 개정 7차 국어과 교육과정과 달리 서술격 조사에 대한 처리가 모호하게 되어 있다. 관계언으로 분류했지만 괄호 안에 넣어서 다른 조사와는 차이가 있음을 어떻게든 나타내고자 하였는데, '가변어/불변어'와 관련해서도 가변어인지 불변어인지 모호한 위치에 배치시켜 놓았다.

2009 개정 국어과 교육과정에 이은 2015 국어과 교육과정은 (4)의 2009 개정 국어과 교육과정의 국어 품사 분류 체계를 그대로 수용하였다.[10] 그래서 동사, 형용사는 가변어이고, 나머지 품사는 모두 불변어로 분류되어 있다. 서술격 조사에 대해서는 2009 교육과정과 마찬가지로 딱히 별다른 언급이 없이 모호한 상태를 유지하고 있다.

이상에서 살펴본 것처럼 '가변어/불변어'에 의한 품사 분류는 7차 교육과정, 개정 7차 교육과정, 2009 개정 교육과정이 모두 서로 다르다. 그나마 2015 교육과정은 2009 개정 교육과정을 그대로 따르고 있어서 연속성이라는 측면에서는

10) 2022 개정 국어과 교육과정 자체에는 관련 내용이 없어서 현재로서는 확인할 수 없다. 실제 교육과정을 반영한 교과서가 편찬되어야 그때 이와 관련된 내용을 확인할 수 있다.

낫다. 그러나 개정 7차부터 7차 교육과정에 없던 가변어를 설정함으로써 국어의 단어를 이해하는 데 오히려 혼란을 야기하고 있다. 왜 갑자기 개정 7차에서 동사, 형용사, 서술격 조사를 가변어로 분류하였는지, 그리고 2009 개정에서는 왜 가변어에서 서술격 조사를 뺐는지 등 가변어 설정과 관련된 구체적인 설명이 교육과정 및 교육과정 해설서 어디에도 없다.

무엇보다도 문제는 동사, 형용사—개정 7차에서는 서술격 조사 포함—를 가변어로 분류하는 것이 학문문법의 일반적인 연구 흐름을 수용한 것이라고 볼 수도 없다는 점이다. 학문문법의 연구 성과와 차이가 있다면, 적어도 '가변어/불변어' 기준을 도입하여 동사, 형용사만을 가변어로 분류할 때가 그렇지 않을 때보다 국어의 단어를 이해하는 데 교육적으로 도움이 된다는 근거라도 제시되어야 한다. 그러나 오히려 '가변어/불변어'에 의한 단어 분류가 국어 단어를 이해하는 데 혼란만 야기할 뿐만 아니라, 학교문법 내용 전체를 볼 때 다른 부분에서의 설명과 정합적이지도 않다. 이에 대해서는 4장에서 자세히 살펴보기로 하겠다.

3. 국어 품사 분류에서 '가변어/불변어' 기준의 타당성 여부

품사의 일반적인 정의는 단어의 갈래(parts of speech)이다. 그리고 단어를 나눌 때는 아무렇게나 나누는 것이 아니라 기준이 있어야 한다. 품사 정의에 동원된 기준은 언어에 따라 다를 수 있다(Lyons 1968:319). 언어에 따라 다를 수 있을 뿐만 아니라 한 언어 내에서도 관점에 따라 다를 수 있다. 학문문법에서 국어의 품사 분류 기준도 단일하게 합의되지는 않는다. 그럼에도 불구하고 '기능', '형태', '의미'는 언어보편적으로, 그리고 국어학 내에서도 공통적으로 채택하는 기준이다. 이 세 가지 기준을 중심으로 또 다른 기준이 더해지기도 한다.[11] 세 가지

11) 임홍빈(2001)에서는 품사 분류 기준으로 '의미 범주, 형태 변화, 문법 기능, 단어 형성, 체계의

기준 중에서도 '기능'이 핵심적이다.12)

품사 분류 기준에서 '형태'는 굴절어의 특성을 고려한 기준이다. Lyons(1968: 319)는 명사와 동사는 개념적으로 그것들이 의미하는 바에 의해 정의될 뿐만 아니라, 굴절적 특성에 의해서 정의된다고 하면서, 굴절이 보편적 언어 자질이 아니며 굴절을 하는 언어라도 필수적으로 격, 수, 성 범주를 나타내는 것도 아니라고 하였다. 여기서 말하는 굴절적 특성은 체언의 형태 변화인 곡용(declension)과, 용언의 형태 변화인 활용(conjugation)을 아우르는 개념이다. 그런데 국어에는 체언이든 용언이든 형태 변화를 통해 곡용하거나 활용하지 않는다. 단지 체언에 조사를 결합하여, 그리고 용언에 어미를 결합하여 문법적인 의미를 나타낸다. 그래서 굴절어의 곡용, 활용에 대응하여, 체언에 조사가 결합하는 것을 곡용, 용언에 어미가 결합하는 것을 활용이라고 한다. 그러니까 체언 어간에 조사가 결합하는 것, 용언 어간에 어미가 결합하는 것을 굴절어의 형태 변화와 평행하게 형태 변화로 보자는 것이지, 진짜 체언 어간과 용언 어간이 형태를 변화시킨 것은 아니다. 그러니까 동사 '잡-'에 어미가 결합한 '잡다, 잡았다, 잡는 …'을 굴절어에서 진짜 형태가 변한 것과 평행하게 동사의 형태가 변한 것으로 보자는 것이다.

이처럼 국어 품사 분류에서 '형태' 기준인 '가변어/불변어'의 가변어는 진짜 굴절어처럼 형태가 변해서 가변어는 아닌 것이다. 그래서 서태룡(2016:6)은 '형태

동질성' 이렇게 5가지를 제시하였다. 구본관(2010:182), 최형용(2012:241)은 기능을 다시 문장에서의 역할과 문장에서의 위치로 나누고, 전자를 기능, 후자를 분포로 구분할 수 있음을 지적하였다. 최형용(2012)은 명사를 수식하는 기능은 같지만 위치가 앞일 수도 있고, 뒤일 수도 있다는 점을 들어 품사 분류 기준으로 분포가 도입되어야 함을 제기하였다. 본고는 품사 분류 기준 자체에 대한 논의가 아니라 학교문법에서 품사 분류 기준으로 도입된 '가변어/불변어' 기준의 문제점에 대한 것이다. 그래서 품사 분류 기준 자체나 새로운 기준의 필요성 등에 대해서는 논의하지 않는다.

12) 국어 품사를 분류 기준과 관련하여 '기능'이 중심이 되어야 한다는 것은 서론에서도 언급했듯이 일찍이 최현배(1930)에서부터 언급하였다. '기능'은 문장 속에서의 기능을 말하는 것으로 문장에서 어떤 단어가 다른 단어와 맺는 관계를 뜻한다. 그래서 기능은 통사적인 성질로 바꾸어 말할 수 있다(임홍빈 · 장소원 1995:111). 최형용(2012:240)에서 언급했듯이 특히 품사가 'parts of speech'의 번역이고 또 'speech'가 '문장'과 직접적인 연관을 가진다는 사실을 감안할 때, '기능'이 품사 분류에서 매우 중요한 역할을 담당하고 있음을 부인하기 어렵다.

변화'라고 표현하지 않고, '형태론적 특징'이라고 표현하였다. 서태룡(2016)의 '형태론적 특징'에 의한 품사 분류는 "교착어미 가운데 이른바 격조사가 통합할 수 있으면 명사, 교착어미 가운데 이른바 어미가 통합할 수 있으면 동사로 분류한다."는 것이다.[13] 그러니까 조사와 어미 결합 유무로 명사, 동사를 우선 객관적으로 구분해 낼 수 있다는 것이다. 구본관(2010:182-183)에서도 '형태(form)란 단어의 형태적인 성질을 말하는데, 조사와 결합하느냐의 여부, 어미와 결합하느냐의 여부'라고 하였는데, 이 기술이 실제 국어의 언어적 사실에 부합한다. 국어가 교착어라는 사실과 '형태가 변한다'는 것은 서로 양립할 수 없다. 국어가 교착어로 분류되는 이유가 형태 변화를 통해 문법적인 의미를 나타내는 것이 아니기 때문이다.

그런데 용언 어간에 어미가 결합하는 것을 형태 변화로 설명한 경우도 없지는 않다. 하지만 그 내용을 자세히 들여다보면 앞서 언급한 것처럼 동사와 형용사 어간에 어미가 결합하는 것을 형태 변화로 보자는 것이지, 진짜 동사와 형용사의 형태가 변해서 형태가 변했다고 하는 것이 아님을 알 수 있다. 이는 최웅환(2009:64)에서 지적했듯이 단지 '용언은 활용한다.'는 진술만으로도 형태 기준, 즉 가변어/불변어 기준을 대신할 수 있다.

(5)는 고영근 · 남기심(1993:60)에서 가변어를 설명하면서 제시한 예이고, (6)은 고영근 · 구본관(2018:47)에서 가변어를 설명하면서 제시한 예이다.

(5) 읽 었다
　　　는다
　　　는구나
　　　어라
　　　 ⋮

13) 이때 명사는 체언, 동사는 용언과 평행한 개념이다.

고영근 · 남기심(1993:60)에서는 (5)를 제시하면서 "'읽-'이 어간이 되고 이 말에 어미가 붙어 여러 가지 모습으로 변화를 일으킨다."라고 하고 있다. 여기서 '변화를 일으킨다'고 하였지만, 어간의 '읽-'은 변화가 없다. 그러니까 이 기술은 '어간에 어미가 결합하는 것을 변화라고 보자'는 정도의 의미로 이해하는 것이 맞을 것이다. 실제 (5)는 전형적인 결합관계와 계열관계의 도식이다.

(6) 가. 나는 새 옷을 샀다.
　　나. 하늘이 매우 푸르다.

고영근 · 구본관(2018:47)은 (6)을 제시하면서 '나, 옷, 하늘'과 같은 명사나 대명사, '새, 매우'와 같은 관형사와 부사, '는, 을, 이'와 같은 조사는 형태가 변하지 않으므로 불변어에 속하고, '사다, 푸르다'와 같은 동사와 형용사는 가변어에 속한다고 하였다. 동사, 형용사가 왜 가변어인지에 대한 설명은 없고, 동사, 형용사가 가변어라는 단언만 있다. 그래서 이 역시 용언 어간에 어미가 결합하는 것을 가변으로 보겠다는 정도의 의미 이상은 아니다.

'가변어/불변어'라는 형태적 특징은 굴절어인 인구어의 품사 분류에서는 '기능'과 함께 중요한 기준 중의 하나이다. Jespersen(1924:58-71)은 첫째, 'wife's'처럼 s'의 결합에 의해 속격을 나타내는 단어 부류(명사), 둘째, '-er, -est'에 의해 비교급, 최상급이 되는 단어 부류(형용사), 셋째, 'I - my - me - mine'처럼 어형 변화에 의해 격을 나타내는 단어 부류(대명사), 넷째, 'drink - drank - drunk'처럼 어형 변화에 의해 문법적인 의미를 나타내는 단어 부류(동사)처럼 형태를 기준으로 품사를 분류할 수 있다고 하였다. 여기서 셋째, 넷째가 전형적인 가변어이다.[14]

---

14) 영어의 경우 교착적인 특성도 보인다. 명사의 속격을 나타낼 때 'wife's'처럼 명사에 ''s'를 결합시키고, 과거를 나타낼 때 'worked'처럼 동사에 '-ed'를 붙이는 것은 교착적인 특성이다.

가변어는 영어의 'inflected word'를 번역한 것이다. 고영근 · 남기심(1993:64), 임홍빈 · 장소원(1995:11)에서도[15] 가변어를 'inflected word'라고 분명히 기술해 놓고 있다. 그러면 'inflected word'는 무엇인가? 'inflected word'는 곡용(declension)을 하는 단어와, 활용(conjugation)을 하는 단어를 아울러 이른다. 굴절어인 인구어는 명사와 동사가 형태 변화를 통해 격이나 시제와 같은 문법적인 의미를 나타낸다. 이때 명사의 형태 변화를 곡용, 동사의 형태 변화를 활용이라고 한다. 하지만 교착어인 국어는 격이나 시제와 같은 문법적인 의미를 문법 형태소를 첨가하여 나타낸다. 즉 명사는 조사와 결합하여, 동사는 어미와 결합하여 각각 곡용과 활용을 한다.

국어 품사 분류에서 '형태' 기준이 굳이 필요하지 않다는 것은 새로운 얘기가 아니다(최웅환 2009, 구본관 2010, 최형용 2016 등). 구본관(2010:187)은 교착어인 국어의 경우 굴절어의 어미에 직접 대당하는 요소가 없어 형태를 품사 분류의 중요한 기준으로 삼기는 어렵다고 하였다. 최형용(2016:105)도 한국어의 품사 분류를 위해서 그 기준으로 형태 변화 유무를 따로 도입할 필요를 느끼지 못한다고 하였다.[16] 사실 관계를 따지자면 형태가 변하는 단어는 없고, 어미가 결합하는 단어와, 조사가 결합하는 단어가 있을 뿐이다.[17] 이를 굳이 형태가 변한다고 약정함으로써 얻을 수 있는 장점이 딱히 없다. 이처럼 교착어인 국어에는 어형 변화를 하는 단어가 없다. 어형 변화를 하는 단어가 없는데, 굳이 '가변어/불변어'라는 기준으로 단어를 분류했을 때의 유용성도 딱히 없을 수밖에 없다.

굴절 즉, 곡용과 활용은 국어 통사론에서도 중요한 개념인데, 통사론에서 활용

---

15) 임홍빈 · 장소원(1995)은 굴절을 'inflection'의 의미로 사용하면서도, 특별한 설명 없이 곡용은 제외하였다. 그리고 형태 변화를 어미변화라고 설명하고 있는데, 이는 용언의 활용을 형태 변화라고 미리 전제하고서 그 전제에 끼워 맞춘 설명이다. 국어에서 어간도 변화하지 않고, 어미도 변화하지 않는다. 단지 어간에 어미가 결합할 뿐이고, 이는 변화가 아니라 결합관계이다.

16) 그러면서 최형용(2016)은 '분포'를 품사 분류 기준으로 도입할 것을 제안하였다

17) 조사 중에서 보조사는 체언 이외의 단어와도 결합하므로 정확히 말하면 '조사'가 아니라 '격조사'라고 하는 것이 맞다.

을 동사의 형태 변화로 설명할 수는 없다. 4장에서 자세히 살펴보겠지만, 실제 2015 교육과정 『국어』 교과서에서도 문장 단원에서 활용을 형태 변화로 설명하지는 않는다. 그래서 오히려 활용을 품사 단원에서 굳이 동사, 형용사의 형태 변화로 설명하는 것은 학습자로 하여금 개념의 혼란만 초래할 뿐이다. 그렇게 함으로써 얻을 수 있는 설명적 장점도 없다고 할 것이다.

참고로 일반언어학적으로 굴절은 곡용과 활용을 아우르는 개념이다. 이러한 개념적 정의를 그대로 따르면, 어미나 조사를 취하는 단어를 굴절 단어, 그렇지 않은 단어를 비굴절 단어(이익섭 · 임홍빈(1983:128-129)로 해석하는 것이 맞다. 그리고 만일 굴절을 형태 변화로 보자고 가정한다면, 형태 변화를 '활용이나 곡용과 같은 형태상의 변화에 나타나는 특징(임홍빈 2001:714-717)'으로 정의하는 것이 굴절의 원래 개념에 더 부합할 것이다.[18] 이러한 사실을 고려할 때 2015 교육과정 『국어』 교과서에서 곡용을 제외한 채 활용만 굴절로 설정한 것도 학문문법의 일반적인 해석과 같지 않다.

학교문법에서 곡용을 제외하고 활용만 굴절로 다룬 것은 학교문법이 조사를 독립된 품사로 설정해 놓았기 때문에 어쩔 수 없이 그렇게 된 것뿐이다.[19] (7)의 예를 제시하면서 가변어를 설명한 남기심 외(2019)의 기술이 이러한 상황을 적절하게 잘 설명해 준다.

(7) 혜미가 저 동화를 빨리 읽었다.

남기심 외(2019:28)는 "만약 '혜미, 동화'에 붙는 '가, 를'을 독립된 단어로 보

---

18) 신승용 외(2020:143)에서도 '형태적 기준에 따르면 단어는 굴절(inflection)하는 단어와 굴절하지 않는 단어로 양분되며, 굴절하는 단어는 다시 곡용(conjugation)하는 단어와 활용(declension)하는 단어로 나뉜다.'로 기술하고 있다.

19) 이에 대해서는 이관규(2002:122)에서도 "동사와 형용사만 변화어에 속하는데, 이는 어미를 단어로 인정하지 않은 결과이다. 마찬가지로 조사가 불변화어에 속하는 것은 조사를 단어로 인정했기 때문이다."라고 언급하였다.

지 않으면 이들을 변화하는 단어로 보아야 한다. 그러나 이곳에서는 그런 태도를 취하지 않고 '혜미, 동화'는 변화하지 않는 단어로 본다."고 하였다. 그러니까 조사를 독립된 단어로 보지 않으면 체언도 용언과 마찬가지로 가변어로 보아야 하는데, 조사를 독립된 단어로 설정했기 때문에 체언을 가변어로 볼 수 없다는 것이다.[20] 조사를 단어로 설정하게 되면 체언에 조사가 결합하는 것은 '단어 + 단어'의 결합이 되므로 굴절로 해석할 수 없게 되는 것이다.[21]

이상에 알 수 있듯이 국어에서 '가변어'는 실제 형태가 변하는 단어이기 때문에 가변어가 아니다. 동사와 형용사가 어미와 결합하는 것을 그냥 형태가 변하는 것으로 보자는 것이고, 그렇게 볼 때에 동사와 형용사가 가변어라는 것 이상도 이하도 아니다. 말 그대로 일종의 약정 같은 것이기 때문에 준가변어 같은 개념도 나올 수 있는 것이다. 고영근 · 구본관(2018:47)은 "명사나 대명사, 수사와 같은 체언에 조사가 결합하는 것을 용언에 어미가 결합하는 것과 유사한 것으로 본다면 이들을 가변어에 넣거나 가변어와 불변어 사이에 '준가변어'를 설정하여 이들을 따로 위치시킬 수도 있을 것이다(고영근 · 구본관 2018:47)."라고 하였다. '~한다면'의 진술에서 확인할 수 있듯이 교착어인 국어에서 가변어, 준가변어는 일종의 가정에 따른 결론이지, 그것이 실제 언어적 사실은 아니다.

---

20) 곡용을 인정한다면 조사의 독립 품사로서의 지위는 부정되어야 하고 마찬가지로 활용을 인정한다면 어미의 독립 품사로서의 지위는 부정되어야 한다(최형용 2012:244). 만일 어미도 단어로 분류되게 되면, 개념상 용언 어간에 어미가 결합하는 것도 '단어 + 단어'의 결합이므로 굴절로 볼 수 없게 되고, 이렇게 되면 현재의 학교문법의 '가변어/불변어' 기준에 의한 가변어는 없어지게 된다.

21) 굴절로 보지 않는다 하더라도 격조사가 의존 형태소이고, 문법적인 의미를 나타낸다는 사실이 바뀌지는 않는다. 격조사를 단어로 보든, 단어로 보지 않든 그것은 해석의 문제이고, 어느 쪽이든 격조사가 문법적인 의미를 나타낸다는 사실이 바뀌지는 않는다.

4. ‘가변어/불변어’로 인한 학교문법 내용 체계의 비정합성

3장에서 살펴보았듯이 ‘가변어/불변어’라는 기준은 국어의 단어를 이해하는 데 굳이 필요한지가 의문스러운 것이다. 품사 단원에서 ‘가변어/불변어’ 기준을 도입하여 단어를 분류하게 되면, 학교문법 전체에서 내용의 정합성이라는 측면에서 세 가지 꽤 심각한 문제를 야기한다.

첫째, 가변어의 정의와 문장 단원에서 활용의 정의가 서로 정합적이지 않다.
둘째, 가변어의 정의와 단일어/복합어 분류에서 단일어의 정의가 서로 정합적이지 않다.
셋째, 동사와 형용사의 형태가 고정되지 않는 문제가 발생한다.

첫째, 문장 단원에서 ‘가변어/불변어’에 대한 설명과 활용에 대한 설명이 어떻게 충돌하는지부터 살펴보기로 하자. 동사와 형용사를 형태가 변하는 단어라고 하게 되면, 동사와 형용사의 통사적 특성을 설명하는 부분에서의 설명과 정합적이지 않은 결과를 야기한다. 왜냐하면 문장 단원에서는 서술어(동사, 형용사)에 어미가 결합한다고 기술하고 있기 때문이다. 어미가 결합한다는 것은 결합관계를 말하는 것이다. 그러니까 동사와 형용사 어간에 어미가 결합하는 활용에 대해, 품사 단원에서는 동사와 형용사의 형태가 변하는 것으로 설명하면서, 문장 단원에서는 어간에 어미가 결합하는 결합관계로 서로 다르게 설명하게 되는 셈이다. 형태가 변하는 것과, 결합하는 것은 엄연히 서로 다르다. (8)은 2015 교육과정 『국어』 3-2학기 문장 단원의 내용이다.

(8)[22] 가. 〈미래앤〉

㉠ 명사절, 관형사절, 부사절을 가진 안은문장을 만들 때는 전성 어미를 붙여 만들어요. 전성 어미는 용언의 어간에 붙어 용언이 ……(p.79)

㉡ 용언과 서술격 조사가 활용할 때 형태가 변하지 않는 부분을 어간, 형태가 변화는 부분을 어미라고 해요.(p.75)

나. 〈천재(박)〉

㉠ 연결어미: 용언의 어간에 붙어 다음 말에 연결하는 ……(p.126)

㉡ 전성어미: 용언의 어간에 붙어 절이 다른 품사의 기능을 ……(p.127)

(8)에서 보듯이 용언의 활용을 설명하면서 사용된 서술어가 '붙다'이다. 붙는 것은 결합관계이지, 변하는 것이 아니다. 형태가 변하는 것과, 어간에 어미가 붙는 것은 결코 같은 것일 수 없다. 그러니까 현재 학교문법은 활용이라는 동일한 대상을 두고서 품사 단원에서는 이를 형태가 변하는 것으로 설명하고, 문장 단원에서는 이를 어간에 어미가 결합하는 결합관계로 설명하고 있는 것이다. 당연히 품사 단원의 내용과 문장 단원의 내용이 서로 정합적이지 않다. 학교문법 전체 내용의 정합성이라는 측면에서 볼 때 이는 매우 큰 문제이다.[23]

2015 교육과정 고등학교 『언어와 매체』 문장 단원에서의 내용 기술도 평행하다.[24] (9)에서 보듯이 '붙다', '결합하다'의 서술어가 사용되는 것을 확인할 수 있는데, 어간에 어미가 결합하는 활용을 형태 변화가 아니라 결합관계로 설명하고 있음을 분명히 확인할 수 있다.

---

22) 밑줄은 필자가 그은 것이다. 아래 (9)도 마찬가지이다. 지면의 한계상 9종 교과서 중에서 〈미래앤〉, 〈천재(박)〉 2종만 제시하는데, 나머지 7종 모두 '붙다', '결합하다'의 서술어를 사용하고 있다는 점에서 평행하다.

23) 특히 〈미래앤〉의 (8가㉡)을 보면, 명시적으로 '용언이 활용할 때 형태가 변하지 않은 부분을 어간'이라고 즉, 동사와 형용사가 형태 변화를 하지 않는다고 설명하고 있다. 어미는 어미일 뿐 동사나 형용사가 아니며, 동사나 형용사의 일부도 아니다.

24) 『언어와 매체』 5종 교과서 모두 결합관계로 기술하고 있는데, 여기서는 그중 〈미래앤〉, 〈천재〉 2종만 제시한다.

(9) 가. 〈미래앤〉

㉠ 명사절은 명사형 어미 '-(으)ㅁ, -기'가 결합하여 만들어지며 문장에서 주어, 목적어, 부사어 등의 역할을 한다.

㉡ 주체 높임법은 서술어에 선어말 어미 '-(으)시-'를 붙이거나 ……

㉢ 관형사형으로 만들 때는 동사의 어간에 '-(으)ㄴ'이나 '-던'을, 형용사나 서술격 조사의 어간에는 '-던'을 결합하여 나타낸다.

나. 〈천재〉

㉠ 명사절은 명사형 어미 '-(으)ㅁ, -기'가 붙어서 만들어지며 ……

㉡ 주체 높임법은 …… 서술어에 선어말 어미 '-(으)시-'가 붙어 실현된다.

㉢ 동사 어간에 붙는 관형사형 어미 '-(으)ㄴ'도 과거 시제를 나타내는 데 사용된다.

(9)에서 보듯이 어간에 어미가 결합하는 것을 '결합하다', '붙이다'라는 서술어를 사용하고 있다. 결합하거나 붙이는 것은 말 그대로 결합관계이지, 형태 변화일 수 없다.

둘째, 단일어의 정의와 가변어의 설명이 서로 정합적이지 않은 문제를 살펴보자. 단일어는 형태소가 하나인 단어이다. 즉 하나의 형태소가 문장에서 자립적으로 쓰이면 단일어이다. 이 정의를 부정하지 않는다면 형태소가 두 개로 이루어진 구성이 단일어일 수는 없다. (10)에서 활용하는 동사 '잡-'은 단일어이다. 학교문법에서 단어의 종류를 설명할 때는 즉, 단일어와 복합어를 구분할 때는 동사 '잡다'를 단일어로 설명한다. 물론 더 정확히 말하면 어간 '잡-'이 동사이다.[25]

(10) ㄱ. 잡다.

25) 동사와 형용사의 어간은 의존 형태소이기 때문에 동사와 형용사를 언급할 때 관습적으로 편의상 대표형으로 어미 '-다'가 결합한 '잡다, 기쁘다'로 말하는 것일 뿐, 실제 동사와 형용사는 어간 '잡-', '기쁘-'이다.

ㄴ. 잡아.

ㄷ. 잡을

ㄹ. 잡음

ㄹ. 잡았다.

ㅁ. 잡았습니다.

ㅂ. 잡으셨습니까?

그런데 현재 학교문법의 품사 단원에서 동사, 형용을 지칭할 때 어간이 아니라 활용형 전체를 가리키게 되어 있다. 그래서 현재 학교문법의 설명을 따른다면, 활용형 (10ㄱ~ㅂ) 각각이 동사이고, 모두 동일한 동사이고, 또한 단일어이다. 왜냐하면 (10ㄱ~ㅂ) 모두 단지 동사의 형태가 변한 것이기 때문이다.

하지만 (10ㄱ~ㅂ)은 각각 서로 다르다. 우선은 (10ㄱ~ㅂ) 모두 형태소가 둘 이상으로 이루어진 활용형이다. 단일어는 형태소가 하나인 단어인데, (10ㄱ~ㅂ)은 모두 형태소가 둘 이상이므로 단일어라는 설명과 정합적이지 않게 된다. 그럼에도 불구하고 현재 학교문법에서는 (10ㄱ~ㅂ)이 모두 같은 동사가 되므로 학생들이 매우 혼란스러워할 수밖에 없다. 이를 가르쳐야 하는 교사들에게도 당혹스러운 문제이다.

이처럼 동사와 형용사의 활용을 동사와 형용사의 형태 변화로 설명하는 것은 단일어의 정의와 정합적이지 않게 된다. 단일어는 형태소가 하나인 단어인데, (10ㄱ~ㅂ)은 모두 형태소가 둘 이상인 단어이기 때문이다. 그러니까 단일어의 정의와 가변어의 정의는 서로 정합적일 수 없다.

영어에서 'caught'는 단일어 동사 catch의 과거형이다. 즉 'caught'는 'catch + 과거시제' 이렇게 두 개의 형태소로 이루어진 구성이다. 그런데 'caught'에서 동사의 형태와 과거 시제 형태소를 분리할 수 없기 때문에 편의상 굴절형 'caught'를 동사라고 지칭하기도 한다. 하지만 국어는 교착어이기 때문에 동사와 시제 형태소가 분명하게 구분된다. 예컨대 '잡았다'는 '잡-았-다'로 명확히 분절

된다. 동사 '잡-'이 명확하게 분석됨에도 불구하고 어미가 결합한 활용형 '잡았다'를 동사라고 하는 것은, 문법적인 의미를 형태소를 첨가해서 나타내는 언어라는 교착어의 정의와도 맞지 않다. 무엇보다 활용형 '잡았다'는 3개의 형태소로 이루어져 있음에도 단일어라고 해야 하는 모순이 발생한다.

셋째, 동사와 형용사의 형태가 고정되지 않는 문제에 대해 살펴보자. 앞선 둘째에서 살펴본 것처럼 학교문법에서 동사와 형용사는 어간이 아니라 어미가 결합한 활용형 전체를 가리키게 되어 있다.[26] 그러다 보니 (10)처럼 동사와 형용사의 형태가 고정되지 않는 즉, 불확정 상태가 되는 문제가 발생한다. 실제 교과서 학습활동에서도 동사와 형용사의 형태가 정확히 무엇인지 확정되지 않은, 애매한 상태로 서술되어 있다.

(11)[27] ㄱ. 〈미래앤〉

1 보기 를 참고하여, 다음 단어가 문장에서 쓰일 때 형태가 변하지 않는 것과 변하는 것으로 나누어 보자.

보기

- 산이 참 푸르다.
- 우리는 산을 바라보았다.
- 너는 손이 참 크구나.
- 책상 위에 큰 공책이 있다.

산 크다 앉다 우리 아주
어머나 따뜻하다 만들다

형태가 변하지 않는 단어	형태가 변하는 단어
산,	크다,

26) 그래서 동사와 형용사에서 형태가 변하지 않는 것을 어간, 형태가 변하는 것을 어미라고 다시 친절하게 보완 설명을 하고 있다. 그러나 사실 어미도 형태가 변하지 않는다. 이는 단지 어간에 여러 어미가 결합하는 것을 어미의 형태가 변하는 것으로 보자는 것에 지나지 않는다. 그러니까 사실이 아니라 일종의 약정에 해당한다.

27) 품사는 중학교 1-2 과정에 있다.

ㄴ. 천재(박)

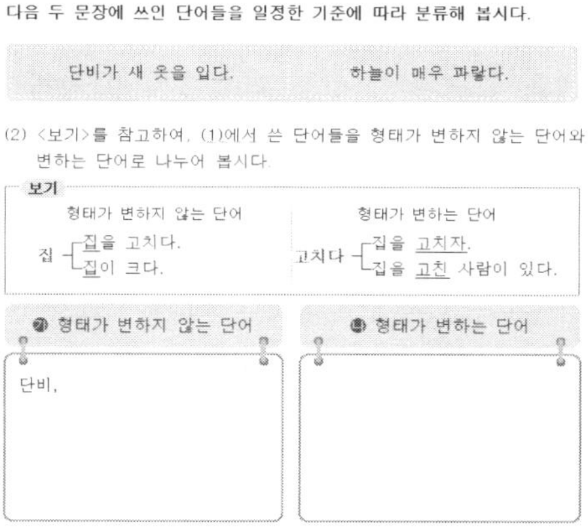
다음 두 문장에 쓰인 단어들을 일정한 기준에 따라 분류해 봅시다.

단비가 새 옷을 입다. 하늘이 매우 파랗다.

(2) <보기>를 참고하여, (1)에서 쓴 단어들을 형태가 변하지 않는 단어와 변하는 단어로 나누어 봅시다.

보기

형태가 변하지 않는 단어: 집 ─ 집을 고치다. / 집이 크다.

형태가 변하는 단어: 고치다 ─ 집을 고치자. / 집을 고친 사람이 있다.

㉮ 형태가 변하지 않는 단어: 단비,

㉯ 형태가 변하는 단어

(11ㄱ)의 〈보기〉 자료에서 학교문법의 내용에 따라 형태가 변하는 단어를 찾으면, '푸르다, 바라보았다, 크구나, 큰'이다. 그런데 정작 학습활동에서 실제 찾아야 하는 것은 어미 '-다'가 결합된 형태로 가공된 동사와 형용사 '크다, 앉다, 따뜻하다, 만들다'이다. 이는 결과적으로 〈보기〉를 분석할 때 적용해야 하는 지식과, 실제 학습활동이 요구하는 활동을 할 때 적용해야 하는 지식이 일치하지 않게 되는 문제가 생긴다. (11ㄴ)의 경우는 '고치다, 크다'로 찾으라는 것인지, '고치자', '고친'으로 찾으라는 것인지, 어느 것으로 찾든 상관없는 것인지 모호하게 구성되어 있다.

상황이 이렇기 때문에 (11)의 활동을 하고 나면 자연스럽게 '도대체 동사와 형용사의 정확한 형태가 무엇이지?'하는 의문이 생길 수밖에 없다. (11ㄱ)의 〈보기〉에서 형용사를 찾으라고 하면, '크구나'라고 대답해야 할지, '큰'이라고 대답해야 할지, 아니면 '크다'라고 대답해야 할지 현재 학교문법의 내용 기술에서는 명시적인 언급이 없다. (11ㄴ)의 〈보기〉에서도 마찬가지이다. 〈보기〉에서 동사를 찾으라고 할 때, '고치자'라고 해야 할지, '고친'이라고 해야 할지, 아니면 '고치다'라고 해야 할지 현재로서는 어떻게 대답해야 하는지 정확한 설명이 없다.

왜 이러한 현상이 일어나게 되는 것일까? 이는 근본적으로 품사 단원에서 동사와 형용사의 활용을 결합관계가 아닌, 동사와 형용사의 형태 변화로 설명하고 있기 때문에 야기될 수밖에 없는 문제이다. 학교문법에서 말하는 가변어의 외연은 결과적으로는 활용을 하는 단어의 외연과 같다. 그래서 2장의 (3)에서 보았듯이 개정 7차 교육과정에서 서술격 조사 '-이-'를 가변어에 포함시킨 것도, 결국 가변어의 외연과 활용을 하는 단어의 외연이 같기 때문이다.

문장 단원에서는 활용의 개념에 대한 설명은 필수적이다. 동사와 형용사의 중요한 특성 중의 하나가 활용을 한다는 즉, 어미와 결합하여 문장에 쓰인다는 것이다. 품사 단원에서 정말 알아야 하는 동사와 형용사의 특성은 이것이다. 그런데 이러한 활용을 굳이 형태가 변하는 것으로 별도의 설명을 해서 얻을 수 있는 장점이 무엇인지 모르겠다. 품사 단원에서 가변어라는 설명을 하더라도, 문장 단원에서는 어쨌든 활용의 개념을 설명해야만 한다. 활용의 개념을 설명하려면 어간과 어미를 설명해야 하고, 어간과 어미를 분석하는 순간 그것은 형태가 변하는 것이 아니라 결합관계를 설명하는 것이 된다. 그러므로 굳이 교착어인 국어에 적합하지도 않는 가변어의 개념을 끌어들일 것이 아니라, 활용의 개념으로 동사와 형용사의 특성을 설명하는 것이 학교문법 내용 체계의 일관성이나 정합성을 고려할 때도 맞는다고 할 것이다.

'가변어/불변어' 기준이 국어의 단어를 이해하는 데 도움이 된다면 당연히 품사 분류 기준으로 삼는 것이 맞을 것이다. 그리고 그럴 경우에는 학교문법에서도 그 기준이 도입되어야 한다. 그러나 지금까지 살펴본 것처럼 '가변어/불변어'라는 기준은 국어의 단어를 이해하는 데 딱히 도움이 되지 않는다. 그럼에도 이를 학교문법에 도입하는 것은 학생들이 단어를 이해하는 데 도움이 되지도 않을뿐더러, 학교문법 내용 체계 전체의 정합성에도 문제를 일으킬 뿐이다. 이러한 사실을 종합적으로 고려할 때 학교문법의 품사 분류에서 '가변어/불변어' 기준을 끌어올 이유가 없다고 할 것이다.

5. 결론

지금까지 품사 분류 기준인 '가변어/불변어'를 굳이 학교문법에서 도입을 해야 할 필요성이 있는지에 대해 살펴보았다. 일반언어학적으로 품사를 분류하는 기준은 기능, 형태, 의미 세 가지를 기본으로 한다. 그러나 품사 분류 기준은 일찍이 Lyons(1968)에서 언급했듯이 언어마다 획일적으로 적용될 수 있는 것이 아니다. 더욱이 '가변어/불변어'라는 품사 분류 기준은 굴절어인 인구어를 대상으로 정립된 것이다. 당연히 교착어인 국어에 '가변어/불변어' 기준이 적합할 수 없다.

이러한 상황에서 굳이 학교문법에서 품사를 설명하면서 '가변어/불변어' 기준을 도입해야 할 필요성을 느끼지 못한다. 또한 그렇게 함으로써 얻을 수 있는 장점이 무엇인지도 모르겠다. 학교문법에서 '가변어/불변어' 기준을 도입함으로써 학생들이 국어의 단어를 이해하는 데 도움이 된다면, 그럴 수 있다. 하지만 지금까지 살펴본 것처럼 '가변어/불변어' 기준을 도입함으로써 오히려 학교문법의 전체 내용 체계를 정합적이지 않게 만드는 문제가 있다. 뿐만 아니라 학생들이 '동사와 형용사'의 정확한 형태가 무엇인지 이해하기도 어렵게 만드는 문제까지 야기한다.

따라서 국어의 단어를 품사로 분류하는 데 도움이 되는 것도 아니고, 교착어인 국어에 맞지도 않은 '가변어/불변어' 기준을 품사 분류 기준으로 제시할 이유가 없다고 하겠다. 문장 단원에서 설명해야 하는 활용을 통해 동사와 형용사의 특성을 설명하는 것이 낫다. 이것이 학교문법의 전체 내용 체계의 정합성을 고려할 때도 더 적절하다.

V. 문법 교육에서 구(句)와 어(語)의 문제

1. 서론

일반적으로 '구(句)'라고 하면, 단어보다 큰 단위를 이른다. 즉 구는 적어도 두 단어 이상이 모인 구성이다. 두 단어 이상이 모인 구성이라는 점에서는 합성어와 구가 같지만, 합성어는 하나의 단어이고, 구는 단어가 아니다.[1] 이렇게 말할 때의 구는 주로 형태론에서 합성어와 대비되는 개념으로서의 구이다.

그런데 우리가 흔히 명사구, 동사구라고 할 때는 통사론에서 '어(語)'에 대응되는 개념으로서의 구를 가리키기도 한다. 즉 구절구조규칙 'S → NP + VP'에서의 NP, VP가 그것이다. 이때의 NP는 주어, VP는 서술어인데, 이를 각각 명사구, 동사구라고도 한다. 여기서 명사구, 동사구는 형태론에서 합성어에 대비되는 개념으로서의 구와는 다르다.

이는 실제 문장을 분석할 때 상당히 애매한 문제를 야기한다. 예컨대 '학교 공부가 즐겁다'와 '공부가 즐겁다'의 두 문장에서 주어는 각각 '학교 공부', '공부'이다. 전자의 주어 '학교 공부'는 명사구에 해당하고, 후자의 주어 '공부'는 명사이다. 그런데 구절구조 규칙 S → NP + VP에서는 '학교 공부'도 명사구(NP)이고, '공부'도 명사구(NP)이다.

즉 '구'라는 용어를 같이 쓰긴 하지만, 형태론 층위에서 단어인 합성어와 대비되는 개념으로서의 구와 통사론 층위에서 문장을 분석할 때의 구의 개념이 일치

---

1) 물론 정확히 말하면, 합성어는 '어근 + 어근'이다. 그리고 여기서 합성어는 파생어와 대립되는 개념으로서의 합성어로서, 복합어의 하위어이다.

하지 않는다. 이러한 사실이 문법 교육에서 구란 무엇인가라는 질문에 답하기 어렵게 만든다. 이는 구의 정의가 명확히 이루어지지 않았기 때문에 발생되는 문제이다. 물론 형태론에서의 구와[2] 통사론에서의 구가 개념적으로 다르다고 전제하고 구라는 용어를 사용할 수도 있지만 이러한 상황은 분명 혼란을 야기한다.

현재 학교 문법에서도 구의 정의는 명확하지 않다. 그렇기 때문에 당연히 구와 어에 대한 개념을 정확히 이해하기가 어려운 게 사실이다. 7차 교육과정부터 특히 문법 교육에서는 탐구학습을 강조하고 있다. 그런데 탐구학습을 위해서 가장 기본이 되어야 하는 것은 정확한 개념의 확립이다. 개념이 불분명한 상태에서 현상에 대한 올바른 분석을 할 수 없고, 분석이 제대로 되지 않은 상태에서 올바른 탐구를 할 수 없음은 두 말할 필요가 없다.

본고에서는 먼저 학문 문법에서 구와 어가 어떻게 정의되고 있는지, 그리고 이러한 정의의 문제점은 무엇인지를 살펴보게 될 것이다. 이를 토대로 학교 문법에서는 구와 어가 어떻게 반영되어 있는지를 살펴보고, 나아가 학교 문법에서 구와 어를 어떻게 다루는 것이 좋을지에 대해서도 검토하게 될 것이다.

학교 문법의 내용이 하나의 단일 이론 틀 안에서 구성되어 있다고 볼 수는 없다.[3] 물론 학교 문법의 내용이 하나의 단일 이론 틀 안에서 내용이 구성되어야만 하는 것도 아니다. 그러나 전체 내용 기술에서 동일한 용어가 이론의 다름으로 인해서 다른 개념으로 사용되어서도 안 되고, 동일한 용어가 문법의 층위마다 다르게 정의되어서도 안 된다는 것은 이론의 여지가 없다고 할 것이다.

---

2) 물론 '구'는 형태론의 단위가 아니다. 여기서 '형태론에서(의) 구'라는 표현은 구가 형태론의 단위라는 의미는 결코 아니며, 합성어와 대비되는 개념으로서 형태론에서 구가 도입되는데 이때의 구를 가리키는 말임을 밝혀 둔다.

3) 정주리(2006:180-182)는 7차 문법 교과서가 인지주의 이론에 바탕을 둔 기능 중심의 언어관을 수용하고 있으면서도 생성문법적 특성인 규범적 성격이 강하다고 말하고 있다.

2. 합성어와 대비되는 개념으로서의 구(句)와 구절구조규칙 XP의 구

구의 개념은 학문 문법에서도 명확하게 정의되어 있다고 보기 어렵다. 형태론에서 구의 개념이 필요한 것은 단어인 합성어와 단어보다 큰 단위를 구별하기 위한 것이다. 다시 말해 단어인 합성어의 정의를 보다 선명하게 하기 위해서 구의 개념이 도입되었다고 할 수 있다. 그래서 형태론에서 구는 단어보다 큰 단위라는 것을 밝히는 것 이상으로 정밀화되어 있지 않다. 단지 주술 관계가 성립되면 문장이 되므로, 주술 관계를 갖추지 않아야 한다는 조건이 부가되어 있는 정도이다.

반면 통사론에서 명사구(NP), 동사구(VP), 관형사구(DETP), 부사구(ADVP)는 문장을 분석하기 위해 필요한 단위이다. 통사론에서 문장을 구성하는 성분이 단어이냐 단어보다 큰 단위이냐는 크게 중요한 문제는 아니다. 어떠한 단위가 문장에서 하는 기능이 더 중요하다. 그래서 통사론에서는 문장을 구성하는 단위로서의 어의 개념이 중요하다. 형태론에서 단어보다 큰 단위로서의 구는 어를 구성하는 단위들 중의 하나일 뿐이다. 단어도 어가 될 수 있고, 절도 어가 될 수 있기 때문이다.

여기서 구의 개념이 불분명해지는 지점이 생겨난다. 즉 형태론에서 구의 개념이 도입된 필요성과, 통사론에서 구의 개념이 도입된 필요성이 서로 다르다. 그렇기 때문에 형태론에서의 구의 개념과 통사론에서의 구의 개념이 일치하지 않고 차이가 발생하게 되었다고 하겠다.

구의 정의는 일반적으로 '둘 이상의 단어로 이루어진 구성'이면서, 그 구성 안에 서술어가 없어야 한다는 조건이 붙는다. 참고로 '구'의 정의를 보면 (1)과 같다.

(1) 가. 구는 단어들이 모여 이루어진, 단어보다 더 큰, 그러나 주술구성, 즉 주어와 서술어가 갖추어진 구성이 아닌 언어 형식을 말한다. 흔히 명사구, 동사구, 부사구처럼 품사 이름을 붙여 부르는데 이는 그 구가 하는

일이 궁극적으로 이들 품사와 같음에 근거한 것이다.

나. 두 개 이상의 어절이 모여서 하나의 문장 성분을 이룬 것을 구라고 한다. 단 구는 자체 내에 주어와 서술어 관계를 형성하지 못한 것.

(1가)는 국어학 개론서인 이익섭(2000:144)의 구의 정의이고, (1나)는 학교 문법을 표방한 이관규(2002:231)의 구의 정의이다.[4] 대부분의 국어학 개론서나 학교 문법 개론서에서의 정의 역시 약간의 표현의 차이가 있을 뿐 큰 틀에서 이와 다르지 않다.[5] 정리하자면, 구란 둘 이상의 단어가 모인, 단어보다 큰 단위 또는 두 개 이상의 어절이 모인 구성이면서 그 안에 주술 관계를 갖추지 않은 것이라고 할 수 있다.[6] 이관규(2002)에서 '두 개 이상의 어절이 모여서 하나의 문장 성분을 이룬 것'이라고 한 것은 아래 (5), (6)에서 살펴보겠지만 올바른 기술이 아니다. 왜냐하면 두 개 이상의 어절이 모여서 반드시 하나의 문장 성분을 이루는 것은 아니기 때문이다.

형태론에서 구는 단어인 합성어와 단어보다 큰 단위를 구별하기 위해 필요한 것이다. 하지만 (1가,나)의 정의가 단어와 구를 명확히 구별해 주지 못한다는 것은 이미 주지의 사실이다. 단어와 구를 변별하는 기준으로 '제3의 요소의 개입 여

4) 학교 문법을 표방한 임지룡 외(2005:237)에서는 "'미리 아셨다'와 같이 둘 이상의 어절이 모여서 하나의 의미 단위를 이루면서 주어와 서술어를 가지지 못하는 문법 단위"로 정의하고 있는데, 이관규(2002)에서 '문장 성분'이라고 한 것을 임지룡 외(2005)에서는 '문법 단위'라고 하여 차이를 보인다.

5) 여기에 제시된 개론서들은 논의의 편의상 필자가 임의로 선택한 것일 뿐 특별한 의미는 없다. 아무튼 인용이 되지 않은 개론서의 저자들께는 양해를 구한다. 대부분의 개론서들에서도 약간의 어구의 차이는 있지만 정의가 대체로 유사하고, 또 특별히 다를 이유가 없기도 하다. 물론 단어보다 크다는 점에서는 일치하지만, 그 단위를 지칭할 때는 '구성', '하나의 문장 성분', '문법 단위' 등으로 다르게 표현하고 있다.

6) (1나)에서 두 개 이상의 어절이라는 것은 사실 잉여적이다. 왜냐하면 한글맞춤법에서 단어와 단어는 띄어 쓰게 되어 있기 때문에, 결국 두 개 이상의 어절이라는 것은 이미 단어보다 큰 단위라는 것을 전제하고 있다. 문제의 핵심은 단어이냐 단어보다 큰 단위이냐인데, 두 개 이상의 어절이라는 것은 단어보다 크다는 것이 밝혀져야만 가능한 맞춤법상의 조치이기 때문이다. 그래서 두 개 이상의 어절이라는 것은 언어 내적인 기준이라기보다는 단어보다 큰 단위를 표기한 결과적 사실일 뿐이다.

부', '휴지의 유무' 등이 있지만, 이것이 합성어와 구를 구별하는 명확한 기준으로 기능하지는 못한다. 이미 Bloomfield(1933:180-181)에서 단어와 구를 구별하는 기준으로 강약(stress), 확장(expansion) 등의 기준을 들 수 있다고 하면서, 또한 이러한 기준들이 단어와 구의 구별에 엄밀하게 적용될 수 없다고 말하고 있다. 이러한 상황은 지금도 크게 달라지지 않았다. 단어와 구를 구별하는 핵심은 결국 단어보다 크냐 크지 않으냐인데, 단어보다 큰지 아닌지를 판별하는 객관적인 기준을 확립하기 어렵기 때문이다.

단어이든 구이든 통사론에서는 문장에서 어떠한 기능을 하느냐에 따라 문장 성분으로 분석된다. 문장 성분에는 문장에서의 기능에 따라 '주어, 목적어, 서술어, 보어, 관형어, 부사어, 독립어'로 분류된다. 따라서 문장 성분이 곧 어이다. 그러면 통사론에서 문장 성분에 해당하는 어의 정의는 어떻게 되어 있는가?

이익섭(2003:32)은 "문장 성분이란 어떤 단어가 문장 안에서 어떤 구실을 하느냐에 따른 유(類)이다."라고 정의하고 있다.7) 그런데 문장 성분의 단위는 단어만이 아니다. 고영근(1993:236)은 "문장의 성분이 될 수 있는 말의 단위는 단어, 어절, 구(句, 이은말), 절(節, 마디)이다. 조사는 그 단독으로는 문장의 성분이 될 수 없고 반드시 체언이나 체언의 구실을 하는 말에 붙어서 그들과 한 덩어리가 되어 문장의 성분이 된다."라고 하여 문장 성분이 될 수 있는 단위를 세부적으로 명시하고 있다. 이에 따르면 단어, 구, 절이 어가 될 수 있다. 김광해 외(1999:208) 역시 문장 성분을 이루는 단위가 단어로 한정되는 것은 아니며, 단어, 구, 절이 모두 가능하다고 기술하고 있다.

문장에서 하나의 어절은 하나의 문장 성분으로 기능한다. "어절이 문장 가운데서 차지하는 기능을 '문장 성분', 줄여서 '성분'이라고 한다(고영근 · 구본관

---

7) 김광해 외(1999:207)에서는 "문장이 세상의 사태를 표현하기 위해서는 적어도 '무엇이 어찌한다/어떠하다/무엇이다'나 혹은 '무엇이 무엇을 어찌한다' 등과 같은 내용을 포함하게 된다. 이 경우 '무엇이, 무엇을, 어찌한다/어찌하다/무엇이다' 하는 것처럼 문장의 내용을 이루는 성분들을 문장 성분이라고 한다."라고 기술하고 있다. 그런데 이 정의는 기술된 내용만으로 보면 독립어, 부사어, 관형어 등을 포함하지 못하는 문제점이 있다.

2008:272)."는 기술에서 알 수 있듯이, 각각의 어절은 하나의 문장 성분 즉, 어가 된다. 이에 따르면 통사론에서 문장을 분석할 때 구의 개념이 굳이 도입되어야 할 필요가 없다. 왜냐하면 구를 구성하는 각각의 구성 요소는 다시 어절로 나뉘고, 각 어절이 하나의 문장 성분이 되기 때문이다. 다시 말해 (1)의 구가 곧 어가 되지는 않기 때문이다.

이상에서 살펴본 구와 어의 정의를 정리해 보면, 구는 구성의 크기를 나타내는 말이고, 어는 문장의 성분을 나타내는 말이다. 다만 구가 문장에서 어가 되기도 한다는 점에서 구와 어가 중복되는 부분이 생겨난다고 할 수 있다. 이렇게 보면 구와 어가 일정 정도 구분이 되는 듯해 보인다.

그런데 통사론에서 문장 성분이 되는 주어, 서술어를 각각 명사구, 동사구라고도 부른다. (1)의 정의에 해당하는 구가 주어로 쓰일 수도 있지만, 하나의 명사 즉, 단어도 주어가 될 수 있다. 아래 (2)의 기술에서 확인할 수 있듯이 통사론에서 구절구조규칙 S → NP + VP에서 NP, VP를 각각 명사구, 동사구라고 한다. 여기서 NP(명사구)를 주어라고 한다면, 주어로 쓰인 명사(N)도 NP(명사구)가 된다. 그러나 (1)의 정의에 따르면 명사 단독으로는 명사구가 될 수 없다. 왜냐하면 (1)에서 구는 단어들이 모인 단어보다 큰 단위 또는 두 개 이상의 어절로 이루어진 단위여야 하기 때문이다. 문장 성분인 주어, 서술어, 관형어, 부사어를 각각 명사구, 동사구, 관형사구, 부사어구라고 부르는 것은 구절구조규칙의 XP를 구로 이해하는 것과 평행하다.

(2) 가. 문장성분이 '주어, 서술어' 등의 이름 대신 '명사구(NP), 동사구(VP)' 등의 이름으로 불리는 것을 보게 된다. 문장성분에서도 '관형어'나 '부사어'는 이미 품사 이름을 빌려 부르고 있는데 그것이 주어, 서술어에까지 확대된 것이라 할 수 있다(이익섭 2000:133).

나. 명사나 동사로 이루어진 어절을 명사구, 동사구라고 부르기로 한다. …… 따라서 주어로 쓰인 명사구는 주어 명사구, 목적어와 보어로 쓰인

명사구는 목적어 명사구와 보어 명사구이고, 서술어로 쓰인 명사구는 서술어 명사구이다. 동사, 형용사도 단순히 동사, 형용사라고 부르기보다 동사구, 형용사구라 부를 수 있으며 총괄하여 용언구라 부를 수 있다(고영근 · 구본관 2008:273-274).

(2)의 기술에서 알 수 있듯이, 구절구조규칙의 XP 단위를 우리는 '○○구'로 부른다. 그런데 구절구조규칙에서는 X 단독으로도 XP가 될 수 있다. 형태론에서 합성어와 대비되는 개념으로서의 구와 통사론에서 문장 성분으로서 구의 개념이 혼동을 일으키게 되는 지점이 여기이다. 설명의 편의상 구절구조규칙을 간략히 보이면 (3)과 같다.

(3) ㄱ. S → NP + VP
ㄴ. NP → (DETP) + N
ㄷ. VP → (NP) + (NP) +V[8]
ㄹ. VP → (ADVP) + VP
ㅁ. XP → S

구절구조규칙 S → NP + VP에서 NP, VP를 각각 명사구, 동사구, 그리고 DETP는 관형사구, ADVP는 부사구라고 부른다. (3ㄴ)에서 보듯이 NP는 다시 DETP + N으로 이루질 수도 있고, DETP 없이 N(명사)만으로도 NP(명사구)를 이룰 수 있다. 다시 말해 문장에서는 명사가 명사구가 되기도 한다. VP 역시 V(동사)만으로 VP(동사구)를 이룰 수 있다. (3)에서 각 XP가 문장의 성분이 되므로 각 XP가 문장에서 하나의 어로 기능한다.

---

8) 주지하다시피 이때의 V는 동사가 아니라 서술어이다. 국어에서 V에 올 수 있는 것은 동사, 형용사, 'NP+ -이-'이다.

구절구조규칙 XP에 해당하는 구와 어는 일치하지만, (1)의 구는 어와 일치하지 않는다. 형태론에서의 구와 통사론에서의 구가 일치하지 않는다는 것은 이러한 사실을 말하는 것이다. 국어학 개론서들에서 제시된 구의 예는 모두 두 개 이상의 어절 단위로 이루어 것들이다. 물론 이때의 예들은 모두 형태론 분야에서 제시된 것들이다.

(4) 가. 명사구 : 넓은 강의실, 진리의 탐구, 직업과 세계관
동사구 : 생각하며 살자, 열심히 뛰었다, 바다로 가자
부사구 : 더욱 부지런히, 훨씬 더 많이, 그토록 많이
나. ㄱ. 우리 집이 여기서 별로 멀지 않다. - 명사구
ㄴ. 무엇이 바빠서 그리 빨리 가느냐? - 동사구
ㄷ. 그 꽃송이가 무척 탐스럽다. - 형용사구
ㄹ. 그 집 앞에 아주 새 차가 한 대 서 있었다. - 관형사구
ㅁ. 오늘은 웬일인지 차가 무척 빨리 달리는 것 같았다. - 부사구

(4가)는 이익섭(2000:144)에서 제시된 구의 예이고, (4나)는 고영근(1993:236)에서 제시된 구의 예들이다.[9] 형태론에서 제시된 (4)의 구의 예를 통사론에 가져와서 대입해 보면, 구절구조규칙 XP에 해당하는 구와 일치하지 않는다는 것을 확인할 수 있다. 앞서 언급했듯이 문장에서 구절구조규칙의 XP는 하나의 어이다.

(5) ㄱ. 새 차
ㄴ. 아주 새 차

(6) ㄱ. 넓은 강의실

9) 다른 개론서들에서 제시하는 구의 예들도 약간의 차이는 있지만 대체로 이와 평행하다.

ㄴ. 아주 넓은 강의실

(4)에 따르면 (5), (6)은 모두 명사구이다. 정확히 말하자면 (5)는 'DETP + N'으로 이루어진 NP(명사구)이고, (6)은 (5)와 달리 DETP가 다시 S로 귀환된 NP이다. (5)에서 관형사구로 제시된 (5ㄴ)의 경우, 통사론의 층위로 와서 문장 성분으로 보면 '아주'는 부사어이고 '새'는 관형어이다. 즉 '아주 새'가 관형사구의 예로 제시되어 있지만, 문장에서는 '아주 새'가 관형어는 아니다.

평행하게 (1)의 구의 정의를 따르는 한 (6ㄴ)의 '아주 넓은'은 관형사구이고, (6ㄱ)의 '넓은'은 관형사구가 아니다. '넓은'과 '아주 넓은'이 모두 후행하는 '강의실'을 꾸며 준다는 점에서는 같지만, '넓은'은 하나의 단어이고, '아주 넓은'은 단어보다 큰, 다시 말해 둘 이상의 단어로 이루어져 있기 때문이다. 하지만 통사론의 층위에 오면, '넓은'은 단어가 아니라 구보다도 큰 절이다. 즉 통사론의 층위로 오면 '넓은'은 관형절이고, '아주 넓은' 역시 관형절이다. 그리고 '아주 넓은'에서 '아주'는 내포문 서술어 '넓다'를 수식하는 부사어이다.

(5), (6)에서 (1)의 정의에 해당하는 X구는 문장에서 X어와 일치하지 않는다는 것을 분명히 확인할 수 있다. 문제는 (1)의 구의 정의 자체가 언어학적으로 명확하지 못하다는 데서 출발한다. '단어보다는 큰 구성' 또는 '두 개 이상의 어절로 이루어진 구성'이라는 표현이 언어학적으로 모호한 정의라는 것이다. '주술 관계를 갖추지 않은 구성'이라는 조건 역시 모호한 면이 있다.

(7) ㄱ. 생각하며 살자

ㄴ. 그리 빨리 가느냐

ㄷ. 살자

(4)에서 동사구로 제시된 (7ㄱ,ㄴ)의 경우 구성 내에 주어가 명시적으로 드러나 있지는 않지만, 서술어가 있는 구성이다. 주술 관계를 갖추지 않은 구성이라는

측면에서 보면 구성 내에 주어가 명시적으로 드러나지 않았으므로 이 조건을 충족한다고 할 수 있다. 그렇다면 (6ㄴ)의 내포절 '아주 넓은'은 관형사구이면서 또한 동사구이다. 왜냐하면 표면적으로는 '아주 넓은'에는 (8)과 마찬가지로 주어가 외현적으로 실현되지 않은 구성이기 때문이다.

또한 (1)의 구의 정의를 그대로 따를 경우 (7ㄷ)의 '살자'는 하나의 단어이므로 구라고 할 수 없다. 그러나 하나의 문장이므로 하나의 단어보다 클 뿐만 아니라 구보다 큰 구성이다. 그리고 (7ㄱ, ㄴ)과 마찬가지로 외현적으로 주어가 실현되지 않았으므로 주술 관계를 온전히 갖춘 구성도 아니라고 할 수 있다.

통사론의 층위에서 서술어의 존재는 곧 문장의 존재를 전제한다. 그리고 서술어의 존재는 곧 주어를 전제한다.[10] 주어는 외현적으로 실현될 수도 있고, 실현되지 않을 수도 있다. 주어가 외현적으로 실현되지 않았다고 해서 주어가 없는 것은 아니다. 따라서 (1)의 구의 정의에서 '주술 관계를 갖추지 않은 구성'이라고 할 때는 주어가 외현적으로 실현되지 않은 구성을 의미한다고 할 수 없다. 그래서 만일 동사구를 상정한다면, 동사구는 주술 관계를 갖추지 않은 구성이 아니라 주어를 뺀 나머지 구성이라고 해야 할 것이다. 따라서 (1)의 구의 정의를 그대로 둔 상태에서 '동사구'를 상정하는 것은 (1)의 정의에 부합한다고 보기 어렵다.

이상에서 제기한 문제점들을 정리하면 아래와 같다.

첫째, 구의 정의 자체의 문제이다. 형태론에서 합성어와 대비되는 개념으로서의 구의 정의와 통사론에서 XP에 해당하는 구의 개념이 합치하지 않는다. 즉 동일하게 '구'라는 용어를 사용하지만, 그 개념은 서로 같다고 볼 수 없다. 그렇다면 형태론에서 구의 정의에 문제가 있든 통사론에서 구의 개념에 문제가 있든, 통일된 개념의 구의 정의가 필요하다고 할 것이다. 그리고 (1)의 구의 정의에서 '단어

10) 물론 국어에서 '불이야'와 같은 문장을 무주어문으로 인정할 경우에는 서술어의 존재가 곧 주어의 존재를 전제한다고 할 수 없다. 하지만 이러한 경우는 예외적인 것이므로, 일단 이러한 예외적 존재를 논외로 한다면 서술어가 존재한다는 것은 곧 주어의 존재를 전제한다고 할 수 있다.

보다 큰 구성' 또는 '두 개 이상의 어절이 모인 구성'이라는 표현 자체도 언어학적으로 불분명하다. 동사나 형용사는 하나의 단어지만, 문장에서 쓰일 때는 이미 하나의 단어가 아니라 단어보다 큰, 그리고 구보다도 큰 문장(또는 절)으로 기능하기 때문이다.

둘째, '주술 관계를 갖추지 않은 구성'이라는 조건 역시 서술어는 있어도 된다는 얘기인지, 주어와 서술어의 관계 자체가 없어야 한다는 얘기인지 불분명하다. 동사구를 인정하면서 주술 관계를 갖추지 않은 구성이라는 단서가 유효하려면, 주술 관계를 갖추지 않는 구성이 아니라 주어를 뺀 나머지 구성이라고 하는 것이 맞다. 서술어는 이미 주어를 전제하기 때문이다. 사실 구의 정의에서 주술 관계라는 말이 들어오는 순간 그 정의는 형태론적인 정의가 아니라 통사론적인 차원의 것이 된다. 주술 관계라는 것은 문장 단위에서 문장 성분들 간의 관계이기 때문이다. 그런데 문장 성분인 어와 '단어들이 모여서 이루어진 단어보다 큰 단위'로서의 구가 일치하지 않는다. 그렇다면 적어도 통사론의 층위에서 문장을 분석할 때는 '단어들이 모여서 이루어진 단어보다 큰 단위'의 구는 불필요하다고까지 말할 수도 있다. 그것은 문장을 분석하는 데 도움이 되지 않기 때문이다.

결국 문제의 핵심은 형태론에서 단어인 합성어와의 변별을 위해 설정한 개념인 '구'가 통사론에서 구설구조규칙의 XP에 해당하는 구와 일치하지 않음으로써 야기된다고 할 수 있다. 이는 단순히 구절구조규칙의 XP를 '~구'로 번역함으로써 야기되는 번역상의 문제라고 할 수 없다. 왜냐하면 XP → X로 이루어진 XP를 제외하면, (1)의 구와 구절구조규칙에서의 구(XP)가 대체로 일치하기도 하기 때문이다.

3. 학교 문법에서 구와 어의 기술의 문제, 그리고 둘의 구분

2장에서 합성어와 대비되는 개념으로서의 구와 구절구조규칙 S → NP + VP의 XP에 해당하는 구가 일치하지 않는다는 사실을 살펴보았다. 이러한 상황에서 문법 교육에서 구를 가르쳐야 한다면, 그 방향은 두 가지 중의 하나일 수밖에 없다. 즉 하나는 사실을 있는 그대로 객관적으로 보여주는 것이고, 다른 하나는 사실을 왜곡하지 않는 선에서 교육적인 차원에서 혼동을 일으키지 않게 구의 정의를 일관되게 유지하는 것이다. 그런데 적어도 학교 문법은 교육을 전제로 한다는 점에서 내용의 통일성을 고려할 때 전자보다는 후자의 관점에서 접근하는 것이 타당하다고 할 것이다.[11]

문법 교육이라고 할 때는 상당히 포괄적인 의미로 쓰일 수 있는데, 이 장에서는 일단 문법 교육을 학교 문법에서의 문법 교육으로 제한해서 논의를 진행하고자 한다.[12] 학교 문법이라고 할 때도 그 정의가 약간씩 다를 수 있는데,[13] 본고에서 말하는 학교 문법은 공통 교육 과정 1~9학년 '국어'의 문법 영역 및 선택 과목인 '문법'의 내용 체계를 이르는 말로 사용한다.[14] 다만 본고에서는 논의의 편의

---

11) 물론 그렇다고 전자의 태도를 부정하는 것은 아니다. 전자와 후자의 입장이 모두 가능하고, 관점이나 상황에 따라서는 전자의 입장이 선호될 수도 있을 것이다. 다만 구의 정의와 관련된 문제는 현상에 대한 해석의 다양성의 문제가 아니라 현상을 해석하는 도구인 개념의 문제라는 점에서 후자의 입장이 타당하다고 보고 논의를 진행하고자 한다.

12) 제목에서 학교 문법이라고 하지 않고, 문법 교육이라고 한 것은 학교 현장에서 가르치는 학교 문법뿐만 아니라 대학에서 가르치는 문법이나 기타 다른 교육 기관에서 가르치는 문법에서도 역시 구와 어의 변별이 문제가 될 수 있기 때문에 좀 더 포괄적으로 문법 교육이라고 표현하였다.

13) 임홍빈(2000)은 학교 문법을 '학교에서 가르치거나 가르치는 것을 전제로 하는 문법으로 반드시 공적인 강제력을 가지지는 않는 문법'으로 정의하였다. 이관규(2002:18~19)는 학교 문법을 규범 문법까지 포괄하는 개념으로 보고 있다. 학교 문법(school grammar)'의 정의와 관련한 그 동안의 견해에 대해서는 임홍빈(2000)에서 자세히 정리한 바 있으므로 이를 참조할 수 있다.

14) 개정 7차 교육 과정까지의 '국민 공통 기본 교육 과정'이라는 명칭이 2009 개정 교육 과정에서는 '공통 교육 과정'을 줄여 칭하고, 기간도 1~10학년에서 1~9학년으로 1개 학년이 줄었다.

상 선택 과목 '문법'(2009 개정 교육 과정에서는 '독서와 문법')에 반영된 내용을 중심으로 논의를 전개해 나갈 것이다.15)

문법 영역에 대한 교육 과정의 내용으로 미루어 볼 때 7차 교육 과정, 개정 7차 교육 과정, 2009 개정 교육 과정의 내용이 크게 다르지 않다. 그리고 본고의 논의 대상인 구와 어를 다루는 부분인 단어와 문장에 대한 교육 과정 내용을 보더라도 각 교육 과정별로 큰 틀에서 차이가 없음을 확인할 수 있다.

(8)

내용 영역	7차 교육 과정 '문법'	개정 7차 교육 과정 '문법	2009 개정 교육 과정 '독서와 문법 1'
단어	㉮ 국어의 품사 분류와 그 기준을 이해한다. ㉯ 국어의 단어를 형성하는 단위와 방법을 이해한다.	㉮ 형태소와 단어의 개념, 단어의 구조, 단어 형성법 등을 이해하고, 단어 형성법에 따라 새로운 단어를 만드는 방법을 이해한다. ㉯ 단어의 품사 분류를 이해하고 단어 분류의 의의와 효용성을 국어 생활과 관련하여 설명한다.	㉮ 형태소와 단어의 개념, 단어의 구조, 단어 형성법 등을 이해하고, 단어 형성법에 따라 새로운 단어를 만드는 방법을 이해한다. ㉯ 단어의 품사 분류를 이해하고 품사 지식이 국어사전에 활용되는 양상을 탐구한다.
문장	㉮ 국어의 문장 성분과 구소를 이해한다. ㉯ 국어 문법 요소의 기능과 그 의미를 이해한다. ㉰ 국어 문장의 여러 가지 짜임새를 이해한다.	㉮ 문장의 성분에 따라 문장의 구조를 분석하고 문장의 종류를 이해한다. ㉯ 문법 범주를 이해하고 자연스러운 문장 표현 방법을 설명한다.	㉮ 문장의 성분에 따라 문장의 구조를 분석하고 문장의 종류를 이해한다. ㉯ 국어 문법 범주를 이해하고 탐구하며 자연스러운 문장 표현 방법을 설명한다.

주지하다시피 2009 개정 교육 과정에서는 선택 과목에서 '문법'이 사라지고,

15) 선택 과목 '문법'의 내용이 공통 교육 과정 '국어'의 문법 영역의 내용을 모두 포함하고 있기 때문에 '문법'을 대상으로 하더라도 전혀 문제가 없으리라고 생각한다.

대신 '독서와 문법 Ⅰ, Ⅱ'로 바뀌었다. 『독서와 문법 Ⅰ, Ⅱ』는 아직 교과서가 출간되지 않았기 때문에 서술될 내용의 전모를 현재로서는 파악할 수 없다. 하지만 (8)에서 확인할 수 있듯이 7차 교육 과정, 개정 7차 교육 과정, 2009 개정 교육 과정의 내용 요소는 표현된 문장이나 항목 수에 차이가 있을 뿐 실제 내용은 같다고 해도 무방하다. 이러한 사실은 앞으로 나오게 될 검정 교과서 『독서와 문법 Ⅰ』의 내용 역시 2002년 서울대학교 국어 연구소에서 편찬한 국정 『문법』 교과서와 크게 달라지지 않을 것으로 예측할 수 있다.[16] 따라서 2002년 서울대학교 국어 연구소에서 편찬한 국정 『문법』 교과서서에서의 구와 어에 대한 기술을 학교 문법의 기술로 보고 논의를 진행하더라도 문제가 없으리라 생각한다.[17]

그러면 본 논의로 돌아와서, 2002년 국정 『문법』 교과서에서의 구와 어에 대한 기술 내용을 보면 다음과 같다.

(9) 합성어는 구(句)와 구별하기 어려운 경우가 있다. 예를 들어, '큰집'이라는 말이 '큰아버지 집'을 뜻하는 경우에는 합성어로서 하나의 단어이기 때문에 '큰집'이라고 붙여서 적어야 하며, 이때에는 '*큰 우리 집'(*는 비문법적인 문장 표시임.)처럼 중간에 다른 말이 끼어 들어갈 수가 없다. 반면에, '크기가 큰 집'이라는 일반적인 뜻으로 사용하는 경우에는 구이기 때문에 '큰 집'이라고 띄어서 쓴다(『문법』 p.87).

(10) 띄어 쓴 어절 몇 개가 모여서 하나의 문법 단위가 되는 경우가 있다. 예를 들면, 아래 문장에서 '저 코스모스가'와 '아주 아름답다'는 각각 별개의 덩이가 되어 하나의 문법 단위를 이룬다. 이처럼 두 개 이상의 어절이 모여서 하나의 단어와 동등한 기능을 하는 것을 구(句)라고 한다. 구는 자체 내

16) 실제 『독서와 토론 Ⅰ, Ⅱ』 검정 과정에서도 7차 및 개정 7차 교육 과정 『문법』의 내용을 유지한다는 원칙 하에서 검정이 이루어진 것으로 안다.

17) 이하에서 2002년 국정 『문법』 교과서(서울대학교 국어 연구소 편찬)는 『문법』으로 약칭한다.

에 주어와 서술어 관계를 가지지 못한다(『문법』 p.149).

(9)는 형태론인 3단원 '단어'에 나오는 내용이고, (10)은 통사론인 5단원 '문장의 성분'에 나오는 내용이다. (9)는 단어인 합성어보다 큰 단위로서의 구를 설명한 것이고, (10)은 문장의 구성 성분으로서의 구를 정의한 것이다. (10)의 구의 정의는 문장을 분석한 (11)에서 구체적으로 제시되어 있다.

(11)

<table>
<tr><td colspan="4">저 코스모스가 아주 아름답다</td><td>문장</td></tr>
<tr><td colspan="2">저 코스모스가</td><td colspan="2">아주 아름답다</td><td>구</td></tr>
<tr><td>저</td><td>코스모스가</td><td>아주</td><td>아름답다</td><td>어절</td></tr>
</table>

위에서처럼 문장은 먼저 큰 부분으로 나뉘고, 또다시 작은 부분으로 나뉘어 구성되는데, '저 코스모스가'는 주어부(主語部)라고 하고, '아주 아름답다'는 서술부(敍述部)라고 한다.(『고등학교 문법』 p.149)"

(11)은 '문장'은 '구'로, '구'는 '어절'로 분절됨을 보여주고 있다. (11)에서의 구는 (10)의 구의 정의에 부합하며, 주어부, 서술부는 각각 구절구조규칙 S → NP + VP의 명사구(NP), 동사구(VP)에 해당한다. (11)만 놓고 보면 (10)의 구와 구절구조규칙의 XP에 해당하는 구가 일치하는 것으로 보인다. 하지만 '코스모스가 아름답다'라는 문장을 (11)과 동일한 방식으로 분석해 보면, (10)의 구와 구절구조규칙 XP에 해당하는 구가 다르다는 것이 금방 드러난다.

(12)

<table>
<tr><td colspan="2">코스모스가 아름답다</td><td>문장</td></tr>
<tr><td>코스모스가</td><td>아름답다</td><td>(구)</td></tr>
<tr><td>코스모스가</td><td>아름답다</td><td>어절</td></tr>
</table>

(10)의 구의 정의를 따르면, (12)에서 '코스모스가'와 '아름답다'는 하나의 어절이기 때문에 구가 아니다. 그러나 (11)의 '문장 > 구 > 어절'의 분석 순서를 그대로 따른다면 '코스모스가'와 '아름답다'는 구라고 해야 하거나, 아니면 구는 없이 어절만 있는 문장이라고 해야 한다. 어쨌든 적어도 (10)의 구의 정의를 따르는 한 '코스모스가'와 '아름답다'가 구일 수는 없다.

(9)의 구의 정의에 의해서도, (10)의 구의 정의에 의해서도 (12)의 '코스모스가'와 '아름답다'는 구가 될 수 없다. 다만 하나의 어절인 것만은 분명하다. 단어가 문장에서 쓰일 때는 외현적으로 격조사가 결합했든 하지 않았든 이미 문장의 성분으로서 단어보다 큰 단위이다. 구의 정의를 (10)과 같이 하는 한 단어가 그대로 문장의 성분이 된 경우에 이를 지칭할 수 있는 단위가 현재로서는 없다. 어절이라고 할 수는 있지만, 어절은 문장의 분석 단위가 아니다.[18] 문장의 분석 단위는 어이다. 물론 국어에서 각각의 어절은 하나의 어의 기능을 한다는 점에서, 어절과 어를 같다고 할 수 있으나 그것은 결과론적 사실이 그런 것이지 어절과 어는 분명히 다른 개념이다.

또 다른 문제는 『문법』에서 구를 (10)처럼 정의해 놓고서, 정작 문장을 분석하는 부분에서는 구에 대해서 전혀 언급이 없다. 문장을 분석하는 부분에서는 단지 어에 대한 설명만 있을 뿐이다. 이는 『문법』에서만 그런 것은 아니고, 2장에서 살펴보았듯이 국어학 개론서에서도 그 양상은 같다. 사실 문장 분석에서 구의 개념은 잉여적이다. 문장에서 각 어절 단위는 모두 하나의 어의 자격을 가지만, (10)의 정의에 해당하는 구가 곧 어는 아니기 때문이다. 즉 (10)의 정의에 해당하는 구는 어와 일치하기도 하지만, 일치하지 않기도 한다.

지금까지 살펴본 것처럼 학교 문법의 내용에서도 구의 정의가 형태론과 통사론에서 일치한다고 할 수 없다. 또한 통사론에서 구를 (10)처럼 정의해 놓고서 정

---

18) 고영근 · 구본관 (2008:274)은 단어에 조사가 붙은 말을 어절, 구에 조사가 붙은 말은 구절로 구분할 수 있다고 하였다. 이에 따르면 '저 코스모스가'는 구절이고, '코스모스가'는 어절이다.

작 구와 어가 어떤 관계인지에 대해서는 어떠한 설명도 없다. 이는 구의 개념에 혼란을 일으킬 수 있으며, 이는 어의 개념에서도 마찬가지이다. 더 큰 문제는 (11)에서 보듯이 '주어부', '서술부'의 '부(部)'의 개념도 도입되어 있어 혼란을 더하고 있다. 예컨대 (12)의 '코스모스가 아름답다'의 경우에는 부, 구, 어, 어절의 크기가 동일한데, 그럼에도 부, 구, 어, 어절이 어떻게 다른지에 대해서는 어떠한 설명도 없다.

이러한 문제들이 발생하는 이유는 결국 형태론에서의 구의 정의와 통사론에서의 구의 정의가 합치하지 않는 데 있다고 하겠다. 구의 정의를 (10)과 같이 하면서 구절구조규칙에서의 S → NP +VP의 NP, VP를 주어부, 서술부라고 부른다거나, NP, VP, DETP, ADVP를 명사구, 동사구, 관형사구, 부사구로 부르는 한 구의 개념은 모호하게 될 수밖에 없다.

통사론에서의 핵심은 문장을 분석하고, 나아가 문장을 생성하는 원리를 이해시키는 일이다. 학교 문법에서 문장을 분석하는 틀은 명시적으로 기술되어 있지는 않지만 많은 부분 구조주의 언어학의 구절구조규칙에 바탕을 두고 있다고 할 수 있다.[19] 이는 (11)에서 도입된 주어부, 술어부의 개념이 곧 (3ㄱ)의 구절구조규칙 S → NP + VP의 NP, VP에 해당한다는 점에서 알 수 있다. 그러나 나머지 구절구조규칙 (3ㄴ~ㅁ)은 생략한 채 바로 문장 성분인 어에 대한 설명으로 넘어간다. 그럼으로써 결국 부와 구, 어, 어절 등의 개념이 명시적으로 구분이 되지 않은 채 모호하게 기술되고 있다고 하겠다. 즉 (3ㄱ)의 S → NP + VP에서 NP의 경우 N 단독으로 이루어진 NP도 있고, 'DETP + N'으로 이루어진 NP도 있고, VP 역시 V 단독으로 이루어진 VP도 있고, 'ADVP +VP'로 이루어진 VP도 있다는 것을 설명하지 않고 있다. DETP, ADVP 역시 마찬가지이다.

---

19) 이 부분에 대해서 심사위원 중 한 분께서 교육 과정이나 문법 교과서에 문장 분석의 틀로 구절구조규칙을 적용하고 있음을 명시적으로 기술한 부분이 없다는 지적이 있었다. 심사위원의 지적내로 구절구조규칙이 문장 분석의 틀이라는 명시적인 기술은 없다. 그러나 명시적인 기술은 없지만 그리고 전면적으로 도입했다고 말할 수는 없다 하더라도 문장을 분석하는 데 있어 구절구조규칙이 기반이 되고 있음을 부정하기는 어렵다고 할 것이다.

이러한 상황은 2009 개정 교육 과정을 반영하여 나올 『독서와 문법 Ⅰ』에서도 달라질 것으로 보이지 않는다. 그것은 (8)에서 확인했듯이 7차 교육 과정이나 2009 개정 교육 과정의 내용이 거의 같기 때문이다. 문장의 구조를 문장 성분에 따라 분석하는 도구 즉, 틀은 구절구조규칙이다. 그런데 정작 분석 도구를 명확하게 제시하지 않은 상태에서 문장을 분석하게 하는 것이 현재 학교 문법의 내용 기술이라고 할 수 있다.

2장에서 살펴보았듯이 학문 문법에서도 구의 정의가 명확히 이루어져 있다고 보기는 어렵다. 학문 문법에서도 구절구조규칙의 S → NP + VP의 NP, VP를 명사구, 동사구라고 할 때의 '구'와, 형태론에서 합성어와 대비되는 개념으로서 구의 개념이 합치하지 않기 때문이다. 그러나 형태론에서 합성어와 대비되는 개념으로서의 구의 개념이 불분명한 것은 아니며, 또한 통사론에서 XP의 개념으로서 구의 개념이 불분명한 것은 아니다. 다만 두 층위를 동시에 고려할 때 구의 개념이 분명하지 않다는 말이다.

그런데 학교 문법은 교육을 전제로 한다는 점에서 형태론과 통사론 두 층위에서 합치하지 않는 구의 개념을 그대로 둔 채로 내용을 구성하는 것은 문제가 있다고 할 것이다. 사실 통사론에서 문장을 분석하는 틀이 구절구조규칙이라면, 문장을 분석할 때 (10)의 구의 개념이 굳이 필요하지는 않다. 문장의 분석은 문장 성분을 분석하는 것이고, 문장 성분의 크기가 단어이냐 단어보다 큰 단위이냐는 중요한 문제가 아니기 때문이다. 물론 문장 성분의 크기가 절일 때는 복문이 되므로 절이냐 아니냐는 문장을 분석할 때 중요하다. 하지만 구이냐 아니냐는 문장을 분석하는 데 꼭 필요한 개념은 아니라고 할 수 있다.

(13) [아주 큰 집이] [오늘 아침에 갑자기 사라졌다].

(4), (5)의 관점과 (10)에 따르면 '아주 큰 집'이 명사구가 되고, '오늘 아침에 갑자기 사라졌다'는 동사구가 된다.[20] 그리고 '아주 큰'은 관형사구이고, '오늘

아침에 갑자기'는 부사구이다. 하지만 문장을 분석할 때 이와 같은 관형사구, 부사구의 개념이 필요하지 않다. 문장 분석은 문장의 성분에 따라 분석하는 것이고, 문장 성분과 (10)의 구가 항상 일치하는 것은 아니기 때문이다. 당장 '아주 큰'이 관형사구라고 하지만, 문장 분석에서 '아주'는 내포절 서술어 '큰'을 수식하는 부사어이고, '오늘 아침에'에서도 '오늘'은 '아침'을 수식하는 관형어이다.

결과적으로 문장에서 각 어절은 모두 하나의 어의 기능을 한다. 하지만 (6), (7)에서 그리고 (11), (12)에서 지적했듯이 (1)이나 (10)의 구가 곧 어가 되지는 않는다.

(14) 가. [저 코스모스가] [매우 아름답다]

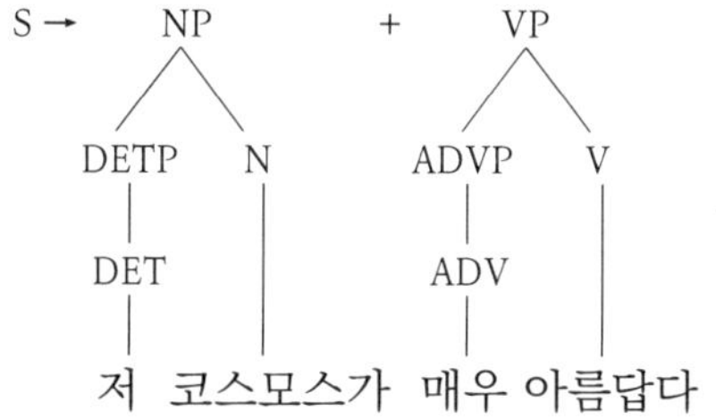

나. [코스모스가] [아름답다]

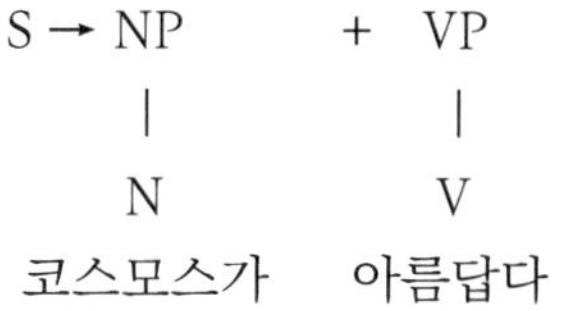

(14)에서 보듯이 문장을 분석한다는 것은 문장을 구성하는 성분을 분석하는 것이고, 문장을 구성하는 성분의 분석은 XP 단위가 아니라 X까지 이루어져야만 온전하게 이루어진다.[21] 이때 문장 성분 분석의 말단 단위가 어이고, 결과적으로는

---

20) (11)에 따르면 '아주 큰 집이'는 명사구이면서 주어부이고, '오늘 아침에 갑자기 사라졌다'는 서술부이면서 동사구이다.

어는 어절 단위와 일치한다.[22] 이는 문장을 분석하는 데 있어서는 (10)의 구가 굳이 필요하지 않음을 말해 준다. 따라서 통사론에서 굳이 (10)과 같은 구의 개념이 도입될 필요가 특별히 없다. 오히려 (10)의 구의 개념이 도입됨으로써 문장 분석을 어렵게 하고 혼란스럽게 한다고 할 수 있다.

본고에서 말하고자 하는 것은 학교 문법에서는 구의 개념을 구절구조규칙의 XP에 대응하는 개념으로 고정시키고 (10)과 같은 구의 개념을 굳이 도입할 필요가 없다는 것이다. 그것은 (10)의 구의 개념이 문장 성분에 따라 문장을 분석하는 데 특별히 도움이 되지 않기 때문이다. 대신 문장을 분석하는 틀인 구절구조규칙을 분명히 제시하는 것이 적어도 문장을 분석하는 데는 보다 분명하고 개념상의 혼란을 막아줄 수 있을 것이다.

그러면 형태론에서 단어인 합성어보다 큰 단위를 어떻게 구별할 것인가? 이 문제는 형태론에서 굳이 구를 도입한 이유를 생각해 보면 실마리를 찾을 수 있다. 둘 이상의 단어가 결합한 단위가 단어인 경우도 있고, 단어보다 큰 단위도 있기 때문에 이를 구별해 줄 필요가 있고, 그래서 합성어보다 큰 단위로서의 구의 개념이 도입되었다고 할 수 있다. 그렇다면 굳이 단어보다 큰 단위로서의 구의 개념이 필요한 것이 아니라, 단어이냐 단어보다 큰 단위이냐의 구분만 해 주면 된다. 다시 말해 단어인 합성어와 합성어보다 큰 단위를 구분시켜 주면 되며, 굳이 (10)의 구의 개념이 형태론에서도 꼭 필요한 것은 아니라고 할 수 있다. 이는 형태론에 해당하는 '단어' 단원의 내용 요소를 볼 때도 그렇다.

---

21) 구절구조규칙에서 DETP와 ADVP의 내적 구성에 대해서는 언급이 없다. 구절구조규칙에서 명시적으로 언급되어 있지는 않지만, DETP, ADVP 역시 NP나 VP와 평행하게 하나의 DET(관형사), ADV(부사)가 DETP, ADVP를 구성할 수 있다고 보아야 할 것이다.

22) 이렇게 말할 때 문제가 될 수 있는 게 주어이다. 즉 '저 코스모스가'가 주어이냐, '코스모스가'가 주어이냐는 하는 문제이다. 구절구조규칙 S → NP + VP에서 NP가 주어이므로 구절구조규칙을 따른다면 NP인 '저 코스모스가'가 주어라고 하는 것이 맞다. 그런데 주어 NP '저 코스모스가'가 DETP + N으로 구성되어 있기 때문에 DETP에 해당하는 '저'는 관형어이다. 이 경우 주어 안에 관형어가 있다는 것이 되는데, 이 부분에 대한 설명은 현재 학문 문법 내에서도 선명하지 못하다.

(15) ㉮ 형태소와 단어의 개념, 단어의 구조, 단어 형성법 등을 이해하고, 단어 형성법에 따라 새로운 단어를 만드는 방법을 이해한다.

㉯ 단어의 품사 분류를 이해하고 품사 지식이 국어사전에 활용되는 양상을 탐구한다.

교육 과정에서 요구하는 '단어' 단원의 내용 요소에서도 굳이 (10)에 해당하는 구의 개념이 도입되어야 할 필요를 찾을 수 없다. 따라서 형태론에서 합성어를 분명히 정의하기 위해서 필요하다면 (10)의 구의 개념을 도입할 필요 없이 단어인 합성어와 합성어보다 큰 구성의 차이를 설명하는 것만으로 (15)의 내용 요소를 달성할 수 있다고 할 것이다. 그리고 구는 구절구조규칙 XP에 해당하는 개념으로만 고정시켜 기술하는 것이 학교 문법의 내용 기술에서 혼동을 막을 수 있는 한 방법이라고 할 것이다.[23)]

4. 결론

본고에서는 형태론에서 합성어와 대비되는 개념으로서의 구와 통사론에서 구절구조규칙 XP에 해당하는 구의 개념이 일치하지 않는다는 사실을 살펴보았다. '단어들이 모여서 이루어진 단어보다 큰 구성' 또는 '두 개 이상의 어절이 모여서 이루어진 하나의 문법 단위'의 개념으로서의 구는 통사론에서 구절구조규칙 XP를 구라고 할 때의 구와 개념상 일치하지 않는다. 구절구조규칙 S → NP + VP의 NP(명사구)나 VP(동사구)는 각각 N, V만으로도 NP, VP가 되기도 하기 때문이

---

23) 사실 2장에서 언급했듯이 형태론에서 합성어와 합성어보다 큰 구성으로서의 구의 변별은 언어학적으로도 아직 명확히 그 기준을 제시하기 어려운 게 사실이다. 이러한 상황에서 굳이 구의 개념을 도입해서 통사론에서 구절구조규칙 XP에 해당하는 구의 개념과 혼란을 일으킬 필요가 없다는 것이다.

다. 이처럼 동일하게 구라는 용어를 사용하지만 그 개념이 서로 다르다. 이 문제에 대해서 학문 문법 내에서도 명확히 설명되지 않고 있다.

이러한 문제는 학교 문법의 내용 기술에도 그대로 나타나 있다. 구의 개념이 이렇게 형태론과 통사론에서 다르게 사용될 경우, 특히 교육을 전제로 하는 학교 문법에서는 학문 문법과 달리 내용 기술의 일관성이라는 측면에서 문제가 크다.

본고에서는 학교 문법의 내용 기술에서 이러한 문제를 해결하는 방안으로 구를 통사론에서의 구절구조규칙 XP를 지칭하는 개념으로만 사용할 것을 제안하였다. 형태론에서는 합성어와 대비되는, 합성어보다 큰 단위를 가리키는 구의 개념이 굳이 도입될 필요가 없기 때문이다. 이는 학교 문법에서 형태론에 해당하는 단어 단원의 내용 요소를 보더라도 둘 이상의 단어가 결합한 구성이 단어이냐 아니냐만 구분시켜 주면 되며, 그 구성의 크기가 구냐 절이냐 하는 구분이 굳이 필요하다고 보기 어렵기 때문이다. 하지만 통사론에서 문장을 분석할 때 구절구조규칙의 XP는 반드시 필요하다. 그래서 적어도 학교 문법의 내용 기술에서는 구를 구절구조규칙의 XP에 해당하는 것으로만 사용하는 것이 혼란을 막고 일관된 내용 기술을 가능하게 해 준다고 할 것이다.

참고 문헌

강명희 · 김새롬(2006),「중등 국어수업에 적용된 커뮤니티 기반 탐구학습모형의 효과」,『교육방법연구』18, 한국교육방법학회, pp. 23-41.

강보선(2014),「표준 발음법 교육 방향」,『국어교육학연구』 49-3, 국어교육학회, 6-32.

강보선(2021),「한글맞춤법 탐구의 실태와 내용 - '사이시옷 표기 규정'을 중심으로」,『문법교육』 42, 한국문법교육학회, 1-31.

강옥미(1994), 한국어의 ㄹ-비음화, ㄴ-탈락과 ㄴ-설측음화에 대한 운율론적 분석,『언어』 19-1, 한국언어학회, 1-26.

고영근 · 구본관(2018),『개정판 우리말 문법론』, 집문당.

고영근 · 남기심(1993),『개정판 표준국어문법론』, 탑출판사.

공윤정(2006),「고등학교 문법 교과서의 '탐구'활동 개선 방안」, 교육대학원 석사학위논문(이화여대).

구본관(2010),「국어 품사 분류와 관련한 몇 가지 문제」,『형태론』 12-2, 형태론학회, 179-199.

구현옥(2019),『〈개정판〉국어 음운론의 이해』, 한국문화사.

구현옥,『〈개정판〉 국어 음운론의 이해』, 한국문화사, 2019.

권경일(2013),「학교 문법의 내용 선정과 기술에 대한 제안 - 탐구 학습 활동을 중심으로」,『문법교육』 19, 한국문법교육학회, 155-182.

김경아(1997),「국어 장애음의 분류와 후두 자질」,『국어학』 30, 국어학회, 35-64.

김경아(2004), 유음화와 비음화의 선택적 교체에 대하여,『인문논총』 12, 서울여자대학교 인문과학 연구소, 15-37.

김광해(1997),『국어지식 교육론』, 서울대학교출판부.

김두봉(1916),『조선말본』, 신문관.

김무림 · 김옥영(2009),『국어음운론』, 새문사.

김봉국(2008),「음운론적 관점에서 본「표준어 규정(제2부 표준 발음법)」의 문제점」,『열린정신인문학연구』 9-1, 원광대 인문학연구소, 151-174.

김선철(2004a),「표준 발음법 분석과 대안」,『말소리』 50, 대한음성학회, 23-39.

김선철(2004b), 「표준 발음법과 언어 현실」, 『새국어생활』 14-1, 국립국어원, 45-65.
김선철(2012), 「/ㅎ/에 대한 음운론적 연구 - /ㅎ/의 성격과 ㅎ-말음 용언을 중심으로」, 『언어학』 64, 한국언어학회, 31-47.
김성규 · 정승철(2005), 『소리와 발음』, 한국방송통신대학교출판부.
김영석(1993), 『영어음운론』, 한신문화사.
김은경(2015), 「탐구학습과 협동학습의 혼합모형을 통한 중학교 품사 지도 방안」, 교육대학원 석사학위논문(경북대).
김은성 외(2013), 「문법 탐구 과제의 새로운 설계를 위한 기초 연구 -국제 언어학 올림피아드(ILO)의 문항 분석을 중심으로」, 『국어교육』 143, 한국어교육학회, 45-82.
김은성, 송소연(2018), 「고등학교 문법 교과서의 쟁점 반영 양상 연구」, 『문법교육』 32, 한국문법교육학회, 1-32.
김진희(2013), 「국어 규범 교육의 현황과 방향」, 『새국어교육』 96, 한국국어교육학회, 255-279.
김차균(1981), 「음절 이론과 국어의 음운 규칙」, 『인문학 연구』 9-1, 충남대학교 인문과학연구소, 35-81.
김차균(1988), 『나랏말의 소리』, 태학사.
김차균(1990), 「국어 음운론에서 강도의 기능」, 『언어연구』 7, 한국현대언어학회, 33-73.
김차균(1991), 「국어 음운 현상들의 새로운 해석과 정리」, 『인문과학연구』 19-2, 충남대학교 인문과학연구소, 5-61.
김홍범(2008), 「문법교육을 위한 탐구학습 자료 개발 연구」, 『겨레어문학』 41, 겨레어문학회, 11-32.
남가영 · 김호정 · 김은성 · 박재현(2009), 「문법 탐구 과정에 대한 어휘계량적 접근 : 고등학교 문법 교과서의 한자 학술어휘를 중심으로」, 『어문연구』 37, 한국어문교육연구회, 359-380.」
남가영(2008), 「문법 탐구 경험의 교육 내용 연구」, 박사학위논문(서울대 국어교육과).
남가영(2014), 「국어 규범교육과 문법교육의 관계 설정 양상 - 역대 국어과 교육과정 및 교과서의 사적(史的) 분석을 바탕으로」, 『우리말글』 62, 우리말글학회, 1-44.
남기심 · 고영근 · 유현경 · 최형용(2019), 『새로 쓴 표준 국어문법론』, 한국문화사.
박선우(2006), 「한국어 /nl/의 비음화에 대한 유추적 분석, 『언어연구』 23-1, 경희대학교 언어연구소, 1-34.」
박종관(2020), 「음운 교육에서 이루어지는 탐구의 방향에 대한 고찰」, 『국어교육학연구』 55, 국어교육학회, 113-140.
박진호(2010), 「언어학에서의 범주와 유형」, 『인문학연구』(경희대) 17, 265-292.
박진희 · 전영은 · 이주영 · 강효경(2018), 「문법탐구와 과학탐구의 비교 분석 연구」, 『문법 교육』 32, 한국문법교육학회, 33-68.
박창원(1982), 「자음군 분류와 자음자질(1 - 자음접변을 중심으로 - 」, 『관악어문연구』 7, 서울대학교 국어국문학과, 127-142.
박철홍 · 윤영순(2007), 「듀이의 경험론에서 본 지식의 총체성과 탐구의 성격: 메논의 패러독스 해소방안」, 『교육철학』 38, 한국교육철학학회, 85-111.
박형우(2009), 「문법 교육과 관련된 탐구 학습의 문제점과 개선 방안」, 『새국어교육』 82, 한국국어교육학회, 145-170.
배주채(2013), 『한국어의 발음』, 삼경문화사.
배주채(2015a), 「국어 발음 정책과 발음 교육의 방향」, 『새국어 생활』 25-1, 국립국어원, 45-62.
배주채(2015b), 『한국어 음운론의 기초』, 삼경문화사.
백두현 · 이미향 · 안미애(2013), 『한국어음운론』, 태학사.
서보월(1995), 「국어의 유음화와 비음화에 대하여」, 『어문론총』 29, 한국문학언어학회, 115-143.
서태룡(2016), 「품사 분류 기준의 우선순위와 감탄사 통용」, 『국어학』 80, 국어학회, 3-34.
성낙수(2010), 「학교 문법 품사 설정 및 용어 결정의 과정과 문제점, 」『문법 교육』 12, 한국문법교육학회, 229-269.
소신애(2015), 「『독서와 문법』 교과서의 음운 체계 부분에 대한 검토」, 『언어와 정보 사회』 25, 서강대학교 언어정보연구소, 237-267.
손형숙 · 안미애(2011), 「단어 내 위치에 따른 한국어 폐쇄음의 VOT 연구 : 대구 지역어 화자를 대상으로」, 『언어과학연구』 59, 언어과학회, 149-180.
송철의(1996), 「국어의 음운 현상과 변별적 자질」, 『이기문교수 정년퇴임기념논총』, 신구문화사, 342-356.
송하균(1995), 「국어 /h/의 동화현상에 관한 고찰」, 『서강어문』 11, 서강어문학회, 3-19.

신성철(2017), 「ㄹ 비음화의 통시적 고찰」, 『한국언어문학』 102, 한국언어문학회, 53-89.

신승용(2003), 「표준 발음의 실제와 표준 발음법 교육의 필요성」, 『어문연구』 31-2, 한국어문교육연구회, 97-116.

신승용(2013), 『국어 음운론』, 역락.

신승용(2016a), 「〈표준 발음법〉 쟁점과 표준 발음 정책의 방향」, 『어문연구』 44-1, 한국어문교육연구회, 131-152.

신승용(2016b), 「음운 교육 내용으로 〈표준 발음법〉이 타당한가」, 어문학 132, 한국어문학회 29-49.

신승용(2017), 「학교 문법에서 /ㅎ/ 기술의 문제점과 /ㅎ/의 음운론적 성격」, 『어문학』 136, 한국어문학회, 63-81.

신승용(2012), 『국어 음운론』, 역락.

신승용 · 안윤주(2020), 『문법하고 싶은 문법』, 역락.

신승용 · 안윤주(2022), 「탐구활동의 요건과 탐구활동의 실제」, 『국어교육연구』 79, 국어교육학회, 191-214.

신승용 · 안윤주(2022), 『맞춤법하고 싶은 맞춤법』, 역락.

신승용 · 이정훈 · 오경숙(2020), 『국어학개론(개정판)』, 태학사.

신승용 · 정정순(2019), 「시 수업의 시 낭송과 연계한 음운 변동 교수-학습」, 『어문학』 144, 한국어문학회, 361-386.

신지영(2006), 「표준 발음법에 대한 비판적 검토」, 『한국어학』 30, 한국어학회, 131-158.

신지영 · 차재은(2003), 『우리말 소리의 체계』, 한국문화사.

안병섭(2010), 「표준 발음법과 언어 현실: 현실음과 국어의 전통성 및 합리성의 문제를 중심으로」, 『한국학연구』 33, 고려대 한국학연구소, 123-141.

양세희(2018), 「문법 탐구 학습을 위한 학습자의 질문 구성 연구, 문법 교육」, 33, 한국문법교육학회, 71-100.

양순임(1998), 「유기음의 '기'와 /ㅎ/에 대한 비교 고찰」, 『우리말연구』 8, 우리말학회, 63-83.

오정란(1995), 비음화와 비음동화, 『국어학』 25, 국어학회, 137-164.

이관규(2001), 「학교 문법 교육에 있어서 탐구 학습의 효율성과 한계점에 대한 실증적 연구」, 『국어교육』 106, 한국국어교육연구회, 31-63.

이관규(2002), 『개정판 학교문법론』, 월인.

이관규(2007), 「문법 교육 연구의 현황과 새로운 방향」, 『국어교육』 123, 한국국어교육학회, 93-130.
이관희 · 조진수(2015), 「문법 교사의 오개념 유형화 연구」, 『새국어교육』 102, 한국국어교육학회, 107-152.
이광정(1997), 「학교문법에서의 품사 분류」, 『국어교육』 94, 한국국어교육연구회, 41-76.
이광정(2001), 「국어 어휘의 품사별 의미 구조 : 품사 분류사에 나타난 의미 문제를 중심으로」, 『한국어 의미학』 8, 한국어의미학회, 1-81.
이기문 · 김진우 · 이상억(1984), 『국어음운론』, 학연사.
이동석(2005), 「형태소 내부의 순행 비음화 현상에 대하여」, 『언어학연구』 9, 한국중원언어학회, 117-138.
이문규(1999), 「음소 'ㅎ'과 유기음화」, 『언어과학연구』 16, 언어과학회, 383-402.
이문규(2004), 「학교문법 속의 음운론」, 『국어교육연구』 36, 국어교육학회, 149-170.
이문규(2015), 『현대 국어 음운론』, 한국문화사.
이상신(2013), 「'ㅎ'과 관련되어 있는 어문규정의 몇 문제」, 『열린정신 인문학연구』 13-3, 원광대학교 인문학연구소, 239-254.
이상신(2014), 「국어 음운론에서의 기술 문법과 학교 문법」, 『국어학』 69, 국어학회, 207-231.
이상태(2009) 「품사 개념의 지도를 위한 한 방식」, 『국어교육연구』 44, 국어교육학회, 87-102.
이서경(2004), 「문법 교육의 탐구학습 모형 적용 방안: 문법 교과서 내용을 중심으로, 『동국어문학』 16, 동국어문학회, 227-248.
이승재(1980), 「구례 지역어의 음운체계」, 석사학위논문(서울대).
이영욱(2022), 「음운변동 단원의 구성 및 기술에 대한 제언-고등학교 국어 교과서를 중심으로」, 『우리말연구』 69, 우리말학회, 115-156.
이익섭 · 임홍빈(1983), 『국어문법론』, 학연사.
이익섭 · 채완(1999), 『국어문법론강의』, 학연사.
이재승(2020), 「비트겐슈타인: 철학적 문제와 문법적 탐구」, 『인문사회21』 11-4, 인문사회21, 1843-1854.
이진호(2008), 「'독립(獨立)류' 한자어의 음운론」, 『한국문화』 44, 서울대학교 규장각한국학연구원, 201-216.

이진호(2012), 「음운교육과 교과서」, 『한국어학』 57, 한국어학회, 35-59.
이진호(2015), 「국어 표준 발음과 언어 현실」, 『새국어 생활』 25-1, 국립국어원, 3-16.
이진호(2021), 『국어 음운론 강의』, 집문당.
이철기(2020), 「과학적 사고와 추론 과정으로서의 문법 탐구」, 『문법 교육』 40, 한국문법교육학회, 325-353.
이호영, 『국어음성학』, 1996, 태학사.
이희승(1995), 『국어학개설』, 민중서관.
임석규(2021), 『국어음운론의 기초』, 역락.
임지룡 · 이은규 · 김종록 · 송창선 · 황미향 · 이문규 · 최웅환(2005), 『학교 문법과 문법 교육』, 박이정.
임홍빈(2001), 「국어 품사 분류의 몇 가지 문제에 대하여」, 『국어연구의 이론과 실제』(이광호교수 회갑기념논총), 705-761.
임홍빈 · 장소원(1995), 『국어문법론 Ⅰ』, 한국방송통신대학교출판부.
전상범(1995), 『영어음성학개론』, 을유문화사.
정　국(1994), 『생성음운론의 이해』, 한신문화사.
정지현 · 신희성(2017), 「탐구 학습 현장화를 위한 대안적 탐구 활동 설계 연구」, 『한국어문교육』, 22, 고려대학교 한국어문교육연구소, 41-63.
제민경(2018), 「학습자의 탐구활동과 문법 지식」, 『학습자중심교과교육연구』 18-7, 학습자중심교과교육학회, 471-495.
조진수 · 박진희 · 이주영 · 강효경(2017), 「탐색적 요인분석을 통한 문법 탐구의 구인 탐색-고등학교 학습자의 자기 인식을 중심으로」, 『국어교육』 157, 한국어교육학회, 37-67.
조창규(2012), 「국어 음운 변동의 교육 방법」, 『한국언어문학』 83, 한국언어문학회, 551-573.
주세형 · 신호철(2011), 「국어 어문 규범 교육의 목표 및 내용의 재구성」, 『국어교육연구』 28, 서울대학교 국어교육연구소, 86-111.
주지연(2020), 「문법지식의 불확정성과 문법 교육」, 『국어교육연구』 73, 국어교육학회, 153-184.
차예은(2020), 「고등 국어 교과서 문법 탐구학습활동 분석 및 개선 방안」, 교육대학원 석사학위논문(아주대).
차재은(2001), 「/ㅎ/의 음운 자질과 음운 현상」, 『어문논집』 43, 민족어문학회, 23-44.

차재은(2003), 「언어 규범과 방송 언어의 오류 문제에 대한 비판적 검토」, 『방송 언어와 국어 연구』, 월인, 1-47.
최명옥(2004), 『국어음운론』, 태학사.
최선희(2016), 「문법 탐구 학습 모형의 비판적 고찰」, 『새국어교육』 109, 한국국어교육학회, 419-452.
최웅환(2009), 「품사 분류에 대한 검토: 학교 문법의 품사를 대상으로」, 『문화와 융합』 31, 한국문화융합학회, 55-78.
최웅환(2011), 「국어 품사론의 교육적 접근」, 『언어과학연구』 56, 언어과학회, 219-238.
최웅환(2018), 「국어과 문법교육의 재검토」, 『우리말글』 77, 우리말글학회, 187-214.
최은정(2018), 「문법적 모호성 탐구 교육 내용 연구」, 박사학위논문(이화여대).
최현배(1930), 「조선어의 품사분류론」, 『조선어문연구』, 연희전문학교출판부, 51-99.
최현배(1975), 『우리말본』, 정음사.
최형용(2012), 「유형론적 관점에서 본 한국어의 품사 분류 기준에 대하여 - 분류 기준으로서의 '형식'을 중심으로 - 」, 『형태론』 14-2, 형태론연구회, 233-263.
최형용(2016), 『한국어 형태론』, 역락.
하연실(2010), 「실제 언어 생활 중심 문법탐구 학습」, 『교사교육연구』 49-1, 부산대학교 과학교육연구소, 29-47.
허 웅(1985), 『국어음운학』, 샘문화사.
허 춘(2001), 「우리말 표준 발음법 보완」, 『어문학』』 74, 한국어문학회, 69-117.
홍남기(2013), 「듀이의 반성적 탐구와 가치재구성으로서의 가치 탐구」, 『시민교육연구』 45-1, 한국사회과교육학회, 147-170.
황미향(2013), 「문법 교육에서 '탐구'의 의미」, 『국어교육연구』 53, 국어교육학회, 269-290.
황시연(2014), 「문법 교과서에서 탐구학습의 실현방안에 관한 연구」, 교육대학원 석사학위논문(고려대).

小倉進平(1923), 『國語及朝鮮語 發音概說』, 近澤印刷所出版部.

Chomsky, N. & Halle, M.(1968), *The sound pattern of English*, New York : Harper.

Clark, J. & Yallop, C.(1991), *An introduction to Phonetics & Phonology*, Blackwell.

Dewey, J.(1910), *How we think*, Dover Publications.

Dewey, J.(1938), *Logic: The Theory of Inquiry*, New York: Henry Holt and Company.

Hyman, L.M.(1975), *Phonology: theory and analysis*, New York: Holt, Rinehart & Winston.

Jespersen, Otto(1924), *The Philosophy of Grammar*, Londo: George Allen & Unwin. Rpt.

Lass, R.(1984), *Phonology*, Cambridge University Press.

Lyons, J.(1968), *Introduction to Theoretical Linguistics*, Cambridge university press.

Polanyi, M.(1958), *Personal Knowledge*, Chicago: University of Chicago Press.

Polanyi, M.(1966), *The Tacit Dimension*, Chicago: University of Chicago Press, [김정래 역(2015), 『암묵적 영역』, 박영사].

Shane, S. A.(1973), *Generative Phonology*, Prentic-Hall.

Spencer, A.(1996), *Phonology*, Blackwell.

Suchman, J.R.(1964), The Illinos studies in inquiry trainnig, J*ournal of research in science teaching* 2, 230-232.

Tallerman, M.(2005), *Understanding Syntax(2nd)*, Hodder Arnold.